当代中国城市与建筑系列读本
李翔宁主编

CONTEMPORARY CHINESE HISTORIC PRESERVATION AND URBAN CONSERVATION READER

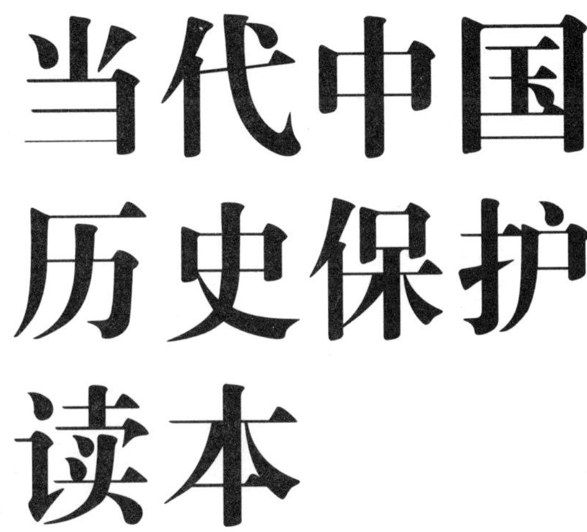

张松 主编

中国建筑工业出版社

序一
读本与学科的铺路石

自古以来就有“工欲善其事，必先利其器”一说，对于研究人员和教师而言，我们的“器”恐怕主要是文献，理论的、实用的和工具的。我们在进行研究的过程中，往往感叹寻找文献，尤其是全面收集文献的困难。有时候寄希望于百科全书，但是许多百科全书到应用的时候才发现恰恰是你最需要的东西缺得最多。由于研究工作的需要，我曾经刻意收集国内外出版的各种工具书、文选和读本作为参考。2003 年以来，我和国内许多学者主持翻译《弗莱彻建筑史》的八年中，根据这本史书涉及的语言，除英文词典外，也收集了德语、法语、意大利语、西班牙语、荷兰语、葡萄牙语、拉丁语等各种语言的词典，还收集了各国出版的建筑百科全书、历史、地图和术语词典。又由于翻译的需要，收集了各种人名词典、地名词典，多年下来也收集了几乎满满一书架的工具书。自 1992 年为建筑学专业的本科生开设建筑评论课以来，由于编写教材的需要，同时又因为博士生开设建筑理论文献课，也收集了不少理论文选和读本。这些读本的主编都是该学科领域的权威学者，由于这些经过主编精选的文选和读本的系统性、专业性以及权威性，同时又附有主编撰写的引言和导读，大有裨益，将我们迅速领入学科理论的大门，扩大了视野，帮我们省却了许多筛选那些汗牛充栋的文献的宝贵时间。这些年因为承担中国科学院技术科学部的一项关于城市规划和建筑学科发展的课题，又陆陆续续收集了一批有关城市、城市规划和建筑的文选和读本。在教学和研究中常常感叹所使用的文选或读本选编的基本上都是国外学者的论著，因此，也想自己动手编一本将中外论著兼收并蓄的文选或读本，但都因为工程过于浩大而只编了个目录，便搁在一边。

从国内外出版的文选和读本的内容来看，大致可以分为四类：作者的文选或读本、文化理论读本、城市理论读本以及建筑理论文选等。前两种和我们的专业有一定的关系，但并非直接的关系，进行某些专题研究时具有参考价值。作者文选或读本多为哲学家、社会学家或文学家的读本，例如《哈贝马斯精粹》、《德勒兹读本》、《哈耶克文选》、《索尔仁尼琴读本》等。目前国内出版的文化理论读本较多，涉及面也较广，包括《城市文化读本》、《文化研究读本》、《视觉文化读本》、《文化记忆理论读本》、《女权主义理论读本》、《西方都市文化研究读本》等，早年出版的各种西方文论也属这一类读本。

目前最多的读本，并成为系列的是有关城市方面的读本，国外有一些出版社专题出版城市读本，最有代表性的是美国劳特利奇出版社（Routledge, Taylor & Francis Group）出版的城市读本系列，例如《城市读本》、《城市文化读本》、《城市设计读本》、《网络城市读本》、《城市地理读本》、《城市社会学读本》、《城市政治读本》、《城市与区域规划读本》、《城市可持续发展读本》、《全球城市读本》等，其中一些读本已多次再版。其中，《城市读本》已经由中国建筑工业出版社于2013年翻译出版，由英文版主编勒盖茨和斯托特再加入张庭伟和田莉作为中文版主编，同时增选了15篇中国学者的论文，这部读本当属国内目前最好的城市规划读本。其他也有多家出版社如黑井出版社（Blackwell Publishing）出版的《城市理论读本》以及城市地理系列读本，威利-黑井出版社（Wiley-Blackwell）出版的《规划理论读本》，拉特格斯大学出版社（Rutgers University Press）出版的《城市人类学读本》。中国建筑工业出版社在2014年还出版了《国际城市规划读本》，选编了《国际城市规划》杂志历年来的重要文章。

国外在建筑方面虽然没有像城市读本那样的系列读本，但已经有多种理论文献出版，有编年的文献，收录从维特鲁威时代到当代的理论文献，也有哲学家和文化理论家论述建筑的理论读本，例如劳特利奇出版社出版的由尼尔·里奇主编的《重新思考建筑：文化理论读本》（1997）收录了阿多诺、哈贝马斯、德里达等哲学家，以及翁贝托·埃科、本雅明等文化理论家的著作。近年来国外有三本重要的理论文选出版，分别是麻省理工学院出版社出版的由迈克尔 · 海斯主编的《1968 年以来的建筑理论》（2000），普林斯顿大学出版社出版的由凯特 · 奈斯比特主编的《建筑理论的新议程：建筑理论文选 1965—1995》（1996）和克里斯塔 · 西克思主编的《建构新的议程——1993-2009 的建筑理论》（2010）。

近年来国内出版较多的是建筑美学类的文选，例如由奚传绩编著的《中外设计艺术论著精读》（2008），汪坦和陈志华先生主编的《现代西方建筑美学文选》（2013），王贵祥先生主编的《艺术学经典文献导读书系 · 建筑卷》（2012）等。也有学者正在为编选更全面又系统的读本而在辛勤工作，这些文选和读本选录的基本上都是国外理论家的论著。虽然有一些类似文选的出版物收录了国内学者的文章，例如《建筑学报》杂志社 2014 年为纪念《建筑学报》创刊六十年出版的专辑，主要是以编年史为目的，属于纪事性，并不是根据论题的文献选编。

最近欣闻中国建筑工业出版社计划编辑出版“当代中国城市与建筑系列读本”，不仅是对近代以降的文献进行系统的整理，也是对当代中国学术的梳理，反映学术的水平。从目录来看，读本的内容包括中外学者的论著，但是以中国学者为主。这些读本选编的内容大致包括历史、综述、理论、实践、案例、评论以及拓展阅读等方面的内容，基本上涵盖并收录了当代最有代表性的中文学术文献，能给专业人士和学生提供一个导读和信息的平台。读本的分类包括建筑、园林、城市、城市设计、历史保护、居住等，文章选自学术刊物和专著，分别由李翔宁、童明、张松、葛明、何建清和王兰等负责主编，各读本的主编都是该领域的翘楚。这个读本系列既是对中国城市、城市设计、建筑与园林学科的历史回顾，又是面向学科未来发展的理论基础。这其实是一项功德无量的工作，按照我国的不成文的学术标准，这些主编的工作都不能算学术成果，只是默默甘当学科和学术发展的铺路石。

相信我们国内大部分的学者和建筑师、规划师都是阅读中国建筑工业出版社的出版物中成长的，我们也热切地盼望早日读到这套系列读本。

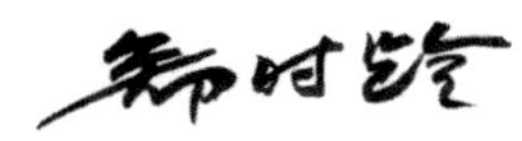

2015 年 2 月 28 日

序二
图绘当代中国

两年前，中国建筑工业出版社华东分社的徐纺社长找到我，一同商讨新的出版计划。这让我想起自己脑海中一直在琢磨的事：是否有某种合适的形式，让我们能够呈现当代中国快速发展的社会现实下城市和建筑领域的现状以及中国学者们对这些问题的思考？

不可否认，史学写作最难的任务是记述正在发生的现实。正是出于这个原因，麻省理工学院建筑系的历史理论和评论教学有一个不成文的规定，博士论文选题原则上不能针对五十年之内发生的事件和流派。这或许确保了严肃的历史理论写作有足够的研究和观照的历史距离，使得研究者可以相对中立、公允地对历史做出评判。同样，近三四十年当代中国的社会政治经济乃至建筑与建成环境的变迁，由于我们自身身处同一时代之中，许多争论尘埃未定，甚至连事实都由于某些特殊的人与事的关联而仍然存疑。

另一方面，近代科学技术的极速发展使得人类社会越来越呈现出一种多元文化并存的状态，我们已经很难在当代文化现象中总结和归纳出某种确定的轨迹，更不用说线性发展的轨迹了。著名的艺术史家汉斯·贝尔廷创作了名著《艺术史的终结》，他的观点其实并不是认为艺术史本身已经终结，而是一种线性发展结构紧密的艺术史已经终结。传统的艺术史是把在一定的历史时代中产生的“艺术作品”按照某种关系重新表述成为一种连贯的叙事。[①] 这也是关于当代中国建筑史、城市史和其他建成环境的历史写作的困难之处。我们很难提供一种完整逻辑支撑的线索去概括林林总总的风格、思潮和文化现象。

面对这样的挑战，我们依然决定编辑出版作者眼前的系列丛书，主要出于以下两种考虑：一是从学术研究的角度，我们需要为当代中国城市和建筑领域留下一些经过整理的学术史料。这种工作，不是简单的堆积，而是一种学术思考的产物。相较个人写作的建筑史或思想史，读本这种形式能够更忠实地呈现不同学术观点的人同时进行的写作：既有对事实的陈述，也有写作者本人的评论甚至批判；二是从读者尤其是学习者的角度出发，如果他们需要对当代中国城市建筑的基本状况建立一个基本而相对全面的了解，读本可以迅速为他们提供所需的养料。而对于愿意在基本的了解之上进一步深入研究的读者，读本提供的进一步阅读的篇目列表为因篇幅所限未能列入读本的书目给予提示，让读者可以进一步按图索骥找到他们所期待阅读的相关文章。这样小小的一本读本既能提供简约清晰的学术地图，又可辐射链接更广泛的学术资源。

经过和中国建筑工业出版社同仁们的讨论，我们初步确定了系列读本包括建筑、城市理论、城市设计、城市居住、园林研究和历史保护六本分册，并分别邀请几位在该领域有自己的研究和影响的中青年学者担任分册主编。同时在年代范畴的划定上，除了园林研究由于材料的特殊性而略有不同之外，其他几本分册基本把当代中国该领域的理论和实践作为读本选编的主要内容。其时间跨度也基本聚焦在“文化大革命”结束至今的三四十年间。

经过近两年的编辑，终于可以陆续出版。我们必须感谢徐纺社长、徐明怡编辑，没有他们认真执着地不断鞭策，丛书的出版一定遥遥无期；感谢郑时龄院士欣然为丛书作序，这对我们是一种鼓励；还要感谢的是丛书的各位分册主编，大家为了一份学术的坚持，在各自繁忙的教学研究工作之余花费了大量心血编辑、交流和讨论，并在相互支持和鼓励中共同前行。

我们的工作所呈现的是当代中国城市和建筑领域一段时间以来的实践和理论成果。事实上，在编辑的过程中，我们也深深地感到当代中国研究这片富矿并没有得到很好的发掘，在我们近几十年深入学习和研究西方的同时，对自身问题的研究在许多方面并不尽如人意。我们对材料和事实的梳理不够完备，我们也还缺乏成熟的研究方法和深刻的批判视角。作为一个阶段性的成果，我们希望我们的工作可以成为一个起点，为更深入完备、更富有成效的当代中国建筑与建成环境研究抛砖引玉，提供一个材料的基础。我想这也是诸位编者共同的心愿。

李翔宁

注释：

① 参见（德）汉斯·贝尔廷，《现代主义之后德艺术史》，洪天富的译者序，南京大学出版社，2014年。

前言

文化遗产是人类发展过程中留存下来的、真确的历史见证，是与城市环境和场所密切相关的集体记忆，也是不可再生的文化资源。在中国，与文物相比，文化遗产概念的范围有了很大的扩展，文化遗产不仅包括了依《文物保护法》保护具有历史价值、艺术价值和科学价值的文物，其中包含古遗址、古墓葬、古建筑、石窟寺、石刻、壁画、近代现代重要史迹及代表性建筑等不可移动文物，以及历史上各时代的重要实物、艺术品、文献、手稿、图书资料等可移动文物；还包括主要依据《城乡规划法》、《历史文化名城名镇名村保护条例》，保护和规划管理的历史建筑、历史文化街区、历史文化名城、名镇、名村等城乡历史文化遗产。

文化遗产的保护，对于人们认识自己的历史和创造力量，揭示人类社会发展的客观规律，认识并促进当代和未来社会的科学发展，具有重要的现实意义。自 1982 年施行《文物保护法》和国务院公布第一批历史文化名城以来，中国文物和名城保护实践已有 30 余年的历史。一方面，我国的历史文化遗产保护在理论和实践方面均有较大的发展，也积累一些富有中国特色的实践经验；另一方面，历史文化遗产遭到破坏的事件时有发生，地毯式拆除等大拆大建的方式导致历史环境被彻底破坏的现象依然相当普遍；此外，近年来各地兴起的“复古打造热潮”也对历史文化遗产的科学保护带来较大的冲击。产生这一切问题的根源，除了以经济利益为导向的官僚决策机制的负面影响之外，大量保护规划和修缮设计工程项目缺少正确、全面的保护理论指导，可能也是其中的重要因素。事实上，无论是在保护理论研究、还是在保护工程实践中，有时围绕名城保护与旧城改造、文物修缮与复古重建、历史环境保护与文化景观再造等问题出现甚至是截然相反的意见，纷争似乎从未停息过。面对当下中国历史保护理论与实践领域的种种乱象，有不少人士也在质疑：我国是否存在历史保护理论或遗产保护的学科基础？

著名国际文化遗产保护专家尤嘎 · 尤基莱托（Jukka Jukilehto）认为：“保护”与“修复”这对词的原理和理论是两个互补的概念。原理可定义为“出发点、主要内容、基本真理、行为道德等一般准则”。将过去的物品和建筑物视为遗产的界定，以及与之相关的防护、修复和保护政策，是与现代化进程同步前进的，目前已被视为现代社会的基本职责之一。保护原则通常在联合国教科文组织（UNESCO）和国际古迹遗址理事会（ICOMOS）颁布的各种保护宪章和国际建议中被概括为简要的语句。而作为方法论的保护理论，源于对遗产资源的甄别，对遗产特点、意义、条件的定义和界定，对遗产适当保护、修复的计划和项目进展。这些理论是不同属性、不同类型保护实践的批判思维和经验演进的结果。[①]

西班牙瓦伦西亚理工大学教授萨尔瓦多 · 穆尼奥斯 · 比尼亚斯（Salvador Muñoz Viñas）在《当代保护理论》一书中围绕保护的基本概念、专业特征以及经典理论所面临的问题进行了批判性反思，并重点围绕当代保护理论，即20世纪80年代以后发展起来的保护思想，如就可持续性保护等新范式、新理论展开的论述。“保护理论”（conservation theory）通常被认为与“保护伦理”（conservation ethics）密切相关，其基本理论应围绕保护的目的论和价值观（teleological and axiological aspects）展开讨论。在当代保护领域存在许多体系、想法和观念，它们反映的理论或理论片段往往与以前的理论有着或多或少的差异，这些内容见于多种形式的文献（学会文集、讲义、学术期刊和网页、宪章等）、交流或保护实践中。但是，这些观念很难被视为一种独立的、成体系的思想理论。[②]

综上所述，历史保护的基本理论主要涉及遗产的定义及其含义，遗产价值评估与认定，保护的基本原则（如原真性和完整性等），保护的技术方法，对遗产干预的方式，包括保护、保存、修缮、修复、复原、重建等。可以说，在国内，保护既是一个众所周知的词汇，同时也是一个缺乏精准定义、有时候含义还是比较模糊的学术概念。

法国著名建筑史和历史保护理论家弗朗索瓦丝 · 萧伊（Francoise Choay）指出：“20世纪的人们打开了遗产保护领域的大门”，伽米奥 · 博托（Camillo Boito）的工作以及阿卢瓦 · 里格尔（Alois Riegl）更为充分的工作，显示出在19世纪与20世纪交替之际，历史保护已经取得了学科地位。“起初诞生于欧洲，并长期以它为扩散范围的历史性纪念建筑的概念及与其相关的保护实践，被传播到了欧洲之外”。20世纪60年代，是以遗产膨胀为特征的阶段，这是由于建造能力在我们的眼皮底下逐渐萎缩，世界各地技术网络的同质性在推进一种新文明的反复循环中强化了这一趋势。而“遗产财富在种类上、时间上及地理上三重维度的扩展”，“或许标志着对当代城市规划的平庸的一种对抗”。③

20世纪初，我国即受到西方保护思潮的影响，特别是法国、日本和美国的直接影响。1949年之后则完全被中断，受政治运动影响，相关学术权威和理论思想也遭到彻底批判，直到20世纪80年代重新打开国门，才开始再次接受西方历史保护理论的辐射和影响。近年来，不少西方经典保护理论专著正在被翻译和正式出版，相对于国外历史保护学术理论和思想的快速引进，参考借鉴国外理论和成功案例有序开展保护实践恐怕要落后很多，这既有保护实践必须结合中国社会的实际和文化差异所带来的必然性影响；更是由于土地财政和旧城改造的“摧枯拉朽”破坏力度太强大，“转型发展”被快速增长的惯性所干扰左右而难以真正在现实生活中产生实际效果所导致的吊诡性制约。一些新概念和学术思潮在现实的保护实践中因时因地产生的效果差异甚大，有时还有利用保护的概念、打着保护的旗号，干的却是违背历史保护基本原则的事情。

简要回顾我国历史保护的历程，早期古物保护起源于清季民初。古物保存在清末推行新政变革和地方自治的过程中迈出了蹒跚步履，但在早期保护史上却留下了短暂而耀眼的记忆，这个缘起过程的细节显然需要另文详述，在此就不赘述了。按照目前国内学界比较普遍的看法，中国现代保护实践与理论诞生于20世纪30年代，以中国营造学社以及梁思成等人的相关活动为主要标志，诸如杨廷宝、刘敦桢、梁思成等人在古建筑修缮方面的开创性工作。“在古建筑之修葺方面，刘敦桢、卢树森之重修南京栖霞寺塔，实开我修理古建筑之新纪元。北平故都文物之整理，由基泰工程司杨廷宝与中国营造学社刘敦桢、梁思成等共负设计之责，曾修葺天坛、国子监、玉泉寺、各牌楼、五塔寺等古建筑。”[④] 当然还应包括政府立法和中央古物保管委员会所开展的调查、登记等系列工作。

在众多历史人物中，梁思成先生不仅是用现代科学方法研究中国古代建筑的第一人，而且还是“中国历史文物保护的开拓者”[⑤]，关于文物古迹和古城保护的论述，梁思成先生当年在相关文章论述中所反映的历史保护学术思想已相当完整和全面，他在发表于《中国营造学社汇刊》1944 年第 7 卷第 1 期上的“为什么研究中国建筑”一文中指出：“中国建筑既是延续了两千余年的一种工程技术，本身已造成一个艺术系统，许多建筑物便是我们文化的表现，艺术的大宗遗产。除非我们不知尊重这古国灿烂文化，如果有复兴国家民族的决心，对我国历代文物，加以认真整理及保护时，我们便不能忽略中国建筑的研究”。而面对“自清末以后突来西式建筑之风，不但古物寿命更无保障，连整个城市，都受打击了”的情形，针对破坏和忽视文化遗产的缘由，他也做了十分深刻的剖析：“一、在经济力量之凋敝，许多寺观衙署，已归官有者，地方任其自然倾圮，无力保护；二、在艺术标准之一时失掉指南，公私宅第园馆街楼，自西艺浸入后忽被轻视，拆毁剧烈；三、缺乏视建筑为文物遗产之认识，官民均少爱护旧建的热心。”

关于历史名城的保护，尤其是北京古城的保护，他认为：“北平市之整个建筑部署，无论从都市计划、历史，或艺术的观点上看，都是世界上罕见的瑰宝，这早经一般人承认。至于北平全城的体形秩序的概念与创造——所谓形制气魄——实在都是艺术的大手笔，也灿烂而具体的放在我们面前。但更要注意的是：虽然北平是现存世界上中古大都市之‘孤本’，它却不仅是历史或艺术的‘遗迹’，它同时也还是今日仍然活着的一个大都市，它尚有一个活着的都市问题需要继续不断地解决”。显然，梁先生从未有过将北京这个巨大的都市当作“化石”，放入博物馆“冻结”保存这样的设想。

在文博领域早期的开拓者中，新中国成立后的第一任国家文物局局长郑振铎(笔名西谛)先生，早在 20 世纪三四十年代，“为抢救文化遗产，阻止珍本外流，简直拼上了性命”[⑥]。针对“为什么古物、古书非‘保存’不可呢？把不切实用的古物、古书去换些有用的外汇不是很好吗？”这样一些振振有词的质疑声，他指出：“人类的进展，只在文化上表现得真切。每一个时代，各有那一个时代的文化生活；而每一个民族，同时也各有其特征。而这文化是传递不断的，像抽刀断水似的，水是永远地‘更流’着的。每一个民族文化的特征，最好的表现，便在各时代遗留下来的古文物、古文书上。要明白今日的时代和人民生活，便也非了解各时代——近代乃至邃古的人民生活不可，自然也便非研究各时代所遗留下来的古文物、古文书不可。这并不是什么‘发思古之幽情’，这是活生生的学问，这是活跃跃的知识，并不是什么死的学问已成了过去的知识。像画龙点睛似的，古文物、古文书便是民族文化的眼珠子。”[⑦]郑振铎先生对古物保护的重要意义，在当时已有相当充分的论述了。

1949年新中国成立后，文物古迹保护在此基础上有过短暂的延续和拓展，“古建筑、古陵墓、名胜史迹与革命史迹的调查、保护、发掘与修整，基本按照计划进行”[⑧]。“文革十年”对文物古迹和文物保护机制造成了重大破坏，直至20世纪80年代才重新开展文物保护工作，历史文化名城保护、文物古迹保护以及比较系统地介绍国外历史保护的理念与实践，基本上也是从这个阶段开始重新出发和全面展开的。

《当代中国历史保护读本》的整体构成，以反映当代中国历史保护理论的研究探索与成果积累为重点，在对30年来历史保护学术领域的脉络、特征和理论经验进行梳理和总结的基础上，从经典文献、理论探索和学术争鸣等方面精选代表性的著述和文章。主要文献来源于建筑学、城乡规划学等学科领域，同时兼顾文博学和考古学等领域的相关著述。研究对象以城乡建成环境为主，研究成果涉及历史保护的基础理论，从名城保护规划到历史街区保护实践探索，以及古建筑、乡土建筑和工业遗产建筑等不同类型文化遗产保护的原则、方法等。这些代表性学术成果，在建构中国特色的保护理论方面也是具有一定开创性的。

读本以保护理论和学术思想为主，同时涉及不同观念的争鸣与探讨以及对重要保护实践项目的批评和评论，但较少涉及规划设计方法和实践案例评介等方面的内容。文献理论的时间界线以近30年的中国历史保护理论研究为主线，考虑到理论研究的历史渊源、传承关联性，选取了少量早期的历史保护理论文章，这些经典文献所涉及的基本理论问题至今并没有完全解决，其理论深度在现今学术探索中并没有得到实质性的突破。此外，这些文献编入文集再次公开出版的时间也多在 20 世纪 80 年代之后，也就是说它们是在新时期重新开始产生学术影响的。

读本全书的内容由“经典溯源”、“理论探索”和“学术论争”等三部分构成。第一部分为早期文物建筑和文化遗产保护先驱的遗产保护经典理论，挑选了梁思成和郑振铎两位大家的重要文献，是 1949 年前后有关历史保护理论的代表性著作；第二部分为读本的重点，主要有吴良镛、周干峙、郑孝燮、罗哲文、陈志华等专家学者在 20 世纪 80 年代以后发表的有关历史文化名城和建筑遗产保护理论研究上的建设性探索，涉及国际保护理论、文物学基础、历史文化名城、历史文化街区、古建筑、乡土建筑和工业遗产保护等方面；第三部分涉及近年来的讨论热点，包括围绕原真性原则的讨论以及围绕新天地等实践案例的学术批评等。

正如尤嘎 · 尤基莱托所指出的，“在保护领域中，美学、历史学和技术层面上的价值冲突是不可避免的。这种互相冲突的态度和方法必然会在一个正在发展的学科中出现。而这些差异的核心往往是技术知识的缺乏”[9]。读本中收录的数篇围绕一些有争议的实践项目的文章，包括建国初期北京城墙拆留之争，围绕原真性原则的纷争与讨论，包含西方遗产保护的原真性和完整性原则在中国的适应性这一潜在论题，以及在保护实践中如何处理修缮与复原的具体方法等。此外，像上海的新天地，这个在旧城更新大拆大建浪潮中诞生的旧区里弄更新案例，曾经引发广泛的争议，同时也对其他地方的保护改造实践带来了相当大的影响。

最后，为了尽可能满足不同层面读者的需求，提高包括青年学生在内的广大民众对历史保护的兴趣和热情，读本所选理论文献的可读性也是不能忽视的重要方面。近年来，历史保护正在引起各界人士的广泛关注，因而，如何通过读本引导读者更为直接更为全面地了解中国历史保护相关理论的源流、代表性学术观念，应该是很有必要的。事实上，前辈学者在历史保护领域的理论探索，已经成为我们今天重要的无形文化遗产。这些经典文献和学术论文能够帮助读者理解当代中国历史保护理论与实践的背景、特征及价值所在。本读本的选编出版，既试图回答中国历史保护理论是否存在这样的疑问，同时更希望以此既有研究成果为基础，在国内开展更加广泛和更具深度的理论与实践探索，早日实现在历史保护领域的学术创新，并建立具有中国特色的保护理论体系，这也是编者和出版者的最大愿望所在。

注释：

① 参见尤嘎 · 尤基莱托（Jukka Jokilehto), Conservation concepts, Conservation of Ruins, 2007。

② 参见萨尔瓦多 · 穆尼奥斯 · 比尼亚斯著，张鹏等译，当代保护理论，同济大学出版社，2012。

③ 参见弗朗索瓦丝 · 萧伊著，寇庆民译，建筑遗产的寓意，清华大学出版社，2013。

④ 梁思成，中国建筑史，梁思成全集（第一卷），中国建筑工业出版社，2011，p.216。

⑤ 吴良镛前言，梁思成全集（第一卷），中国建筑工业出版社，2011。

⑥ 叶圣陶，《西谛书话》序，生活 · 读书 · 新知三联书店出版，1983。

⑦ 郑振铎，保护古物刍议，《郑振铎文博文集》，文物出版社，1998。

⑧ 郑振铎，文物工作综述，《郑振铎文博文集》，文物出版社，1998。

⑨ 尤嘎 · 尤基莱托，郭旃译，建筑保护史，中华书局，2011，原丛书编者序。

目录
Contents

第三章 学术论争

第一章
经典溯源

2

为什么研究中国建筑

梁思成

研究中国建筑可以说是逆时代的工作。近年来中国生活在剧烈的变化中趋向西化，社会对于中国固有的建筑及其附艺多加以普遍的摧残。虽然对于新输入之西方工艺的鉴别还没有标准，对于本国的旧工艺，已怀鄙弃厌恶心理。自“西式楼房”盛行于通商大埠以来，豪富商贾及中产之家无不溺爱新异，以中国原有建筑为陈腐。他们虽不是蓄意将中国建筑完全毁灭，而在事实上，国内原有很精美的建筑物多被拙劣幼稚的，所谓西式楼房，或门面，取而代之。主要城市今日已拆改逾半，芜杂可哂，充满非艺术之建筑。纯中国式之秀美或壮伟的旧市容，或破坏无遗，或仅余大略，市民毫不觉可惜。雄峙已数百年的古建筑（Historical Landmark），充沛艺术特殊趣味的街市（Local Color），为一民族文化之显著表现者，亦常在“改善”的旗帜之下完全牺牲。近如去年甘肃某县为扩宽街道，“整顿”市容，本不需拆除无数刻工精美的特殊市屋门楼，而负责者竟悉数加以摧毁，便是一例。这与在战争炮火下被毁者同样令人伤心，国人多熟视无睹。盖这种破坏，三十余年来已成为习惯也。

市政上的发展，建筑物之新陈代谢本是不可免的事。但即在抗战之前，中国旧有建筑荒顿破坏之范围及速率，亦有甚于正常的趋势。这现象有三个明显的原因：一、在经济力量之凋敝，许多寺观衙署，已归官有者，地方任其自然倾纪，无力保护；二、在艺术标准之一时失掉指南，公私宅第园馆街楼，自西艺浸入后忽被轻视，拆毁剧烈；三、缺乏视建筑为文物遗产之认识，官民均少爱护旧建的热心。

在此时期中，也许没有力量能及时阻挡这破坏旧建的狂潮。在新建设方面，艺术的进步也还有培养知识及技术的时间问题。一切时代趋势是历史因果，似乎含着不可免的因素。幸而同在这时代中，我国也产生了民族文化的自觉，搜集实物，考证过往，已是现代的治学精神，在传统的血流中另求新的发展，也成为今日应有的努力。中国建筑既是延续了两千余年的一种工程技术，本身已造成一个艺术系统，许多建筑物便是我们文化的表现，艺术的大宗遗产。除非我们不知尊重这古国灿烂文化，如果有复兴国家民族的决心，对我国历代文物，加以认真整理及保护时，我们便不能忽略中国建筑的研究。

以客观的学术调查与研究唤醒社会，助长保存趋势，即使破坏不能完全制止，亦可逐渐减杀。这工作即使为逆时代的力量，它却与在大火之中抢救宝器名画同样有急不容缓的性质。这是珍护我国可贵文物的一种神圣义务。

中国金石书画素得士大夫之重视。各朝代对它们的爱护欣赏，并不在于文章诗词之下，实为吾国文化精神悠久不断之原因。独是建筑，数千年来，完全在技工匠师之手。其艺术表现大多数是不自觉的师承及演变之结果。这个同欧洲文艺复兴以前的建筑情形相似。这些无名匠师，虽在实物上为世界留下许多伟大奇迹，在理论上却未为自己或其创造留下解析或夸耀。因此一个时代过去，另一时代继起，多因主观上失掉兴趣，便将前代伟创加以摧毁，或同于摧毁之改造。亦因此，我国各代素无客观鉴赏前人建筑的习惯。在隋唐建设之际，没有对秦汉旧物加以重视或保护。北宋之对唐建，明清之对宋元遗构，亦并未知爱惜。重修古建，均以本时代手法，擅易其形式内容，不为古物原来面目着想。寺观均在名义上，保留其创始时代，其中殿宇实物，则多任意改观。这倾向与书画仿古之风大不相同，实足注意。自清末以后突来西式建筑之风，不但古物寿命更无保障，连整个城市，都受打击了。

5

為什麼研究中國建築

編 者

研究中國建築可以說是逆時代的工作。近年來中國生活在劇烈的變化中趨向西化，社會對於中國固有的建築及其附藝多加以普遍的摧殘。雖然對於新輸入之西方工藝的鑑別還沒有標準，對於本國的舊工藝卻已懷鄙棄厭惡心理。自"西式樓房"盛行於通商大埠以來，豪富商賈及中產之家無不深愛新異，以中國原有建築為陳腐。他們雖不是蓄意將中國建築完全毀滅，而在事實上，國內原有很精美的建築物多被拙劣幼稚的，所謂西式樓房，或門面，取而代之。主要城市今日已拆改逾半，蕪雜可哂，充滿非藝術之建築。純中國式之秀美或壯偉的舊市容，或破壞無遺，或僅餘夭略，市民毫不覺可惜。雄峙已數百年的古建築(historical landmark)，充沛藝術特殊趣味的街市(local color)，為一民族文化之顯著表現者，亦常在"改善"的旗幟之下完全犧牲。近如去年甘肅某縣為擴寬街道，"整頓"市容，本不需拆除無數刻工精美的特殊市屋門樓，而負責者竟悉數加以摧

图 1."为什么研究中国建筑"一文初刊时的第一页

如果世界上艺术精华，没有客观价值标准来保护，恐怕十之八九均会被后人在权势易主之时，或趣味改向之时，毁损无余。在欧美，古建实行的保存是比较晚近的进步。十九世纪以前，古代艺术的破坏，也是常事。幸存的多赖偶然的命运或工料之坚固。十九世纪中，艺术考古之风大炽，对任何时代及民族的艺术才有客观价值的研讨。保存古物之觉悟即由此而生。即如此次大战，盟国前线部队多附有专家，随军担任保护沦陷区或敌国古建筑之责。我国现时尚在毁弃旧物动态中，自然还未到他们冷静回顾的阶段。保护国内建筑及其附艺，如雕刻壁画均须萌芽于社会人士客观的鉴赏，所以艺术研究是必不可少的。

今日中国保存古建之外，更重要的还有将来复兴建筑的创造问题。欣赏鉴别以往的艺术，与发展将来创造之间，关系若何我们尤不宜忽视。

西洋各国在文艺复兴以后，对于建筑早已超出中古匠人不自觉的创造阶段。他们研究建筑历史及理论，作为建筑艺术的基础。各国创立实地调查学院，他们颁发研究建筑的旅行奖金，他们有美术馆博物院的设备，又保护历史性的建筑物任人参观，派专家负责整理修葺。所以西洋近代建筑创造，同他们其他艺术，如雕刻，绘画，音乐，或文学，并无二致，都是合理解与经验，而加以新的理想，作新的表现的。

我国今后新表现的趋势又若何呢？

艺术创造不能完全脱离以往的传统基础而独立。这在注重画学的中国应该用不着解释。能发挥新创都是受过传统熏陶的。即使突然接受一种崭新的形式，根据外来思想的影响，也仍然能表现本国精神。如南北朝的佛教雕刻，或唐宋的寺塔，都起源于印度，非中国本有的观念，但结果仍以中国风格造成成熟的中国特有艺术，驰名世界。艺术的进境是基于丰富的遗产上，今后的中国建筑自亦不能例外。

无疑的将来中国将大量采用西洋现代建筑材料与技术。如何发扬光大我民族建筑技艺之特点，在以往都是无名匠师不自觉的贡献，今后却要成近代建筑师的责任了。如何接受新科学的材料方法而仍能表现中国特有的作风及意义，老树上发出新枝，则真是问题了。

欧美建筑以前有“古典”及“派别”的约束，现在因科学结构，又成新的姿态，但它们都是西洋系统的嫡裔。这种种建筑同各国多数城市环境毫不抵触。大量移植到中国来，在旧式城市中本来是过分唐突，今后又是否让其喧宾夺主，使所有中国城市都不留旧观？这问题可以设法解决，亦可以逃避。到现在为止，中国城市多在无知匠人手中改观。故一向的趋势是不顾历史及艺术的价值，舍去固有风格及固有建筑，成了不中不西乃至于滑稽的局面。

一个东方老国的城市，在建筑上，如果完全失掉自己的艺术特性，在文化表现及观瞻方面都是大可痛心的。因这事实明显的代表着我们文化衰落，至于消灭的现象。四十年来，几个通商大埠，如上海天津广州汉口等，曾不断地模仿欧美次等商业城市，实在是反映着外国人经济侵略时期。大部分建设本是属于租界里外国人的，中国市民只随声附和而已。这种建筑当然不含有丝毫中国复兴精神之迹象。

今后为适应科学动向，我们在建筑上虽仍同样的必须采用西洋方法，但一切为自觉的建设。由有学识，有专门技术的建筑师，担任指导，则在科学结构上有若干属于艺术范围的处置必有一种特殊的表现。为着中国精神的复兴，他们会作美感同智力掺合的努力。这种创造的火炬已曾在抗战前燃起，所谓“宫殿式”新建筑就是一例。

但因为最近建筑工程的进步，在最清醒的建筑理论立场上看来，“宫殿式”的结构已不合于近代科学及艺术的理想。“宫殿式”的产生是由于欣赏中国建筑的外貌。建筑师想保留壮丽的琉璃屋瓦，更以新材料及技术将中国大殿轮廓约略模仿出来。在形式上它模仿清代官衙，在结构及平面上它又仿西洋古典派的普通组织。在细项上窗子的比例多半属于西洋系统，大门栏杆又多模仿国粹。它是东西制度勉强的凑合，这两制度又大都属于过去的时代。它最像欧美所曾盛行的“仿古”建筑（Period Architecture）。因为靡费侈大，它不常适用于中国一般经济情形，所以也不能普遍。有一些“宫殿式”的尝试，在艺术上的失败可拿文章做比喻。它们犯的是堆砌文字，抄袭章句，整篇结构不出于自然，辞藻也欠雅驯。但这种努力是中国精神的抬头，实有无穷意义。

世界建筑工程对于钢铁及化学材料之结构愈有彻底的了解，近来应用愈趋简洁。形式为部署逻辑，部署又为实际问题最美最善的答案，已为建筑艺术的抽象理想。今后我们自不能同这理想背道而驰。我们还要进一步重新检讨过去建筑结构上的逻辑；如同致力于新文学的人还要明了文言的结构文法一样。表现中国精神的途径尚有许多，“宫殿式”只是其中之一而已。

要能提炼旧建筑中所包含的中国质素，我们需增加对旧建筑结构系统及平面部署的认识。构架的纵横承托或联络，常是有机的组织，附带着才是轮廓的钝锐，彩画雕饰，及门窗细项的分配诸点。这些工程上及美术上措施常表现着中国的智慧及美感，值得我们研究。许多平面部署，大的到一城一市，小的到一宅一园，都是我们生活思想的答案，值得我们重新剖视。我们有传统习惯和趣味：家庭组织，生活程度，工作，游息，以及烹饪，缝纫，室内的书画陈设，室外的庭院花木，都不与西人相同。这一切表现的总表现曾是我们的建筑。现在我们不必削足就履，将生活来将就欧美的部署，或张冠李戴，颠倒欧美建筑的作用。我们要创造适合于自己的建筑。

在城市街心如能保存古老堂皇的楼宇，夹道的树荫，衙署的前庭，或优美的牌坊，比较用洋灰建造卑小简陋的外国式喷水池或纪念碑实在合乎中国的身份，壮美得多。且那些仿制的洋式点缀，同欧美大理石富于“雕刻美”的市中心建置相较起来，太像东施效颦，有伤尊严。因为一切有传统的精神，欧美街心伟大石造的纪念性雕刻物是由希腊而罗马而文艺复兴延续下来的血统，魄力极为雄厚，造诣极高，不是我们一朝一夕所能望其项背的。我们的建筑师在这方面所需要的是参考我们自己艺术藏库中的遗宝。我们应该研究汉阙，南北朝的石刻，唐宋的经幢，明清的牌楼，以及零星碑亭，泮池，影壁，石桥，华表的部署及雕刻，加以聪明的应用。

艺术研究可以培养美感，用此驾驭材料，不论是木材，石块，化学混合物，或钢铁，都同样的可能创造有特殊富于风格趣味的建筑。世界各国在最新法结构原则下造成所谓“国际式”建筑；但每个国家民族仍有不同的表现。英、美、苏、法、荷、比、北欧或日本都曾造成他们本国特殊作风，适宜于他们个别的环境及意趣。以我国艺术

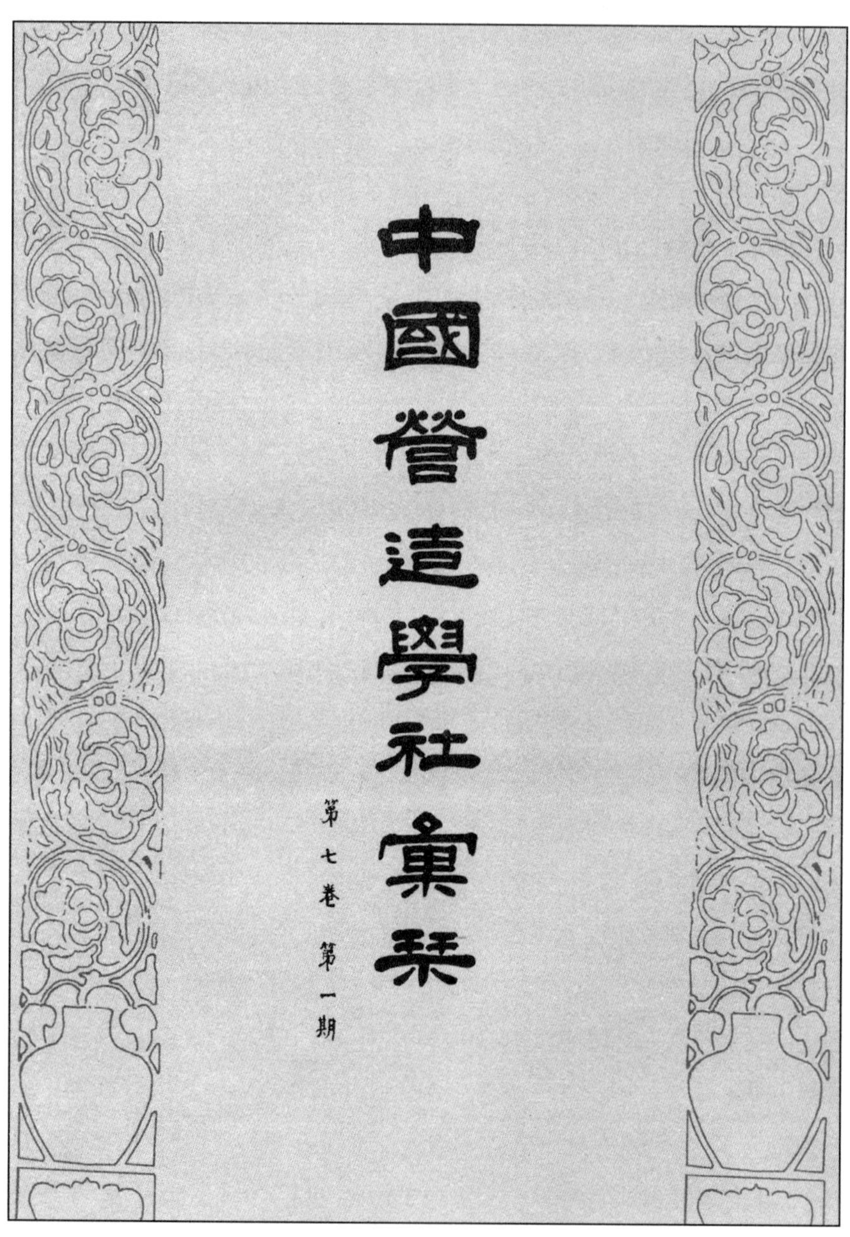

中國營造學社彙刊

第七卷 第一期

图 2. 中国营造学社汇刊，第 7 卷，第 1 期封面

背景的丰富，当然有更多可以发展的方面。新中国建筑及城市设计不但可能产生，且当有惊人的成绩。

在这样的期待中，我们所应做的准备当然是尽量搜集及整理值得参考的资料。

以测量绘图摄影各法将各种典型建筑实物作有系统秩序的记录是必须速做的。因为古物的命运在危险中，调查同破坏力量正好像在竞赛。多多采访实例，一方面可以作学术的研究，一方面也可以促社会保护。研究中还有一步不可少的工作，便是明了传统营造技术上的法则。这好比是在欣赏一国的文学之前，先学会那一国的文学及其文法结构一样需要。所以中国现存仅有的几部术书，如宋李诫《营造法式》，清《工部工程做法则例》，乃至坊间通行的《鲁班经》等等，都必须有人能明晰的用现代图解译释内中工程的要素及名称，给许多研究者以方便。研究实物的主要目的则是分析及比较冷静的探讨其工程艺术的价值，与历代作风手法的演变。知己知彼，温故知新，已有科学技术的建筑师增加了本国的学识及趣味，他们的创造力量自然会在不自觉中雄厚起来。这便是研究中国建筑的最大意义。

原文初载于《中国营造学社汇刊》1944年第7卷，第1期．署名“编者”；
后收录于《梁思成全集》（第三卷），P377~P380，中国建筑工业出版社，2001

北平文物必须整理与保存

梁思成

北平文物整理的工作近来颇受社会注意，尤其因为在经济凋敝的景况下，毁誉的论说，各有所见。关于这工作之意义和牵涉到的问题，也许有略加申述之必要，使社会人士对于这工作之有无必要，更有真切的认识。

北平市之整个建筑部署，无论由都市计划、历史，或艺术的观点上看，都是世界上罕见的瑰宝，这早经一般人承认。至于北平全城的体形秩序的概念与创造——所谓形制气魄——实在都是艺术的大手笔，也灿烂而具体的放在我们面前。但更要注意的是：虽然北平是现存世界上中古大都市之“孤本”，它却不仅是历史或艺术的“遗迹”，它同时也还是今日仍然活着的一个大都市，它尚有一个活着的都市问题需要继续不断的解决。

今日之北平仍有庞大数目的市民在里面经常生活着，所以北平市仍是这许多市民每日生活的体形环境，它仍在执行着一个活的城市的任务，无论该市——乃至全国——近来经济状况如何凋落，它仍须继续的给予市民正常的居住、交通、工作、娱乐及休息上的种种便利，也就是说它要适应市民日常生活环境所需要的精神或物质的条件，同其他没有文物古迹的都市并无多大分别。所以全市的市容、道路、公园、公共建筑、商店、住宅、公用事业、卫生设备等种种方面，都必如其他每城每市那样有许多机构不断地负责修整与管理，是理之当然。所不同的是北平市内年代久远而有纪念性的建筑物多，而分布在城区各处显著地位者尤多。建筑物受自然的侵蚀倾圮毁坏的趋势一经开端便无限制的进展，绝无止境。就是坍塌之后，拆除残骸清理废址，亦须有管理的机构及相当的经费。故此北平在市政方面比一个通常都市却多了一重责任。

我们假设把北平文物建筑视作废而无用的古迹，从今不再整理，听其自然，则二三十年后，所有的宫殿坛庙牌坊等等都成了断瓦颓垣，如同邦卑（Pompeii）故城[①]（那是绝对可能的）。试问那时，即不顾全国爱好文物人士的浩叹惋惜，其对于尚居住在北平的全市市民物质与精神上的影响将若何？其不方便与不健全自不待言。在那样颓败倾圮的环境中生活着，到处破廊倒壁，触目伤心，必将给市民愤慨与难堪。一两位文学天才也许可以因此做出近代的《连昌宫词》[②]，但对于大多数正常的市民必是不愉快的刺激及实际的压迫。这现象是每一个健全的公民的责任心所不许的。

论都市计划的价值，北平城原有（亦即现存）的平面配置与立体组织，在当时建立帝都的条件下，是非常完美的休形秩序。就是从现代的都市计划理论分析，如容纳车马主流的交通干道（大街）与次要道路（分达住宅的胡同）之明显而合理的划分，公园（御苑坛庙）分布之适当，都是现代许多大都市所努力而未能达到的。美国都市计划权威亨利·S·丘吉尔（Henry S. Churchill）[③]在他的近著《都市就是人民》（The City is the People）里，由现代的观点分析北平，赞扬备至。

北平的整个形制既是世界上可贵的孤例，而同时又是艺术的杰作，城内外许多建筑物却又各个都是在历史上、建筑史上、艺术史上的至宝。整个的故宫不必说，其他许多个个文物建筑大多数是富有历史意义的艺术品。它们综合起来是一个庞大的“历史艺术陈列馆”。历史的文物对于人民有一种特殊的精神影响，最能触发人们对民族对人类的自信心。无论世界何处，人们无不以游览古迹参观古代艺术为快事，亦不自知其所以然。（这几天北平游春的青年们莫不到郊外园苑或较近的天坛、三殿、太庙、北海等处。他们除了上意识的感到天朗气清聚游之乐外，潜意识里还得到我们这些过去文物规制所遗留下美善形体所给予他们精神上的启发及自信的坚定。）无论如何，我们除非否认艺术，否认历史，或否认北平文物在艺术上历史上的价值，则它们必须得到我们的爱护与保存是无可疑问的。

在“民国”二十三年前后，北平当时市政当局有见于此，并得到北平学术界的赞助与合作，于二十四年成立了故都文物整理委员会，直棣行政院，会辖的执行机关为文整会实施事务处[④]，由市长工务局长分别兼任正副处长；在技术方面，委托一位对于中国建筑——尤其是明清两代法式——学识渊深的建筑师杨廷宝先生负责，同时委托中国营造学社朱桂辛先生及几位专家做顾问，副处长先后为汪申、谭炳训两先生，他们并以工务局的经常工作与文整工作相配合。自成立以至抗战开始，曾将历史艺术价值最高而最急待整理的建筑加以修葺。每项工程，在经委员会决定整理之后，都由建筑师会同顾问先作实测调查，然后设计，又复详细审核，方付实施。杨先生在两年多的期间，日间跋涉工地，攀梁上瓦，夜间埋头书案，夜以继日的工作，连星期日都不休息，备极辛劳，为文整工作立下极好的基础和传统精神。修葺的原则最着重的在结构之加强；但当时工作伊始，因市民对于文整工作有等着看“金碧辉煌，焕然一新”的传统式期待；而且油漆的基本功用本来就是木料之保护，所以当时修葺的建筑，在这双重需要之下，大多数施以油漆彩画。至抗战开始时，完成了主要单位有天坛全部，孔庙，辟雍，智化寺，大高玄殿角楼牌楼，正阳门五牌楼，紫禁城角楼，东西四牌楼，若干处城楼箭楼，东南角楼，真觉寺（五塔寺）金刚宝座塔，玉泉山玉峰塔等等数十单位[⑤]。当时尚有其他机关团体使用文物建筑，如故宫博物院，古物陈列所[⑥]，中南海及北海公园，对于文物负有保护之责，在当时比较宽裕的经济状况下，也曾修缮了许多建筑物。其中贤明的主管长官，大多在技术上请求文整会或专家的协助。

北平沦陷期间，连伪组织都知道这工作的重要性，不敢停止，由伪建设总署继续做了些小规模的整理，未尝间断。

复员以后，伪建设总署工作曾由工务局暂时继续，但不久战前的一部分委员及技术人员逐渐归来，故又重新成立，并改称北平文物整理委员会，仍棣行政院，执行机构则改称工程处，正副处长仍由市长及工务局长分别兼任。委员会决定文物整理之选择及预算。实施方面，谭先生仍回任副处长，虽然杨先生已离开，因为技术人员大多已是训练多年驾轻就熟的专才，所以完全由工程处负责；而每项工程计划，则由委员中对于中国建筑有专门研究者予以最后审核。

复员以后的工作，除却在工务局暂行负责的短期间油饰了天安门及东西三座门外，都是抽梁换柱，修整构架，揭瓦检漏一类的工作，做完了在外面看不见的。有人批评油饰是粉饰太平，老实说，在那唯一的一次中，当时他们的确有“粉饰胜利”的作用。刚在抗战胜利大家复员的兴奋情绪下，这一次的粉饰也是情有可原的。

朱自清先生最近在《文物 · 旧书 · 毛笔》⑦一文里提到北平文物整理。对于古建筑的修葺，他虽“赞成保存古物”，而认为“若分别轻重”，则“这种是该缓办的”，他没有“抢救的意思”。他又说“保存只是保存而止，让这些东西像化石一样。”朱先生所谓保存它们到“像化石一样”，不知是否说听其自然之意。果尔，则这种看法实在是只看见一方面的偏见，也可以说是对于建筑工程方面种种问题不大谅解的看法。

单就北平古建筑的目前情形来说，它就牵涉到一个严重问题。假使建筑物果能如朱先生所希望，变成化石，问题就简单了。可惜事与愿违。北平的文物建筑，若不加修缮，在短短数十年间就可以达到破烂的程度。失修倾圮的迅速，不愧是中国建筑如此，在钢筋水泥发明以前的一切建筑物莫不如此，连全部石构的高直式（Gothic）建筑也如此（也许比较可多延数十年）。因为屋顶——连钢筋洋灰上铺油毡的在内——经过相当时期莫不漏，屋顶一漏，梁架即开始腐朽，继续下去就坍塌，修房如治牙补衣，以早为妙，否则“涓涓不壅，将成江河”。在开始渗漏时即加修理，所费有限，越拖延则工程越大，费用越繁。不仅如此，在开始腐朽以至坍塌的期间，还有一段相当长久的溃烂时期。溃烂到某阶段时，那些建筑将成为建筑条例中所谓“危险建筑物”，危害市民安全，既不堪重修，又不能听其存在，必须拆除。届时拆除的工作可能比现在局部的小修缮艰巨得多；费用可能增大若干倍。还不只如此，拆除之后，更有善后问题：大堆的碎砖烂瓦，朽梁腐柱，大多不堪再用（北平地下碎砖的蕴藏已经太多了），只是为北平市的清道夫和垃圾车增加了工作，所费人力物力又不知比现在修缮的费用增大多少（现在文整工作就遭遇了一部分这种令人不愉快而必需的拆除及清理废址的工作）。到那时北平市不惟丧失了无法挽回的美善的体形环境，丧失了无可代替的历史艺术文物，而且为市民或政府增加了本可避免的负担。北平文物整理与否的利害问题，单打这一下算盘，就很显然了。

现在正在修缮中的朝阳门箭楼[8]就是一个最典型的例子。这楼于数年前曾经落雷，电流由东面南端第二“金柱”通过下地，把柱子烧毁了大半。现在东南角檐部已经倾斜，若不立即修理，眼看着瓦檐就要崩落，危害城门下出入的行人车马。若拆除，则不能仅拆除一部分，因为少了一根柱子，危害整个建筑物的坚固，毁坏倾颓的程序必须继续增进。全部拆除，则又为事实所不允许。除了修葺，别无第二条可走的途径。文整的工作大都是属于这类性质的。

抗战以前，若干使用或保管文物建筑的机关团体，尚能将筹得的款修缮在他们保管下的建筑。如故宫博物院之修葺景山万春亭[9]古物陈列所之修葺文渊阁[10]，北海公园中山公园之经常修葺园内建筑物等等，对于文物都尽了妥善保管与维护之责。

但这种各行其是的修葺，假使主管人对于所修建筑缺乏认识，或计划不当，可能损害文物。例如冯玉祥在开封，把城砖拆作他用，而在鼓楼屋顶上添了一个美国殖民地时代式（Colonial Style）的教堂钟塔[11]，成了一个不伦不类的怪物，因而开封有了“城墙剥了皮，鼓楼添个把儿”的歌谣。又如北平禄米仓智化寺是明正统年间所建，现在还保存着原来精美的彩画，为明代彩画罕见的佳例。日寇以寺之一部分做了啤酒工厂。复员以后，接收的机关要继续在这古寺里酿制啤酒，若非文整会力争，这一处文物又将毁去。恭王府是清代王府中之最精最大最有来历者，现在归了辅仁大学，但因修改不当，已经面目全非[12]，殊堪惋惜。又如不久以前胡适之先生等五人致李德邻[13]先生请饬保护爱惜文物的函中所提各单位，如延庆楼、春藕斋[14]等，或失慎焚毁，或局部损坏。所举各例，都是极可惋惜的事实。反之如中央研究院及北平图书馆之先后借用北海镜清斋[15]；松坡图书馆之借用北海快雪堂[16]；清华大学之使用清华园水木清华殿[17]（工字厅），以及玉泉山疗养院最近请得文整会的许可，将原有船坞改建为礼堂；乃至如几家饮食商人之借用北海漪澜堂、五龙亭[18]等处，都能顾全原制，而使其适用于现代的需要。使用文物建筑与其保存本可兼收其利的。因此之故，必须特立机构，专司整理修缮以及使用保管之指导与监督。而且战前有力修葺自己保管下文物的机关团体，现在大多无力于此，因此文整工作较前尤为切要。例如北海快雪堂松坡图书馆屋顶渗漏，午门历史博物馆金柱腐蚀，故宫太和殿东角廊大梁折断，北海万佛楼[19]大梁折断等等，各该机关团体都无力修葺，文整会是唯一能出这笔费用并能为解决工程技术的机构。这些处工程现在都正在动工或即将动工中。

清华大学有一个工程委员会，凡是校内建筑与工程方面的大事小事，自一座大楼以至一片玻璃，都由该会负责。教职员学生住用学校的房产，无能力对于房屋的修葺负责，也不该擅自改建其任何部分；一切必须经由工程委员会办理。文物整理委员会之于北平市，犹如工程委员会之于清华大学，是同样负责修缮切实审查工程不可少的机构。

还有一点：北平文物虽不能成为不朽的化石，但文整工作也不是为它们苟延残喘而已。木构建筑物的寿命，若保护得当，可能甚长。我亲自实地调查所知，山西五台山佛光寺大殿，唐大中十一年建，至今已一千零九十一年；河北蓟县独乐寺观音阁及山门，辽统和二年建，已九百六十四年；山西榆次永寿寺雨华宫[20]，宋大中祥符元年建，已九百四十年。此外宋辽金木构，我调查过的就有四十余处，元明木构更多。日本尚且有飞鸟时代（我隋朝）的京都法隆寺[21]已一千三百三十余年。北平文物建筑中最古的木构，社稷坛享殿（中山公园中山堂），建于明永乐十九年，仅五百二十一岁（此外孔庙大成门外戟门可能部分的属于元代），若善于保护，我们可以把它再保留五百年。也许那时早已发明了绝对有效的木材防火防腐剂，这些文物就真可以同化石一样，不用再频加修缮了。到“民国”五百三十七年时，我们的子孙对于这些文物如何处置，可以听他们自便。在“民国”三十七年，我们除了整理保存，别无第二个办法。我们承袭了祖先留下这一笔古今中外独一无二的遗产，对于维护它的责任，是我们这一代人所绝不能推诿的。

朱先生将文物、旧书、毛笔三者相提并论。毛笔与旧书本在本文题外，但朱先生既将它们并论，则我不能不提出它们不能并论的理由。毛笔是一种工具，为善事而利器，废止强迫学生用毛笔的规定我十分赞同。旧书是文字所寄的物体，主要的在文字而不在书籍的物体。不过毛笔书籍也有物体本身是一件艺术品或含有历史意义的，与普通毛笔旧书不同，理应有人保存。至于北平文物建筑，它们本身固然也是一种工具，但它们现时已是一种富有历史性而长期存在的艺术品。假使教育部规定“凡中小学学生作国文必须用毛笔；所有教科书必须用木板刻版，用毛边纸印刷，用线装订；所有学校建筑必须采用北平古殿宇形制”；我们才可以把文物、旧书、毛笔三者并论，那样才是朱先生所谓“正是一套”。否则三者是不能并论的。

至于朱先生所提“拨用巨款”的问题由上文的算盘上看来，已显然是极经济的。文整会除了不支薪金的各委员及正副处长外，工程处自技正秘书以至雇员，名额仅三十三人，实在是一个极小而工作效率颇高的机构，所费国币实在有限。朱先生的意思要等衣食足然后做这种不急之务。除了上文所讲不能拖延的理由外，这工作也还有一个理由。说起来可怜，中国自有史以来，恐怕从来没有达到过全国庶众都丰衣足食的理想境界。今日的中国的确正陷在一个衣食极端不足的时期，但是文整工作却正为这经济凋敝土木不兴的北平市里一部分贫困的工匠解决了他们的职业，亦即他们的衣食问题，同时也帮着北平维持一小部分的工商业。钱还是回到老百姓手里去的。若问“巨款”有多少？今年上半年度可得到五十亿，折合战前的购买力，不到二万元。我们若能每半年以这微小的“巨款”为市民保存下美善的体形环境，为国家为人类保存历史艺术的文物，为现在一部分市民解决衣食问题，为将来的市民免除了可能的惨淡的住在如邦贝故城之中，受到精神刺激和物质上的不便，免除了可能的一笔大开销和负担，实在是太便宜了。

许多国家对于文物建筑都有类似北平文物整理委员会的机构和工作。英国除政府外尚有民间的组织。日本文部省有专管国宝建筑物的部门，例如上文所提京都法隆寺，除去经常修缮外，且因寺在乡间，没有自来水，特拨巨款，在附近山上专建蓄水池，引管入寺，在全寺中装了自动消防设备。法国有美术部，是这种工作管理的最高机关。意大利也有美术部。苏联的克里姆林宫[22]，以文物建筑作政府最高行政机构的所在，自不待说，其他许多中世纪以来的文物建筑，莫不在政府管理保护之下。每个民族每个国家莫不爱护自己的文物，因为文物不只是人民体形环境之一部分，对于人民除给予通常美好的环境所能刺发的愉快感外，且更有触发民族自信心的精神能力。他们不惟爱护自己的文物，而且注意到别国的文物和活动。一九三六年伦敦的中国艺术展览会中，英美法苏德比瑞挪丹等国都贡献出多件他们所保存的中国精品。战时我们在成都发掘王建墓，连纳粹的柏林广播电台都作为重要的文化新闻予以报道。美军在欧洲作战时，每团以上都有“文物参谋”——都是艺术家和艺术史家，其中许多大学教授——协助指挥炮火，避免毁坏文物。意大利圣吉米纳诺（San Gimignano）[23]之攻夺，一个小小山城里林立着十三座中世纪的钟楼，攻下之后，全城夷为平地，但是教堂无恙，十三座钟楼只毁了一座。法国沙特尔（Chartres）[24]著名的“高直时代”大教堂，在一个德军主要机场的边沿上，机场接受了几千吨炸弹，而教堂只受了一处——仅仅一处（!）——碎片伤。对于文物艺术之保护是连战时敌对的国际界限也隔绝不了的，何况我们自己的文物。我们对于北平文物整理之必然性实在不应再有所踌躇或怀疑！

（原《市政评论》编者按：北平为最伟大的文化都市，世界国际人士来华，莫不以一游北平为快，所以北平市实可象征老大的中国，“民国”二十三年当局曾对文物大加修整，战后失修，梁先生以专家地位，提供卓见，特为刊出，以供参考。）

注释:

① 邦卑（Pompeii）故城，现通译庞贝城，位于意大利南部维苏威火山东南麓，公元 79 年被火山喷发掩埋，1748 年开始发掘，现为历史遗址——王世仁注。

② 《连昌宫词》，唐代诗人元稹（779-831）的七言古诗，作于元和十二年（817 年）。连昌宫是唐朝的一处行宫，位于河南郡寿安县（今河南省宜阳县）。诗中借一位住在宫旁老人的叙述，描写出自“安史之乱”以来连昌宫废弃衰败的景象——王世仁注。

③ Henry Stern Churchill（1893-1962），美国著名建筑师，城市规划理论家，*The city is the people*（Reynal & Hitchcock, Newyork, 1945）——左川注。

④ 文整会实施处，为旧（故）都文物整理委员会的执行机构。技术负责人杨廷宝（1901-1982），著名建筑大师，当时为基泰工程司（建筑事务所）建筑师；顾问朱桂辛（启钤，1872-1964），清末任京师内、外巡警厅承，民国初年任交通、内务总长兼京都市政督办（市长），是中国近代警察和市政管理的开创者，1928 年创办中国营造学社；顾问梁思成、刘敦祯，刘敦祯（1897-1968）毕业于日本东京高等工业学校建筑科，1928 年参与创办了中国第一所大学（中央大学）建筑系，1930 年加入中国营造学社，任文献部主任；处长为当时北平市长袁良；副处长汪申、谭炳训为工程师（技正），先后任北平市工务局长——王世仁注。

⑤ 完成了主要单位有天坛全部，……等数十单位。文中所列已修葺的文物建筑中，大高玄殿角楼（习礼亭）、牌楼为明代建筑，于 1954~1955 年拆除；东、西四牌楼在 1934~1935 年通有轨电车时全部改建，增高加宽，并将梁柱改为钢筋混凝土结构，于 1954 年拆除——王世仁注。

⑥ 古物陈列所，1912 年建立民国后，将清朝热河行宫（承德避暑山庄）、盛京宫殿（沈阳故宫）的一些重要文物和其他一些社会文物集中到北京，成立古物陈列所，北京故宫乾清门以南的“外朝”部分即归该所使用。1947 年 9 月后并入故宫博物院——王世仁注。

⑦ 《文物 · 旧书 · 毛笔》载 1948 年 3 月 31 日《大公报》。作者朱自清（1898~1948），中国现代著名诗人、散文家，时为清华大学教授——左川注。

⑧ 朝阳门箭楼，朝阳门为北京内城东墙南面城门，建于明正统间（15 世纪中），清乾隆时（18 世纪中）重修。箭楼于 1900 年被“八国联军”炮毁。1902 年修复，1957 年拆除。1958 年拆除城楼——王世仁注。

⑨ 景山万春亭，景山山顶正中方亭，建于清乾隆十五年（1750 年）——王世仁注。

⑩ 文渊阁，清代宫殿外朝文华殿后部藏书楼，建干清乾隆三十九年（1774 年），为贮存《四库全书》之处——王世仁注。

⑪ 在鼓楼顶屋上添了一个美国殖民地时代式的教堂钟塔，这是 20 世纪二三十年代中小城市追求西方风格的一种时尚，古建筑中加欧式钟楼较为风行，现存的实例如太原督军府（原巡抚衙门）后面的钟楼，宁波鼓楼屋顶突出的钟楼等——王世仁注。

⑫ 恭王府……因修改不当，已经面目全非。恭王府原为清咸丰帝六弟恭亲王奕䜣（xin）之府，民国后售于辅仁大学。为满足教学对王府古建筑进行了一些更新改建，其中后照楼改建为女生宿舍，对原建筑改动最大——王世仁注。

⑬ 李德邻，即李宗仁，当时是国民党政府“北平行辕主任”——王世仁注。

⑭ 延庆楼在清宫西苑中海西岸，建于乾隆二十二年（1757 年），原名听鸿楼，民国后一直为政府机关使用，1948 年初被烧毁；春藕斋在中海西部丰泽园西侧，明代原有，乾隆二十一年（1756 年）命此名——王世仁注。

⑮ 北海镜清斋，在清宫西苑北海北岸，是一组独立的中型园林，建于乾隆二十三年（1758 年）.1913 年收归民国政府外交部，为接待外宾的公所，改名为镜心斋——王世仁注。

⑯ 快雪堂，在清宫西苑北海北岸，原为明代太素殿值房，清乾隆七年至十四年（1742-1749 年）改建，名澄观堂，乾隆四十四年因得王羲之“快雪时晴”帖刻石，加建快雪堂，将石刻镶嵌于堂前回廊内，习惯上将整组建筑都称为快雪堂。1922 年后，一度作为蔡公祠，纪念反袁（世凯）名将蔡锷（字松坡），设松坡图书馆——王世仁注。

⑰ 水木清华殿，为清华大学中之“清华园”主殿“工字殿”的后殿，北向临池。清华园原为清初御园之一熙春园，道光二年（1822 年）赐给皇五子奕琮，咸丰时有少量改、扩建，改名为清华园。1910 年划归清华学堂，一直都是学校办公使用——王世仁注。

⑱ 北海漪澜堂、五龙亭，在清宫西苑北海。漪澜堂在琼华岛北山下，建于乾隆十八年（1753 年），包括远帆阁、道宁斋等，多年作为茶室餐馆使用。五龙亭共五亭，在北海北岸水中，明代即有，清乾隆时重修，曾作为夏日茶馆使用——王世仁注。

⑲ 万佛楼在清宫西苑北海北岸阐福寺内，建于乾隆十一年（1746 年），是乾隆帝为其母 60 岁祝寿所建。多年残破未能修缮，20 世纪 60 年代初拆除，20 世纪 70 年代初在其基址上建造植物温室——王世仁注。

⑳ 雨华宫，1947-1948 年拆毁——王世仁注。

㉑ 京都法隆寺，笔误，应为奈良法隆寺。该寺初建于日本推古天皇十五年（607 年，相当于中国隋朝大业三年），天智天皇九年（670 年）遭火焚。寺中的金堂、五重塔、中门和回廊的一部分最古，是否为原建或火焚后重建尚有争论——王世仁注。

㉒ 克里姆林宫，莫斯科中心城堡，始建于 12 世纪，15 世纪末至 16 世纪中在其中建巨大的教堂、修道院等，城堡初具规模，并成为沙皇的宫殿。18 世纪后期进行全面改建，最主要的建筑是 1776 年 ~1787 年建造的枢密院大厦，十月革命后即成为苏联部长会议办公大厦；大约同期建造的元老院大厦、武器库、接待厅等，也都为政府使用。但教堂和修道院则仍作为文物建筑得到保护——王世仁注。

㉓ 位于意大利佛罗伦萨西南 67km，始建于中世纪，以多建于 12~13 世纪的塔楼数目众多闻名——左川注。

㉔ 位于巴黎西南 85km 处，以建于 13 世纪的主教堂闻名——左川注。

㉕ 北平文物整理委员会，是中国现代从事文物建筑保护维修与调查研究的专门机构。1935 年，南京国民政府在北平设“旧都文物整理委员会”，办事机构为“旧都文物整理实施事务处”（简称“文整处”），市长和工务局长兼任正副处长，聘请基泰工程司（建筑事务所）建筑师杨廷宝负责技术责任，职员多为工程技术人员和古建筑匠师，又聘请朱启钤、梁思成、刘敦祯为顾问，在北平保护、修缮了一批古建筑。北平沦陷期间撤销。抗日战争胜利后，国民党政府在北平设立“行政院北平文物整理委员会”，朱启钤、马衡曾任主任，梁思成为委员之一，俞同奎为秘书，负责日常事务，下设工程处。1949 年 3 月由华北人民政府接管，在文化部下面设立北平文物整理委员会，录用了一批原专业人员，1956 年改称古代建筑修整所，俞同奎为所长，1973 年后并入文化部文物保护科学技术研究所。——王世仁注。

原文初载于《市政评论》1948 年第 10 卷第 8 期，同年由“行政院北平文物整理委员会”[25] 印发单行本；后收录于《梁思成全集》（第四卷），中国建筑工业出版社，2001

保存古物刍议

郑振铎

一

从我们这一辈出生的时候开始，大约在19世纪的末年，中国的学术资料便大量地陆续地输出到海外去。庚子（1900年）拳乱，八国联军侵入北京，许多宝物、文献都被各国的兵士们掠夺以去。在前几年，伦敦的古董铺里，还可以买得到《永乐大典》的零本。

说起《永乐大典》[①]便不禁心痛欲裂。她的损失乃是古代文献的一个极大的厄运。这部用韵来分别部居的大书(既非类书，也非丛书)，编辑得不伦不类，内容凌乱之歪。有时候，整部古书被收在一个韵里[②]，有时候，一部古书却被打散得七零八落，散见于数十条乃至数百千条里[③]，有时候，在一个字下面，却收集了同一类的书数十部[④](像戏文三十三部，便同被收在“戏”字之下）。但编辑的时代，离现在已经有五百多年，许多宋、元两代以及更古的古书，在那时候还可以见到的，在今日多半已经散佚。所以，那部大书，保全的古书，整部的以及片段的，不知有多少。乾隆时，开四库全书馆，有许多书便是从《大典》里辑出来的[⑤]。以后，像法式善、徐松、文廷式许多人，都还在《大典》里整理出不少部古书出来[6]。但在庚子之变的时候，这部五百多年前的极浩瀚的大书却全部散佚了！（《大典》在永乐时钞成的一部，已于明中叶时被火灾烧失，今所见的零本都是明嘉靖时重抄的一部）。听说，当时随地乱掷，有取来烧火的，有掷之马厩的。现在所流传的，不过占全书百分之四五而已。北平图书馆搜集最力，不仅在国内尽力的访购，即藏在欧美各国各图书馆里的，也都传影回来。现在藏“真”零本最多的，除了北平图书馆以外，就要算是大连的满铁图书馆了。上海某人曾一次售给他们四十多本。经过这次大劫后，不知道这些本的《大典》还存在没有？

《大典》的被掠夺、散佚，不过是千百桩故事里的一桩而已。更痛心的故事还多着呢！

匈牙利人史坦因（A. Stein）[7]在20世纪初年，受了印度政府的委托，到中国西部一带探险。他沿着大唐三藏法师玄奘的西行的路线，在敦煌、高昌一带，得到了无数的古物，古文书。最珍奇的是，在高昌一带汉代戍卒的废垒里，掘得了不少的汉代木简；在敦煌千佛洞里，得到了许多汉文和其他古代西域人及古文书，还得到许多的古绢画、古织物等等[8]。他在伦敦皇家地理学会的讲演一发表，立刻引起了整个世界的注意，而中国人却还睡在梦里，一点也不知道。追踪而到敦煌一带去的，有法国人伯希和（P. Pelliot）[9]、德国人勒柯克（Le Coq）[10]和格伦威德尔（Griinwedel）[11]诸人[12]，都得到不少的珍奇的古文书、图画、古物和古代壁画等等。一时世界有“西域热”之概。最后，日本人也注意到了，大谷光瑞[13]领导了一批人到西域去，也得到了不少好东西回去。我们从伯希和那里，知道了这个消息，并得到一部分的照相，传抄到一部分的古书，即已震撼一世的耳目了[14]。这事闹得太大了，好容易才由那时的满清政府叫人去把敦煌的遗书扫数[15]取到北京来。沿途经过层层的私自偷取，精华已全去。但到京后，学部大臣李盛铎（木斋）仔细的再作一番检查的工作，把略略惊人的古文书全都留下了。为了凑满原来的八千六百多卷的数目，便把长卷一撕为二为三，以凑足其数目[16]。谁去问他们呢？等到送到学部的时候，剩下的都是些佛经注一类的东西了——虽然还有不少精华在那里。想来，像这样敲骨剥肤的糟蹋散失，还不如被史坦因、伯希和们

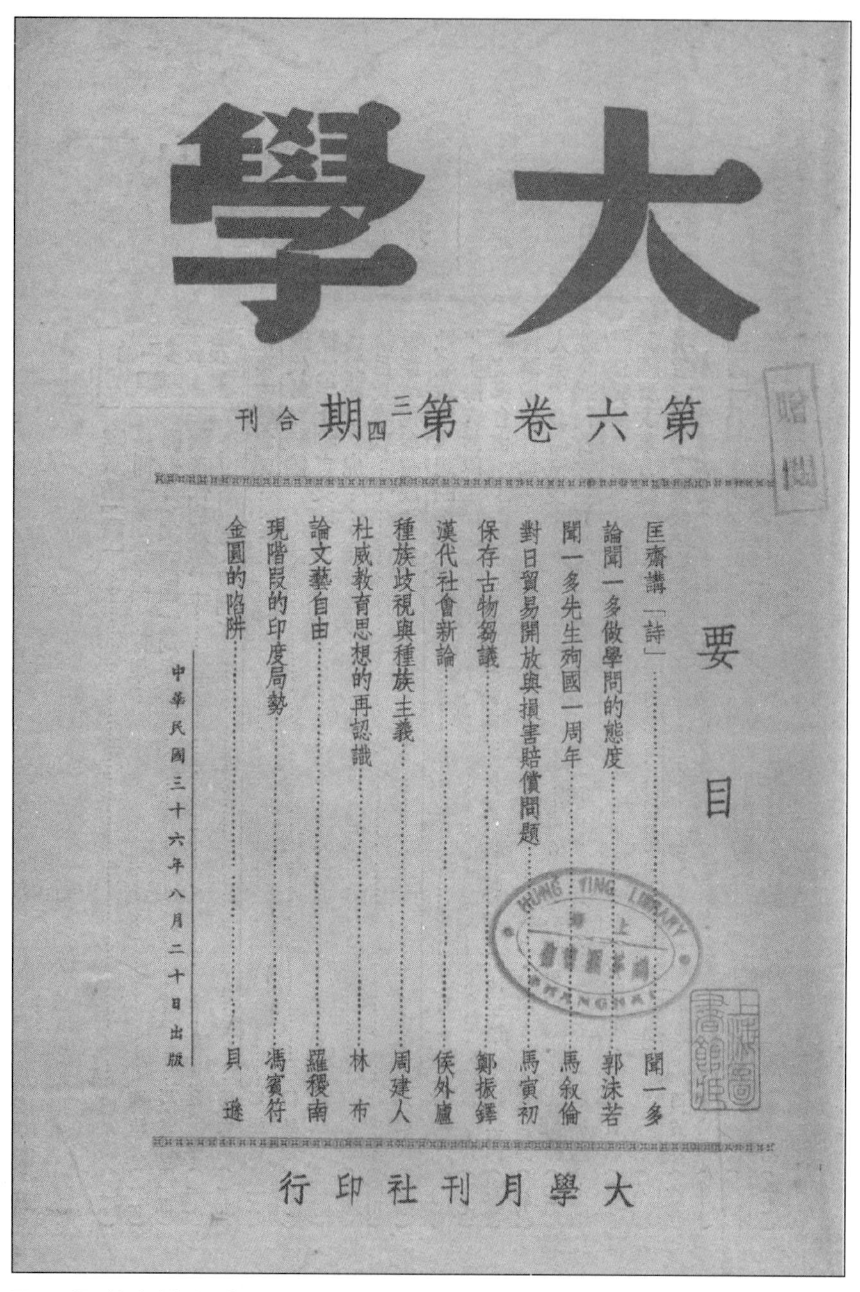

大學

第六卷 第三四期合刊

要目

匡齋講〔詩〕……聞一多
論聞一多做學問的態度……郭沫若
聞一多先生殉國一周年……馬叙倫
對日貿易開放與損害賠償問題……馬寅初
保存古物芻議……鄭振鐸
漢代社會新論……侯外廬
種族歧視與種族主義……周建人
杜威教育思想的再認識……林布
論文藝自由……羅稷南
現階段的印度局勢……馮賓符
金圓的陷阱……貝遜

中華民國三十六年八月二十日出版

大學月刊社印行

图 1. 刊登“保存古物刍议”的《大学》杂志封面

取去，还能完整地保存着呢！说来能不伤心吗？但他们那时也并未曾扫数取净。后来史坦因再过敦煌时，千佛洞的王道士，那个出卖国宝的东西，还曾把私下密藏着的许多东西再扫数的卖给他呢[17]。

我们读着史坦因、勒柯克诸人的考古报告书，仿佛目睹他们的掠夺，在发掘，在私自廉价收买，在剥切壁画而装入箱中，满意地运载而去，如入无人之境，不禁愤愤于当时边疆和政府官吏们的昏庸无知！

这昏庸无知的情形，一直继续了好多年。日本人在东北发掘着[18]，俄国人在蒙古和黑城发掘着[19]，我们都一无所知，直到他们的报告书出版了，方才明白。却也从不曾想法子去保全什么，补救什么。

仿佛是一家破落的大户人家，地下埋着重宝。花园里一草一木，一山一石，都是有来历的，书房的破书、古画、废砚旧墨，件件都是古董，他自己却一无所知，听任邻人们予取予求，岂不可叹、可惜、可怜！

这些，还是大批的输出，所以，容易给人注意。其实，这四五十年来，陆陆续续被私卖出去的古物、古文献，简直数也数不清。

从伦敦[20]到加拿大的托仑托（即多伦多）（Toronto）[21]，从瑞典的史笃克火尔姆（即斯德哥尔摩）[22]到美国的波士顿[23]，从巴黎[24]到日本占领的旅顺[25]，从柏林[26]到荷兰的莱登[27]，许多的远东博物院或某个博物院的远东部，无不很快地成立起来，也无不日新月异在急骤的扩充着。而私家所藏，亦多丰富异常者。那些古物从哪里来的呢？还不是在这四五十年中，由古董商人们那里陆续得到。殷墟、周城、汉家、唐墓，久已在私自发掘着。所发掘出来的东西，有许许多多我们是见不到的。他们都隐秘起来，私自销到“洋庄”去[28]。

单就铜器瓷器而论，我们读了《泉屋清赏》和梅原末治[29]的《欧美搜集支那古铜精华》，或者霍布孙（Hobson）[30]的六大本的优氏（G. Eumorfopoulos）所藏瓷器目录[31]，简直想不到会有那么多的好东西流传出去！

云冈龙门的石刻，断头缺臂者至多，到哪里去了呢？天龙山的石像[32]，也整尊的被搬运了走。许多秀丽的雕刻，重要的冢墓画像，差不多我们连一见之缘都没有，而已经到了人家的公私藏里去了。偶然的留下几份拓本，以供我人摩挲凭吊之资。

他们也垂青到古画这一方面来。日本人很早的就从我们收藏家那里，得到不少的唐、宋以来的名画。他们借着开展览会的名目，见到了不少渡海东去的流传有自的东西，便设法购置。㉝那些收藏家们却也心甘情愿的割爱，让给他们。不知道什么时候，顾恺之的《女史箴图》，已到了伦敦的大英博物院里去。又不知道什么时候，阎立本的《历代帝王图》也到了美国波士顿美术院里去。就在眼前，一批很重要的唐、宋、元、明的名画便被输出到美国的古董商那里去。恐怕还有不少的好东西，要陆续的明目张胆的被偷运出去呢！豪门资本竟也侵入了古董市场里去，我们恐怕连祖宗的喜神也有保守不住之慨了！

说到古书，则因为非程度较高的不易欣赏和运用。不像古物之人人能够知道其美，人人能够鉴赏，所以，在初时，流出去倒不多。最重要的一批是在光绪末年，陆心源皕宋楼藏书被日本人购去（为嘉静堂文库之主要藏书）㉞，后来是陶湘的一批明清二代的丛书的东渡（为东方文化学院之主要藏书）㉟。此外，不过伯希和诸人之零星购去些而已。但到了抗战时期，内日本人和美国人却都在大量的搜购古书了。在北方的书，多半为日本的华北交通公司所购去。（今不知为何机关所接收，有无损失？）他们注意的是各地方志和史料书。美国的国会图书馆和哈佛大学等处，也收史书不少。哈佛大学通过了哈佛燕京社的关系，得书很容易。国会图书馆则也以收罗各地方志为主。他们还注意于我国家谱的收藏，听说已藏有数千种了。

我在《劫中得书续记》序里，曾引到“民国”二十八年二月八日（1937年）上海各报所载的哈瓦斯社和路透社的华盛顿通信及电报，说起美国国会图书馆东方部主任赫墨尔㊱博士所称的“渠预料将来研究中国史学与哲学者，将不往北平而至华盛顿以求深造”㊲的话，而深为危惧。其实，他们在抗战期中，所得到的倒并不怎么多，也并不怎么重要。凡在“民国”二十九年至三十年（1938—1939年）间，即古书散出最多的两年间，所有重要的古书差不多已都为我们所得到（我们这几个人在上海有一个

（22）　　　　大學

保存古物芻議

鄭振鐸

一

從我們這一輩出生的時候開始，大約在十九世紀的末年，中國的學術資料便大量的陸續的輸出到海外去。庚子（一九〇〇年）拳亂，八國聯軍入北京，許多寶物，文獻都被各國的兵士們掠奪以去。在前幾年，倫敦的古董鋪裏，還可以買得到「永樂大典」的零本。

說起「永樂大典[一]」便不禁心痛欲裂。她的損失乃是古代文獻的一個極大的厄運。這部用韻來分別部居的大書（既非類書，也非叢書），編輯得不倫不類，內容凌亂之至。有時候，整部古書被收在一個韻裏[二]，有時候，一部古書却被打散得七零八落，散見於數十條乃至數百千條裏[三]，有時候，在一個字下面，却收集了同一類的書數十部[四]。（像戲文三十三部，便同被收在「戲」字之下。）但編輯的時代，離現在已經有五百多年，許多宋，元二代以及更古的古書，在那時候還可以見到的，在今日多半已經散佚。所以，那部大書，保全的古書，整部的以及片段的，不知有多少。乾隆時，開四庫全書館，有許多書便是從「大典」裏輯出來的。[五]以後，像法式善，徐松，文廷式許多人，都還在「大典」裏整理出不少部古書出來[六]。但在庚子之變的時候，這部五百多年前的極浩瀚的大書却全部散佚了！（「大典」在永樂時鈔成的一部，已於明中葉時被火災燒失，今所見的零本都是明嘉靖時重鈔的一部。）聽說，當時，隨地亂擲，有取來燒火的，有擲之馬廐裏的。現在所流傳的，不過佔全書百分之四五而已。北平圖書館搜集最力，不僅在國內盡力的訪購，即藏在歐美各國各圖書館裏的，也都傳影回來。現在藏「眞」零本最多的，除了北平圖書館以外，就要算是大連的滿鐵圖書館了。上海某人曾一次售給他們四十多本。經過這次大刼後，不知道這些本的「大典」還存在沒有？

「大典」的被掠奪，散佚，不過是千百樁故事裏的一樁而已。更痛心的故事還多着呢！

匈牙利人史坦因（A. Stein）在二十世紀初年，受了印度政府的委託，到中國西部一帶探險。他尋找着大唐三藏法師玄奘的西行的路線，在敦煌，高昌一帶，得到了無數的古物，古文書。最珍奇的是，在高昌一帶漢代戍卒的廢壘裏，掘得了不少的漢代木簡；在敦煌千佛洞裏，得到了許多漢文和其他古代西域人的古文書，還得到許多的古絹畫，古織物等等[七]。他的在倫敦皇家地理學會的講演一發表，立刻引起了整個世界的注意，而中國人却還睡在夢裏，一點也不知道。追蹤而到敦煌一帶去的，有法國人伯希和（P. Pelliot）[八]，德國人萊柯克（Le Coq）[九]和格倫威特爾（Grünwedel）[十]諸人，都得到不少的珍奇的古文書，圖畫，古物和古代壁畫等等。一時世界有「西域熱」之概。最後，日本人也注意到了，大谷家瑞領導了一批人到西域去，也得到了不少好東西回去。[十一]我們從伯希和那裏，知道了這個消息，並得到一部分的照相，傳鈔到一部分的古書，即已震撼一世的耳目了。[十二]這事鬧得太大了，好容易才由那時的滿清政府叫人去把敦煌的遺書掃數取到北京來。沿途經過層層的私自偷取，精華已全去。但還有人仔細的再作一番檢查的工作，把略略驚人的古文書全都留下了。為了湊滿原來的八千六百多卷的數目，便把長卷一撕為二為三，以湊足其數目。[十三]誰去問他們呢？等到送到學部的時候，賸下的都是些佛經注一類的東西了——雖然還有不少精華在那裏。想來，像這樣敲骨剝膚的糟蹋散失，還不如被史坦因，伯希和們取去，還能完整的保存着呢！說來能不傷心嗎？但他們那時也並未曾掃數取淨。後來史坦因再過敦煌時，千佛洞的王道士，那個出賣國寶的東西，還曾把私下密藏着的許多東西再掃數的賣給他呢。[十四]

我們讀着 坦因，萊、柯克諸人的考古報告，彷彿目覩他們在掠奪，在發掘，在私自廉價收買，在剝切壁畫而裝入箱中，滿意的運載而去，如入無人之境，不禁憤憤於當時邊疆和政府官吏們的昏庸無知！

這昏庸無知的情形，一直繼續了好多年。日本人在東北發掘着，[十五]俄國人在蒙古和黑城發掘着，[十六]我們都一無所知，直到了他們的報告書出版了，方才明白。却也從不曾想法子去保全什麼，補救什麼。

彷彿是一家破落的大戶人家，地下埋着重寶。花園裏一草一木，一山一石，都是有來歷的，

图 2. “保存古物刍议”初出版本的第一页

委员会，为中英庚款会负责购书）。据我所知，南北二地之书几乎没有什么重要的漏出去过[38]。后来，太平洋战争爆发，美国人固然不能再买书，日本人便也无暇收书了。很奇怪的是，重要的书，在市场上却也不大见到了。那时期，所有的古书，差不多都为陈道群所购得[39]。胜利后，美国人又开始在购中国书。华盛顿大学是专购中国近代史的资料的，所得已不在少数。还有其他大学也各在购不同方面的书。根据我国的古书出口条例，出版五十年以上的书是被禁止出口的。不知他们如何运得出去？近一年来，书市寥落之至，如有挟大力者一搜求，一定会空群而去的。我为此惧！

二

照这样下去，赫墨尔的话，可能有一天会应验：“将来研究中国史学与哲学者，将不往北平而至华盛顿以求深造。”其实，这话的一部分是早已应验的了。如史学家不单从事于书本文字的研究者，则国内所藏的资料，已不足以供史学家们的求深造的资源了。我们要研究古代史，关于铜器方面的资料，便非出国去周游一趟不可了[40]。又关于中古史、艺术史、雕刻史的研究乃至陶瓷史的研究，都非到外国去搜求材料不可。特别是关于古代壁画，古代绘画和织物等等，都非跑一趟欧洲和美洲以及日本不可。更进一步，要研究古代和中世纪生活史的，活生生的材料，却有一大部分庋藏在别国的博物院里呢！

我们自己有没有什么博物院和图书馆呢？故宫博物院至今还没有全部复员。北平图书馆的许多善本书还寄藏在美国[41]。中央图书馆的书也刚在编目。中央博物院还在大兴土木，并未开放。其他杭州的一个图书馆，一个博物馆，倒已复员就绪了，就可惜所藏的东西太少，且不甚重要。南京的国学图书馆也已开放了。天津的图书馆没有消息，是不是已经全部损失了呢？济南、开封的图书馆、博物院，情形如何，并无所知。东北的几个公立图书馆、博物院，在长春的已全部荡然无存[42]，在沈阳的听说还比较完整。

中央研究院在胜利后接收的东西不少，北平日本人办的人文科学研究所藏书极整齐而丰富[43]，也归中央研究院历史语言研究所所有。听说，至今还没有开始整理编目呢。

我们从事于学术研究的人，在什么时候才可以有比较完备的图书馆和博物院可资应用和参考呢？

在上海，那么重要的一个文化学术的中心，大学有八九所，专门学校有二十多所，出版机关也都集中于此，然而，公立的图书馆有一所比较大的没有？博物院有一所比较完备的没有？谁也不关心到这些事。有研究学术心思的人，看看灰心。怎能使他们专心一志的从事于某一个问题或一个专门的题材的研究呢？

时局是混沌的。但为了中国民族的百年之计，在万分艰苦之中，也必须站了起来，奋斗着，求学术研究的自由与充分的资料的供给。

第一步是必须堵住了大门，再也不要让不肖的子孙们把祖先的喜神像和家谱也往别人家里送了！

及今不想法子，将来研究中国学问的，势必至也非到外国去留学不可。这对得住祖先吗？对得住后代的子孙们吗？

说起到别人家里去看自己的古物，可真不容易！出国便是一件大大的困难的事；在今日而周游列国，得花费多少的时与力。单以外国文字一方面而论，就非一般人所能准备得好的。恐怕只有最少数的人，才能有那样的机会去“考察”。专家们要去不能；能去的人又大都不是专家们。到了那里，看东西倒不难，他们是很尊重专家们的，可以得到应该得的帮忙，不会有什么留难的——不像在自己家里那样的到处碰钉子，且得找关系——凡是古物，都是天下之公器，在那里，无论公私的藏家，都能不吝啬的把珍藏之门大开着的，不过，不是专家们却不大受欢迎。但我们算算看，假如一年有十个八个的专家们出去周游列国一趟，得花费多少的外汇；这些外汇，还不足够把古物堵住了不让出口吗？

三

为什么古物、古书非“保存”不可呢？有的人曾振振有词的说：把不切实用的古物、古书去换些有用的外汇不是很好吗？

这种盲目无知的议论，连常识也没有的说话，也许足以耸动同样的盲目无知的人们。但稍稍懂得人类发展的历程的人，便会立刻斥责其荒谬的。

原来人类的进展，只在文化上表现得真切。每一个时代，各有那一个时代的文化生活：而每一个民族，同时也各有其特征。而这文化是传递不断的，像抽刀断水似的，水是永远的“更流”着的。每一个民族文化的特征，最好的表现，便在各时代遗留下来的古文物、古文书上。要明白今日的时代和人民生活，便也非了解各时代，近代乃至邃古的人民生活不可，自然也便非研究各时代所遗留下来的古文物、古文书不可。这并不是什么“发思古之幽情”，这是活生生的学问，这是活跃跃的知识，并不是什么死的学问已成了过去的知识。像画龙点睛似的，古文物、古文书便是民族文化的眼珠子。凡对于人类文化、民族文化有一点爱护之心的便都会爱护这些自己民族所遗留下来的古文物、古文书。

各国都有许许多多的图书馆和博物院，新兴的苏联，尤其着重于这些文化机构的普遍的建立。明白过去的时代和人民的生活，便是帮助了活知识的发展。

所以，保存古物云云，并不是简单的“保存”，而是要应用着所保存着的古物而作为继续发展之研究资源的。

那么把重要的应该“保存”的古文物、古文书而任意的往外国送，简直是卖国的行为，而应该处以叛逆的罪名的。

苏联当大革命成功之后，曾斥卖了许多珍宝而换得了大批的机械器材，但那是无关文化或文献的东西。有关系的古文物、古文书，他们是如意的保护着，决不听任其外流。近来听说，在苏联，帝俄时代出版的书籍很不容易买到，且也不能出口。他们是如何的爱护着祖国的文化呢！

这种学术的爱国主义或民族主义，并不是窄狭的。为了寻求民族文化的发展，自不能不对各时代的文化加以保护。同时，为了将来读书种子的继续与研究的便利，这些文献和文物也有堵住大门，不让出口的必要。

要说起经济方面的打算来，更是可笑之至！一大批的古物，能够换得了多少外汇呢？一个很好的唐代的陶俑，至多也不过值百十块美金而已。一部大部头的明版书，也不过换个几十元美金而已[44]。他们如果带了十万八万的美金来收书，准保南北各书肆里的有用的古书会为之搜罗一空的。把民族文化有关的古文物、古文书，换个几十几百乃至几千万美金来，够什么用呢？然而，无数的足以供给千百代学子们研究之资的古文物，古文书却一去而不复返了！单就将来十年八年的“求深造”的留学的费用来说，恐已不止此数了。

我们应该以全力来对付这种文化上的卖国人物！堵住了大门，阻止他们的无穷尽的盗卖、偷运的行为。

听说，大批的楚器——尤多的是古玉器，均绝精绝好，形状特异——新近被发掘出来的，已经偷偷地在香港市场上出现了，而我们却见不到[45]。

救救孩子们吧！为了将来，必须趁现在树立起保护古文化的壁垒来。否则，涓涓不息，必成江河。恐怕一定会有像赫墨尔所说的“将来研究中国史学与哲学者（乃至一切学术者），将不往北平而至华盛顿以求深造”的一天！这是民族之奇耻大辱！我们应以全力来打击那些盗卖古物的不肖子孙们！

四

但单说空话是不成的。古董商人们愚而贪，以走“洋庄”为获大利的捷径。欧美人买古物，其实是很精明的，并不肯乱花钱。然而，有一个特点，能够大批的买，各人都买其专门研究或收藏的东西，有时候，看中了时，也不惜花大价钱。更有一点，是给钱痛快。商人们偷偷摸摸的，总爱秘藏着若干好东西，供给洋主顾。即使国内的机关和私人肯出同样的价钱，他们却宁愿卖给外人。其心理很像一批人力车夫，他们宁高兴拉洋人，即使给钱不多也愿意。这是奴隶性的表现，从庚子以来便养成了的，非从根铲除了这种劣根性不可！

商人们重“利”，第一点，当然还是在“利”上着手。凡见到重要的古物古书，不要对他们太酷刻了，相当的代价是应该不吝啬的给予他们。第二点，商人们最怕古物保管会一类的组织去没收他们的东西[46]。他们所以愿意走“洋庄”，这也是原因之一，因为可以保守秘密，不致被发现。所以，最重要的是，不可巧取豪夺，使商人们寒心，迷藏好东西，不肯拿出来。同时，并应对于古董商人们施以教育，责以大义，恩威并施，才可使他们不至于像从前那么“利令智昏”。

古董市场应该公开化，但以国人自己购藏为限。可以仿照日本的办法，公布了若干古物为“国宝”及“重要美术品”，只可在国内流通，不能出口。

至于允许出口与否的古文物、古文书，我们本来有过一个“古物保管委员会”在办理这件事，也有过“条例”。但那“条例”似乎过苛，像古书出口，便只限于五十年以内的出版物，凡出版五十年以上的书籍便一概禁止出口。这样的条例适足以助长偷运盗卖之风。我们以为“古物保管委员会”应该加强并积极地工作着——仿佛这个委员会好久不曾在工作着了——凡一切古文物、古文书的出口，必须经过这个委员会的审查与通过，不必限定五十年的期限。凡国内易得的东西，且有重复多份的，尽不妨加以通过，允许其出口，如果国内不易得到的，还是不能允许其出口。像《二十四史》、《九通》、《十三经注疏》一类的书，即同文石印本、浙江书局本或广东翻刻阮氏本，其年限也都早已过了五十年，但其实是不妨听任其出口。即有一部分很普通的明版书，似乎也不妨分藏些到国外图书馆里去，不过，对于古物，则措置更难，责任更重，非国内习见而多重份的东西，应该绝对的禁止流散出去。

五

以上只是一个提议，万事俱备，只欠东风。没有一笔书目比较大的资金，古物、古书还是不能“保存”得住的。能够使政府筹出这一笔大款子来吗？其实数十至数百万的收买费用，在军政费里，真不过是九牛之一毛而已。问题在他们有没有保护古文化的决心，而不在于有没有钱。假如他们还有下一二代的孩子们的教育与研究便利着想，他们便应该急起直追的来赶办这件大事的。

曾经去参观过南京的中央博物院，规模很宏伟，外观也异常的壮丽，然而将来一旦落成之后，陈列的东西在哪里？听说，主要的陈列品是从前北平古物陈列所的东西[47]和中央研究院的东西[48]，那是不够的，非大量的收购一下不可。

依照欧美各国博物院或图书馆的成例，他们自己花钱购置的东西极少。大部分都是若干有名收藏家所捐赠的。有时，要买一批古物，便临时向国内募捐。当 1930 年（？）优氏（George Eumorfopnlos）的全部收藏品欲出售时，大英博物院和 Victoria and Albert Museum 合力购入，计英金十万镑，他们便请求伦敦的有力量者捐助这笔款子。像这样的事，在英美诸国总是会成功的。

还有若干有力的人，帮助某某人到某地去搜集古物的，或帮助一个考古团体或探险队到某地去从事于发掘或探险的工作。甚至，出版一部有价值的考古报告或专门研究的著作，也是有人肯资助印行的。

这种风气在我们中国还不曾养成。谁肯把辛苦收集起来的东西，一起捐给公共机关呢？不知个人的鉴赏和研究是范围有限的，何如公之于众，可以使后人受益无穷呢？且个人力量不大，收藏不易，远不如公家之整理有序，陈列有方。与其日后零星散失，不如一劳永逸的永远集中在一处之为得计。以后每个参观和研究的人都会不忘记这位收藏家的劳绩的。而学术是公物，古物是公器，亦万难把持在一二个人的手中。为了爱护古物，发展学术，也应化私为公。

我们的收藏家们，其实还不多，能够明白以上意义的更少。但近来风气也渐渐地转移了。李文田的藏书，曾由其家属送到燕京大学陈列；梁启超的藏书，也已由其家属送给了北平图书馆[49]。胜利后，傅增湘的手校的书四十多箱，也由他自己捐赠给北平图书馆[50]。还有某家的藏书，曾送给了徐家汇天主堂图书馆[51]，郭葆昌的瓷器也半送半卖的送到了故宫博物院[52]。

这风气是值得提倡的。

故为了学术的发展，为了民族文化的维护，第一步必须做到“楚弓楚得”的地步；所有重要文物、古书一概不得偷运出口；然后，再进一步便应该做到公之于大众的地步。

至于公立或私立的学术机关，特别是图书馆和博物院，应该怎样的整理、陈列、利用，期能发挥其最大的效果，则著者将另有一文论及之，这里不说了。

六

从前读《儒林外史》时，看到一个人为好古而穷，做了一个商店的伙友，但他站在柜台里，一边照料着买卖，一边还在摩挲着仅存的古器。又读《一捧雪传奇》，莫怀古为了要保守家传的一个玉杯，死不放手，触怒了汉奸，竟至家破人亡。在《红楼梦》里，也写着石呆子的一则动人的故事。石呆子为了一把祖传的扇子，死守着不肯放手出卖，竟也被贾府的主人设计陷害。那些嗜古成癖的人，看来有些呆气，却是那么固执得可爱。举天下之声色货利，概不足以易其好古之心，这才是“肖子”呢！偷卖古物、古书的人，视民族文化如敝屣，以古人遗宝为“利”薮，其行为可恶、可恨，其居心更可诛！

想来，任何有良心的人总不忍见古物的源源流出，而成为他人的博物院或图书馆里的珍异之陈列品吧。

及今不图，必将追悔难及！

我再说一遍：为了后来的学子们的研究便利计，我们必须及时的挽救民族文化的厄运，堵住了大门，不能听任其流散出去。

不仅好利的商贾们是民族文化的叛逆者，即放任他们将古物、古书源源流出的责任者们，也将是中华民族的千古罪人！

——三十六年七月十九日写

注释:

① 《永乐大典》于永乐元年（公元1403年），由解缙、姚广孝等开始编纂，至永乐五年，全书告成。凡二万二千八百七十七卷，一万一千九百九十五册。嘉靖时，重录正副二本。原本藏于南京，正本藏于文渊阁，副本藏于皇史宬。原本于明中叶时被火烧失；正本在清初移藏乾清宫。嘉庆时，乾清宫灾，此正本亦归毁灭。副本藏于翰林院，时有散失。咸丰十年（1860年），英法联军攻北京，又散失一部分。庚子之乱，损失益多（参考：袁同礼编《永乐大典现存卷目表》）。今尚偶有零本可于古书店中发现。

② 著名所见有：《忠经、忠传》全部，《水经注》全部，《大宝积经》全部等（参考：《永乐大典目录》）。

③ 这样的例子最多。像《元一统志》、《三礼图》、《玉海》乃至《茅亭客话》、丁度《集韵》、《六书统》等，均被拆散，在各韵中分条收入。

④ 《大典》“戏”字下，录《戏文》三十余种；“剧”字下，录元明杂剧数十种，皆有名目。中多佚曲，惜今仅《戏文三种》（有排印本）。又“话”字本亦载古代话本若干种（不载名目），惜均散佚矣。

⑤ 《四库全书》从《永乐大典》辑出之书，计经部六十六种，史部四十一种，子部一百三种，集部一百七十五种，共三百八十五种，四千九百二十六卷。

⑥ 法式善从《永乐大典》中，辑出宋元人诗集百余种。今有数十种藏于中央图书馆，数十种藏于友人袁帅南先生处；徐松从《大典》中辑出《宋会要》等大书数种；文廷式从《大典》中辑出之书数种，今有原钞本，藏高阳李氏，其中关于《经世大典》一部分，上虞罗氏已印出。

⑦ 史坦因（Stein, Sir Marc Aurel; 1862-1943），英国东方考古学学者，本籍匈牙利。1899 年以来，曾至伊朗、印度西北部、中亚、中国大陆西部等处探险调查，因而在考古学上有重大发现。

⑧ 史坦因的著作，有下列七种：（1）*Ruins of Desert Cathay, 2 vols.1912.*（2）*Sand-buried Ruins of Khotan, 1904.*（3）*Serindia, 5 vols. 1921.*（4）*The Thousand Buddha, 1921.*（5）*Innermost Asia, 4 vo1s. 1928.*（6）*Ancient Khotan 2 vols. 1909.*（7）*On Ancient Central Asian Tracks, 1933.* 又关于史氏所获的汉简的记述有 *E. Chavannes, Documents Chinois Decouverts par Aurel Stein, 1913.* 一书。

⑨ 伯希和著作有 Les Grottes de Touen-Houang 6 Tom. 1920-6.

⑩ 莱柯克著作有：（1）*Chotschs*（高昌），1913.（2）*Die buddhistische Spätantike in Mittelasien,1922-28.*（3）*Buricel Treasures of Clvniese Turkestan, 1928.*

⑪ 格伦韦特尔著作有 *Alt-Kutscha, 1920.*

⑫ 阿尔伯特・冯・勒柯克（Albert von Le Coq，1860 年 9 月 ~1930 年 4 月），德国探险家。1902 年，他作为柏林民族人类学博物馆格伦威德尔的助手参加了在中国新疆吐鲁番的探险活动，因格伦威德尔患病，1904 年勒柯克任探险队的队长。阿尔伯特・格伦威德尔（Albert Grünwedel，1856—1935 年），德国著名画家、佛教美术史家、中亚考古学家，国际敦煌学研究先驱者，他曾组织两次新疆吐鲁番探险考察活动。主要作品有《印度佛教艺术》、《西藏与蒙古的佛教神秘学》等。

⑬ 大谷光瑞（1876-1948），日本京都府人，宗教家，探险家，净土真宗本愿寺派第 22 代法主。1902 年开始率领探险队沿丝绸之路南道进入和田，在新疆等地进行了三次考察活动，其成果结集出版了《西域考古图谱》[大正四年（1915 年）国华社出版]、《新西域记》[昭和十二年（1937 年）有光社出版，由上原劳太郎编] 等书籍。

⑭ 关于中国传抄及传影的敦煌写本，有下列各书：（1）《石室秘宝》，三册，上海存古学会出版；（2）《敦煌石室真迹录》，王仁俊编，三册，国粹堂出版；（3）《敦煌石室遗书》，上虞罗氏编印，十五册；（4）《古籍丛残》，上虞罗氏编印，六册；（5）《鸣沙石室佚书续编》，上虞罗氏编印，二册；（6）《敦煌拾零》，上虞罗氏铅印本，一册；（7）《敦煌碎金》，上虞罗氏铅印本，一册；（8）《贞松堂藏西陲秘籍丛残》，上虞罗氏编印，六册（此为罗振玉自藏的敦煌写本的影印）；（9）《敦煌遗书第一集》，日本大正十五年（1926 年）弘文堂出版；此为羽田亨与伯希和合编者，附于此；（10）《流沙坠简》，又续编，上虞罗氏编印，三册；（11）《汉晋西陲木简汇编》，张风辑，有正书局出版，一册；以上二书为取材于沙畹氏之书者；（12）《高昌壁画菁华》，上虞罗氏选印，一册；此为从莱柯克之书中选印者，末附大谷光瑞所得之唐画二幅。又记述史坦因诸人的探检经过者，有日本石田干之助的《中央亚细亚探检之经过及其成果》[见昭和五年（1930 年）雄山阁出版《东洋史讲座》第十四卷中]，日本松冈让的《敦煌物语》[昭和十八年（1943 年）日下部书店出版] 所记亦甚简要。贺昌群先生有《近年西北考古的成绩》（燕京学报第十二期）一文，向达先生译《斯坦因西域考古记》，书后附录四篇，均可参考。

⑮ 扫数：全部，尽数。

⑯ 这有陈垣的《敦煌劫余录》为证，其中有若干卷皆可与他卷相衔接，显然是从一长卷上撕分的。《劫余录》为北平图书馆所藏敦煌写本的一部最好的目录。又许国霖有《敦煌石室写经题记与敦煌杂录》[民国二十六年（1937 年）商务印书馆出版] 一书，亦为辑自北平图书馆所藏写本者。

⑰ 见史坦因的“Innermost Asia”第一卷第十章第二节：“重过敦煌与千佛洞”（355 页以下）。在那个时候，伯希和已经去过了，中国官吏们也已扫数将写本取去了。想不到王道士还会有二大箱的古钞本的卷子留给他第二次购去。

⑱ 日本人在东北九省及热河的发掘，成绩甚好，自史前时期到辽金元时代，都有所获。出版的书，重要者有下列十几种：（1）貔子窝，“南满洲碧流河畔之先史时代遗迹”，《东方考古学丛刊》第一册，日本昭和四年（1929 年）出版。（2）牧羊城，“南满洲老铁山麓汉及汉以前遗迹”，《东方考古学丛刊》第二册，昭和六年（1931 年）出版。（3）南山里，《东方考古学丛刊》第三册，昭和八年（1933 年）出版。（4）东京城，“渤海国上京龙泉府址之发掘调查”，《东方考古学丛刊》第五册，昭和十四年（1939 年）出版。（5）赤峯红山后，《东方考古学丛刊》第六册，昭和十三年（1938 年）出版。（6）营城子，《前牧城驿附近之汉代壁画砖墓》，昭和九年关东厅博物馆出版。（7）《通沟》二卷，日本池内宏、梅原末治合编，昭和十三年（1938 年）日满文化协会出版。（8）内蒙古长城地带，《东方考古学丛刊》乙种第一册，昭和十年（1935 年）出版。（9）上都，《东方考古学丛刊》乙种，第二册昭和十六年（1941 年）出版。（10）羊头洼，《东方考古学丛刊》乙种第三册，昭和十七年（1942 年）出版。（11）蒙古高原（前编），《东方考古学丛刊》乙种第四册，昭和十八年（1943 年）出版。（12）旧老城，二道河子著，伪康德六年伪

满建国大学出版。（13）《满洲之史迹》，村田治郎著，昭和十九年（1944 年）出版。（14）《满洲考古学概说》，三宅俊成著，伪康德十一年（1944 年）出版。最后二种，为比较简括的记述。其他日本人著作，尚有不少，不备举。

⑲ 俄国人的考古发掘报告，重要的有《科斯洛夫蒙古探险队之外蒙探险报告书》。向达先生译的《史坦因西域考古记》（On Ancient Central-Asian Tracks），附录三为《俄国科斯洛夫探险队外蒙考古发现纪略》，即其概略。又同书附录四：《十九世纪后半期西域探险略表》亦记有俄国探险、考古学家们的简略的事迹。

⑳ 伦敦的大英博物院（ British Museum ）和维多利亚·阿尔伯特（Victoria and Albert Museum）所藏东方古物均极丰富。

㉑ 加拿大托仑托的皇家安大略博物馆（The Royal Ontario Museum）中藏我国古物甚多，大都为怀履光（W.C. White）所将去者，曾出版 *Tomb Tile Pictures of Ancient China*（1939），*An Album of Chinese Bamboos*（1939），及 *Chinese Temple Frescoes*（1940）等书。

㉒ 瑞典斯德哥尔摩的远东文物博物馆（The Museum of Far Eastern Antiquities）所藏我国古物亦多，出版有 *The Bulletin of the Museum of Far Eastern Antiquities*，内容颇为精湛，多载高本汉（B. Karlgren）及安德生（Anderson）诸人的论文。

㉓ 美国的若干图书馆博物院大多均有东方部的设立，国会图书馆、哈佛大学图书馆、华盛顿大学图书馆、支家谷大学图书馆、哥伦比亚大学图书馆等均藏中文书籍甚多；有波士顿美术博物馆（Museum of Fine Arts），纽约大都会艺术博物馆（Metropolitan Museum of Art），芝加哥艺术学院博物馆（Art Institute Museum of Chicago），华盛顿弗瑞尔美术馆（Freer Gallery），及宾夕法尼亚大学博物馆（University Museum）等处，所藏我国古物、古画亦多。日本曾印行一部《波士顿美术院藏支那画帖》。O. Siren 编有 *Chinese Paintings in American Collections* 三册。

㉔ 法国巴黎藏有中国古物、古书的重要博物馆、图书馆，有卢浮尔宫、赛奴奇亚洲博物馆及国家图书馆等，后者所藏古书颇多佳者。

㉕ 日本各博物馆院藏我国古物极多，而私家所藏者尤为丰富，未能在此一一举出。大连的满铁会社图书馆藏书极多，旅顺的博物馆藏古物亦富，尤以大谷家陈列之高昌一带所得古俑、古画为最好，有《旅顺博物馆陈列品图录》（昭和十五年，即 1940 年）等书出版。

㉖ 柏林有 Steatliche Museum, Munich 有 Museum für Völkerkunde，不知经过此次之战争后所藏有无毁损。

㉗ 荷兰、比利时、意大利、西班牙和苏联均有庋藏东方古物、古书的图书馆及博物院。

㉘ 这种的例证多极了。著者所藏许多六朝画像拓本，便大多数不为国人所知，而原石已被偷运到国外去者。像前十几年出土的北齐暴氏墓中石床拓本，便是一例。其他铜器陶瓷器等更不知有多少瑰异之物被盗卖出去。

㉙ 梅原末治（1893—1983）日本考古学家，大阪府羽曳野市人，京都大学名誉教授。其主要著作有：《鉴镜的研究》（1927）、《铜铎的研究》（1927）、《汉以前古镜的研究》（1936）、《中国汉代纪年铭漆器图说》（1936）、《汉三国六朝纪年镜图说》（1943）等。

㉚ John Atkinson Hobson（1858—1940），英国新自由主义政治思想家、经济学家、社会改良主义者、帝国主义理论的创立者。

㉛ 《泉屋清赏》为住友家所藏古铜器目录，大正八年（1919 年）出版，凡七册，又续编二册，别集（陈氏旧藏十种）一册。《欧美蒐储支那古铜精华》凡七册，梅原末治编，编次颇有条理，印刷亦精。昭和八年前后出版。"*The Catalogue of the George Eumorfopo ulos Collection of Chinese, Corean and Pessian Pottery and Porcelain*" 凡六册，为 R.I.Hobson 所编，又优氏铜器目录三册，为 W. P. Yetts 所编；画集一册，壁画集一册，均为 Binyou 所编。

㉜ 国外各博物院所藏古石佛的头部甚多，大抵皆从云冈等处斫下者。天龙山石佛像，见于日本昭和九年（1934 年）日本美术协会所办的《支那朝鲜古美术展览》图录中的，就有十八尊之多（三七五号至三九一号），云冈佛头，亦有十尊之多（三五三号至三六二号）。

㉝ 日本于昭和初年，曾开了两次很重要的中国名画展览会，编了《唐宋元明名画集大观》二册（昭和四年，即 1929 年）和《宋元明清名画大观》二册 [昭和六年（1931 年）出版]，国人出品不少，而因此出国之机会，为日本收藏家所购置者亦多 [参考：日本现在支那名画目录，原田尾山撰，昭和十三年（1938 年）出版]。

㉞ 陆心源藏书甚富，筑皕宋楼以庋宋元善本，又有十万卷楼，以庋明清版本。时当清末，故家旧本，散佚甚多，心源竭力搜购，与丁、杨、瞿并称海内四大藏书家。心源殁后，其子斥售所藏，国内无过问者。乃由日人悉数得之，捆载以东，筑静嘉堂文库以庋之。编有《静嘉堂秘籍志》及《静嘉堂文库书目》，其中善本，殆皆陆氏故物也。

㉟ 陶湘以藏明版书、开花纸殿版书、闵刻朱墨本书、毛氏汲古阁所刻书及明清二代丛书，著称于世。其所藏丛书，务求整备，有不惮一易再易者。凡清儒撰述，有非丛书者。陶氏亦往往求其刻非一地，刻非一时之著作，而为之整齐划一之。实为极重要的文献宝库之一。乃为日人悉数购得之，作为东方文化学院的基本藏书。《东方文化学院京都研究所汉籍目录》所载，以丛书为最多、最备，皆陶氏物也。

㊱ 赫墨尔 [Hummel, Arthur William（1884-1975）]，美国公理会教士，汉学家，多译作恒慕义。

㊲ 路透社七日华盛顿电：国会著名图书馆东方组主任赫墨尔顷称："极其珍贵之中国古书，从战火中保全者，现纷纷运入美国。中国藏书家将其世藏珍本，以贱价售之，半为避免被日本人掠去，半为维持其难民生活。国会图书馆本有中国书籍二十万册，今在华购书之代表又购进数千册，尚有许多将分置于全国各大学之图书馆中。无论中国如何，然寄托于文字中之中国灵魂，将安然保全于美国。故中国局势，将与罗马陷落，致欧洲发生四百年黑暗时代时之情形相似。"渠预料将来研究中国史学与哲学者，将不往北平，而至华盛顿，以求深造。中国藏书家之出售其藏书，实出于不得已。与其听令永远丧亡，不如由同情的外人收藏之为愈。渠以为中国古书之大批输入，当可补救泰西物质主义。盖中国文化实在社会民政与技术发展中代表人类之更大进步，可使人类安居无扰也。近已运抵美国之中国书籍中，有数千中系地方史乘，如府志、县志之类；此种史乘中，对于女子事业记载颇多，其他为法律书及判例，此亦外人前所罕闻者也云。

㊳ 我们这个委员会，极秘密的工作了整整两年，到了太平洋战争爆发后，方才停顿下去。综计在这两年里，南北各地藏书家们散出的书籍，或整批收购，或择要选取，几乎没有什么漏失掉的重要文献。其中一大部分善本书曾运到香港，为日本人发现而被掠劫到东京去。胜利后，又已运载回国，损失无多。今悉归中央图书馆收藏。著者有《求书目录》一作详记收书经过（未整理就绪，仅发表一部分）。

㊴ 在沦陷区里，南北汉奸们，附庸风雅，竞购古书之风甚盛。陈逆群所收尤多。在南京、苏州、上海三处均筑泽存文库以庋之。出版有《泽存文库藏书目》数册。

㊵ 许地山先生尝在牛津大学图书馆钞得关于鸦片战争的史料不少（编为《达衷集》出版）。刘半农先生在巴黎抄得关于敦煌写本及太平天国之文件甚多（有《敦煌掇琐》上中下三辑，及《太平天国的有趣文件》出版）。罗家伦先生亦在伦敦抄得太平天国文献若干种。后来，何觉先生、王重民先生，均注意于敦煌写本的传录与研究。著者亦有关于巴黎国家图书馆所藏中国小说戏曲的一篇文章发表（见《中国文学论集》）。最近陈梦家先生在欧美各国调查我国古铜器，已有《海外所藏中国古铜器集第一集》出版。

㊶ 北平图书馆的许多宋元明本及抄本书，于"七・七事变"后，运沪庋藏。后又设法由沪运美。今尚藏在美国未运回。当这些书运去不久，曾允许以"显微术"全部摄取影片若干份赠给他们。

㊷ 长春有伪国立中央博物院及伪国立中央图书馆，而溥仪伪宫中所藏者，尤多精品，大都皆在北平时，以赏溥杰名义，陆续移藏于外者。日本投降后，伪宫所藏荡然。今大都皆发现于平、沪估客们之手。独善本图书尚有十七箱，保存于沈阳图书馆。

㊸ 《人文科学研究所藏书目录》里所收的书籍，虽无惊人的秘籍，亦少宋元善本，然关于清儒著述几已应有尽有，实极切实用的一个图书馆。

㊹ 最近见市上有某美国人在搜购明刊本古书，像《册府元龟》、《文苑英华》等大部头的明本（均无清代翻刻本者），每种均不过需国币二三百万金之间，如以黑市美金计，不过五六十元而已。

㊺ 此事甚为隐秘。著者曾详加查询，言之者凿凿有据，而市上却不见一器一物的发现。一部分似仍被保存在盗墓者手中，一部分则被迳运者香港出售。

㊻ 若干地方性的古物保管会的组织，往往于发现古物时，经行没收，不问古董商人之损失如何，且对于发现古物的农人们亦骚扰不堪。无怪他们之勾结益坚，消息锁闭也。

㊼ 前北平古物陈列所所藏古器物书籍，为前热河行宫旧藏之物。抗战时，运庋后方。胜利后，决定古书归中央图书馆庋藏，古器物归中央博物院庋藏。闻近已运抵南京。

㊽ 中央研究院在安阳及其他各地发掘之古物，为我国以科学方法发掘地下古器物之始。所得甲骨雕像，殷周铜器，邃古陶具，乃至隋、唐冢墓中物，均甚精湛。闻其中一部分可移藏于中央博物院。

㊾ 有《新会梁氏书目》出版。

㊿ 此为本年春末事。傅氏所藏善本书，历年斥售者不少，而手自抄校之书，为一生精力所聚者，今乃悉捐赠国家，可称所得。

○51 上海某君为天主教徒，购藏历代名画不少。于沦陷时期，曾声明拟将所藏悉数捐赠国家。后寄藏于徐家汇天主堂内，乃为其所得。

○52 郭氏所藏古代瓷器价值甚高。他临殁时，遗言：当国师恢复平津之日，所藏应归国有，胜利后，北平方面的人员乃与其后人接洽收购之事，终得归藏于故宫博物院，恰好填补故宫博物院所藏瓷器的不足的一部分。

原文初载于《大学》1947 年第 6 卷第 3、4 期合刊；后收录于《郑振铎文博文集》，文物出版社，1998。
文物出版社版有删改并省略了原文中的注释，现按出版编辑整理，以恢复历史原貌。

基本建设人员应有的古文物知识

郑振铎

今年是我国大规模经济建设开始的一年，比前三年有更大规模的基本建设工程在进行。这对于古代文物是有“存亡绝续”的生死关系的。许多的地下博物馆都要被我们打开了。我们的工作做得好，地下博物馆的陈列品便能够好好的被搬到地面上来。我们的工作如果一有疏忽，则那些宝贵的古代文物便有再不能一见天日的危险。考古学家与基建工程人员必须共同努力，做好这个保护文物的工作。

一、古代文物的情况及其被破坏的历史与我们的保护工作

（一）祖国有丰富的文化、艺术遗产。这些文化艺术遗产，都是我国古代劳动人民的智慧所创造的，有极高的不朽的文化、艺术价值，不仅可以说明历史问题，而且是我们和我们的子孙们向之学习的无穷不竭的泉源。这些遗产乃是我们人民可骄傲、可夸耀的东西之一部分。中国是地大物博、历史悠久的一个伟大国家。不仅地下的资源无穷无尽，即古代文物，足以表现我国悠久的历史的地上文物也是无穷无尽，到处皆是。

如果从周口店发现的“北京人”算起，我们是有五十万年的历史了。过去说是五千年，实在是估计不足。即以北京作为一个都市来说，其历史的久长也不是像一般人所想象的。现在的城圈子虽只是五百多年前所建的，但八百年前金主完颜亮所经营的城墙遗址，今日还存在着。再往前推吧，一千三百年前，安禄山就住在北京。现在的法源寺乃是一千四百年前唐代悯忠寺的故址。前年在北郊、东郊发现了汉墓。从出土的东西看来，可以证明，在二千年前，北京已是一个政治、商业的中心。首都的郊外，有一个古迹，叫作“金台夕照”的，乃是二千二百多年前燕昭王留下的遗址。燕国的文物去年就在陶然亭一带被我们发现过。再早，还可以推到西周，或者更早，那就是快要有三千年的历史了。

毛主席在《新民主主义论》里说：“中国的长期封建社会中，创造了灿烂的古代文化。清理古代文化的发展过程，剔除其封建性的糟粕，吸收其民主性的精华，是发展民族新文化提高民族自信心的必要条件。”为了“发展民族新文化提高民族自信心”，对于古代人民——我们的祖先所创造出来的灿烂的文化，和宝贵的民族遗产，是必须加以保存、保护和清理的；特别在大规模的基本建设工程的进行中，更要加意做好保存、保护古代文物的工作，坚决防止破坏和糟蹋。

（二）被破坏的历史。我们的地上和地下的文物虽然是十分丰富，但也经不起各时代的、自然的、人为的破坏。自然的破坏是风吹日晒、雨打和水灾。木构建筑物不必说，石刻造像也常受自然力的不断破坏。但最严重的乃是窃盗，这是可以在短短时间之内，把许多都偷光了的。古物被窃盗的历史，乃是一部伤心史，乃是一篇帝国主义者侵略我国的供状。从鸦片战争以后，帝国主义者勾结了封建军阀、官僚、国民党反动分子等，利用了古董贩子们、盗墓匪们，大量的在盗掘古坟，在盗运文物出口。许许多多有重大价值的文化、艺术遗产，都只能在帝国主义者的博物院里或私人的陈列室里看到。

我国古代文化、艺术的遗产虽丰富异常，但如何能容忍如此的大批大量的被劫盗出国呢？这一百多年以来的人为的破坏，实在是古代文物所遭遇的最大的厄运。

（三）我们怎样保护文物的？帝国主义者们的窃盗的时代，在中华人民共和国成立以后，已一去不复返了。人民已不再容许他们在国境之内盗窃一针一线了。中国共产党一贯保护古代的民族文化遗产，无论在游击战争、抗日战争和国内战争的最艰苦的阶段，都在切实执行着正确的及时的保护文物的政策。在山西赵城县的一个古庙里，保存着一部金代（十二世纪）所刻的《大藏经》，是卷子本，原有四五千卷，历经盗窃只存了三千六百多卷。日寇侵略山西时，我们的党便命令保护这部古代的《大藏经》。在转移时便由战士们肩挑了走，因此牺牲了几个人民的英雄。后来又把它们保藏在一个煤洞里。新中国成立后，才全部无缺地移送到北京图书馆善本部来。1949年10月1日，中央人民政府成立后，就积极的在研究如何保存、保护古代文物的方法。1950年5月，由政务院颁布了《禁止珍贵文物图书出口暂行办法》，保护我国文化遗产，防止有关革命的、历史的、文化的、艺术的珍贵文物及图书流出国外。这个法令，基本上根绝了一百多年来帝国主义者们盗窃我国文化遗产的把戏，彻底地肃清了奸商盗运文物出口的不法行为。同时，又颁布了《为规定古迹、珍贵文物、图书及稀有生物保护办法》的命令，颁发了《古文化遗址及古墓葬之调查、发掘暂行办法》，防止了盗墓匪盗掘古墓与古文化遗址，防止了“挖宝式”的非科学的发掘，防止了对名胜古迹、珍贵文物、图书及稀有生物的无意或有意地破坏与粗暴的任意的处理态度。这样有计划的有重点的保护文物法令的颁布，及时地收到了保护的效果，并加强了人民大众对于古代文物的重视与爱护。

二、古代文物的范围、性质及其对我们的作用

（一）古代文物的范围与性质。古代文物分为可移动的和不可移动的两大类。

第一类，可移动的文物，范围很广，包括：古代刻本、抄本的图书，清末以前的绘画，著名人物的手迹（包括原稿、信札等），玉、石、木、竹、骨和象牙的雕刻，

各种漆器，各种木制家具，各种丝、麻、棉、毛织品，古代的玉器、铜器、陶器，各时代的瓷器，各种革命文物，以及许多工艺美术品等等。

第二类，不可移动的文物，又可分为两类：一类是地面上的，像革命建筑物，古代建筑物、纪念物 [宫殿、城墙、园囿、庙宇、名人住宅、民居、牌坊、石柱、石窟、摩崖雕刻（刻在山崖石上的佛像或文字）、石阙、碑碣、陵墓等]；一类是地下的，像古文化遗址（为水火所烧毁、被淹没的古城、古宫殿、古庙宇的遗址，被废弃了的、无人居住的、荒芜的古城市等），古墓葬等。在这些地下的遗址、墓葬里，往往蕴含着大量的古代文物。又在地上的不可移动的文物里，像古建筑、古摩崖雕刻、古石窟寺等的本身或其附属物，也都包含着大量的具有珍贵的文化、艺术价值的文物。

（二）古代文物对我们的作用。古代文物并不是“古董”，它们对我们是有实际用处的。第一，它们是古代的物质文化，我们可以把它们作为最有价值的实物例证来说明，甚至解决历史问题，来说明社会发展的规律。第二，它们是民族的文化艺术遗产，是历代人民所创造的，而且应为人民所享用（美的享受）的，它们保持着我国伟大光辉的文化艺术的优良传统，其中有许多乃是人类文化艺术遗产里最珍异的创作。第三，它们可供我们作为“推陈出新”之用的。列宁说道：“无产阶级文化并不是从空中掉下来的，也不是那些自命为无产阶级文化专家的人所臆想出来的。如果认为这样，那就是胡说八道。无产阶级文化应当是人类在资本主义社会、地主社会、官僚社会压迫下所创造出来的知识总汇发展的必然结果。”（《论马克思、恩格斯及马克思主义》第 438 页）我们反对帝国主义者所提倡的“世界主义”，我们必须创造出民族形式、社会主义内容的文化艺术。在这里，谈到民族形式，我们是必须在无穷不竭的古代文物的泉源里取得资料的。我们必须承继并发扬光大古文化艺术的优良传统。

三、古代文物的保护、保存与科学的发掘的必要

（一）古代文物必须坚决地予以保护、保存。对于古代文物，我们必须坚决保护、保存，必须坚决防止破坏，防止以任何轻率、粗暴的态度来处理、来对待古代文物。我们坚决反对乱拆、乱改、乱挖的现象，坚决与一切“违法乱纪”的现象做斗争。古物一旦被破坏了，便不能再有，不可再造。破坏了、损失了古物，乃是永远埋没了古代劳动人民的创造，埋没了或毁弃了历史的证据，使我们永远见不到祖先的优秀的创作。所以必须坚决地予以保护、保存。

（二）科学的发掘的必要。在地上的文物，还比较容易保护。一座古塔或一所古建筑，如果有人要去拆毁他们，谁都能看得到，谁都能去阻止，谁也都能报告给主管部门。但地下古物的保护、保存，就更加困难了。盗墓匪式的挖宝式的乱掘古墓为害最大。他们认为值钱的东西或完整的东西就取了出来。凡破碎些的东西，或被认为无用或不值钱的东西，他们就听任其抛弃在原地上面，把泥土一掩盖，古物从此绝迹于人间。而那些被抛弃了的，被认为无用、不重要不值钱的东西，往往就是考古学上最重要的能够说明问题的东西。

凡是经过科学发掘的地下文物，对于每一件原物的原来位置，都被详细地记录起来（文字的，照片的，测绘的记录），即已经烂掉的木制器具，凡有痕迹可寻找的，也都把它们记录起来，或固定下来。譬如，中国科学院考古研究所在辉县发掘的时候，发现了一个大的车坑。这些古代车子，乃是二千四百年前的最好的实物例证。省掉了我们在《考工记》等书的文字上的多少暗中摸索的功夫。又如，我们在辉县还发现了一个战国时代的铜鉴，已经碎成好几片，拼凑不全了，而且无一花纹和铭文。我们把它带回来经过修整之后，发现这个铜鉴的里面，刻划有极细的花纹。把这些花纹摹绘出来后，竟是一幅绝好的战国时代的建筑物和几个人在敲打“编钟”“玉磬”的图画。所以，发掘古墓葬和古文化遗址的时候，必须用科学的方法，十分谨慎小心地从事清理工作。

文物出土以后，也还要研究如何保存、保管的方法。文物埋藏在地下，年代久远，像木器，多半是朽烂得跟泥土混在一起了；像丝织品，多半是触手即粉碎；像漆器，多半是要逐渐干缩起来，变了形变了色的。如果处理得不好，或保护、保存得不及时，也就会使古物遭受到毁坏、损失的。这也必须请教专家，研究出对各式各样性质的文物如何做好科学的保护、保存的方法。

（三）必须特别注意的地区。我们中国到处有古代文物。也就是说，在任何地方动土兴工，都丝毫苟且不得。但其中有些特别重要的地区，文物特别多特别有价值，更需要加以特别的注意。最好是避免在那些地区动土兴工。万不得已，非兴建不可，也必须由文化部门和基建部门先行做好勘查、钻探的工作。保证地下的的确确是没有什么埋藏的文物了，然后再开始兴建工程。中国科学院访苏代表团新近回国了，他们告诉我们说，苏联在修建伏尔加河和顿河之间的大运河时，首先由苏联科学院派遣了三百多人的考古发掘队，在运河路线上做考古发掘的工作。等到他们报告说，已经把沿运河路线上的地下文物清理完毕，然后挖运河的工程才开始工作。在苏联，考古学家永远是走在基建工程队之前的，他们是基建工程的先遣队。否则，挖土机把一吨吨的泥土挖去时，或十几吨重的平土机在古墓葬或古文化遗址的地区碾压过去时，必定会金砂不分、玉石俱焚的把地下的文物破坏得干干净净的。

我在这里不能列举许多重要的应该特别注意的地区的名单，但万分重要的首先应该注意的是周口店的龙骨山，这里是有名的“北京人”出土的地区，必须坚决予以保存。其次是西安、洛阳、安阳、易县、巨鹿、邯郸、临淄、赵县、郑州、渑池、南阳、汲县、辉县、浚县、淇县、藤县、灵宝、陕县、江陵、长沙、咸阳、宝鸡、天水、徐州、寿县、绍兴、辽阳等地以及山西南部夏县一带，或是有丰富的新石器时代遗址的，或是有丰富的殷、周以来的墓葬或文化遗址的，一遭破坏，便不可挽救。如果在这些地区动土兴工的话，必须先和文化部门联系，十分细心地加以勘查钻探，再行动工。

地面上的革命建筑物、纪念物和古代的建筑物、纪念物分布的地区的范围更广大了。差不多每一个地方都有它的名胜古迹。最应该注意的地区，首先是北京。那是古代建筑物最多、最完整，自具一个体系的地方。必须研究出一个具体的保护、保存的计划来。应把古建筑物组织在新的都市计划之内。必须研究如何使古建筑物丰富首都的新计划，而不使其成为新计划的障碍物。其他如宛平县的卢沟桥，赵县的安济桥，曲阳的北岳庙，蓟县的独乐寺，正定的龙兴寺，峰峰矿区的南北响堂山，房山的石经及塔，大同的上下华严寺、善北寺、九龙壁、云冈石窟，五台的大佛光寺，应县的辽代木塔，赵城县的广胜寺，太原的晋祠、天龙山石窟，平遥的文庙、镇国寺等等（以上只举华北地区的一部分古迹），都是必须坚决地加以保护、保存、保管，必要时，并必须加以修整的。其他各地区，像洛阳的龙门石窟，西安的大小雁塔，敦煌的千佛洞，永靖的炳灵寺，天水的麦积山石窟，巩义市石窟寺，登封三阙，嵩岳庙、周公测景台、少林寺，广州的光孝寺、六榕寺、怀圣寺，济南的大佛洞、千佛山、开元寺，曲阜的孔庙、孔林，泰安的岱庙，肥城的孝堂山，嘉祥的武氏祠，南京的栖霞山、梁墓、明孝陵、中山陵，苏州的玄庙观、双塔、保圣寺，杭州的六和塔，宁波的天一阁，以及四川省乐山、大足、彭山等地的摩崖造像、崖墓和许多汉代石阙等等（以上是随意举例，并非全部目录），都是具有头等重要价值的地上文物，必须坚决的加以保护、保存、保管，绝对不允许有丝毫的破坏、任何的损失的。延安、瑞金两地的革命建筑物、纪念物，也必须坚决地予以保护、保管，并保持原状。

在那些有重要的古迹和地面文物的地区，必须设法避免在那些古迹和地面文物所在地点兴工动土。

四、结合基本建设工程的考古发掘工作

（一）大规模的基建工程开始，也就是大规模考古发掘工作的开始。在这三年多来，因为国家基建工程逐渐地展开，已有不少的地上、地下的古代文物被发现，于是一个新的任务，加在考古工作人员和基建工程人员的身上。对于那些地下博物馆处理

的态度如何，是决定那些古代文物的命运的大关键。处理的合于科学方法，它们的命运就好。如果是采取了疏忽、轻率、粗暴的态度去处理，它们的损失就会很大，破坏的情形就会很严重。

如陕西咸阳国营西北第一棉织厂建厂工程，据1952年10月25日《人民日报》所载，该厂建厂报告中称：在厂中七百八十八根柱脚下，有五十六根下面探出有墓穴。其中四处最为严重。但该厂注意的仅为屋基安全问题，并没有考虑到古墓葬的破坏和保护问题。中央社会文化事业管理局为此曾向该厂函询详细情况，该厂对此事仍未加以重视。仅答称：在建厂中曾有古墓葬被破坏，残存少许文物已移交西北博物馆保管。至于被破坏的墓葬究竟有多少，是哪一时代的，均未提及。按咸阳为周、秦、汉各朝建都之地，地下蕴藏的古墓葬及其中的文物，均为研究各时代历史发展的重要资料。现在已被压在厂基之下，其损失是无法估计的。

（二）考古发掘工作是基建工程的准备工作之一。基建工程进行之前，必须先行做好考古发掘工作的原因，不仅为了爱护公共财物，为了保护民族文化、艺术遗产，为了替现代的专家和世世代代的子孙们做“推陈出新”工作负责任，其实也是为了基建工程本身的安全。在动工之前，必须做好地基的钻探工作。像上面所举的咸阳第一棉织厂的例子，就工程本身来说，也是一件不能允许的疏忽。把厂房建在下面有古墓葬的地点，将来开动机器时，说不定哪一天会出大乱子。所以，基建部门在计划建厂的时候，必须事前和文化部门做有机的配合，共同做好勘察、钻探和清理的工作。把地下的文物清理清楚了之后，再盖房子。在苏联，基建部分的预算里就包括有百分之五到百分之十的考古发掘费在内。基建部门在没有得到文化部证明厂基下没有古代文物或虽有文物但考古发掘队已经清理完竣的文件前，是得不到财政部的拨款的。我国现在虽还没有明令规定这种办法，但这种精神是我们应该努力学习的。

（三）基建部门和文化部门如何做好有机的配合与联系。第一，文化部门，特别是主持考古发掘事业的专门机构，必须在事前了解重要基建工程的计划地区与工程面积的大小宽度。基建部门如果选错了地区，或在无意中竟选择了要在重要的古墓葬、古文化遗址或地上有重要建筑物、纪念物的地区动土兴工，那么，应该尊重文化部门的意见，考虑避免或另选地点。第二，选定了地点之后，虽不在显著的有重要的古文物集中的地区，但为了慎重起见，基建部门和文化部门，也应该保持密切联系，共同从事勘察、钻探的工作。否则，古代文物仍会有遭受到破坏与损失的危险。第三，新的发现，经过了勘察、钻探之后，证明其为十分重要的，则必须呈报中央，由中国科学院考古研究所或由中央文化部，组织专家去发掘。凡是地方上文化部门或基建工程人员解决不了的问题，必须要去请教专家。第四，已在进行中的基建工程，事前未做或未做好勘察、钻探工作的，基建工程人员如有发现（这种例子不少）应立即通知地方文化部门，组织人力去做清理工作。如果性质重要的，应按照上面第三项情况，呈报中央处理。性质不重要的，或临时发现小墓葬，出土若干零星文物，则应把那些出土文物集中起来，送交地方文化部门保管，以免散失或遭受损坏。如果遇到性质十分重要的，则应考虑到暂时停工，以待清理。

在这里，我应该极简单地说说如何辨认地下有无古墓葬或古文化遗址，和如何辨认古代文物的时代。

各时代的文物，都有它们的特征，如果发现了彩陶，就知道一定是新石器时代的遗址或墓葬了。如果发现了龟甲或牛羊的胛骨，上面有被火灼得一个个的洞的，或铜制，或陶制的爵杯和花觚，就知道是殷代的遗址或墓葬了。如果发现了有金银的铜器，或铜镜，或带钩，或耳杯，就知道是属于战国时代或汉代的。如果发现了五铢钱、带银色釉的陶器，绘画朱彩的陶器，空心砖，衣裳下面特别宽大，像是喇叭管似的女陶俑，灰色或红色的形式朴素而有力的陶狗、陶鸡或陶井、陶灶、陶谷仓、铜或陶制的博山炉、雁足灯时，就知道必定是汉代的东西。北方的坟里，往往出土大批的陶俑、陶马和陶骆驼。大都是青黑色的泥胎，上面涂了白粉，再画上彩色。男女俑大都是细长的身子，清秀的脸，脸型是鸭蛋形的。马俑是身形瘦削而有力的。一发现了这些东西，就可以知道是六朝时代的文物。唐代的坟墓里，也有大量的陶俑，以马俑为最有名，三彩的（即挂上紫、绿、黄三色釉的）和彩绘的，姿态特别的漂亮。男女俑大都很胖，脸形多半是圆滚滚的。对于女俑有一个特别的俗称，叫作“胖妞妞”。也有三彩的和彩绘的水瓶、罐子和盘子，图案都很精美。如果发现了这些东西时，就知道是发现唐墓了。宋代的墓不曾发现过陶俑，但瓷器却发现得特别多，瓷枕上面的花纹（图案）是十分活泼生动的。在宋墓里，常出现砖刻或石刻的墓门，一扇门半开着，有一个女子半身探露出门外。这是特色。辽代的墓也有三彩的鸡冠壶，还有一种叫作马镫壶的，是完全模仿了皮制的水囊做的，连针线的缝纫痕迹也都仿烧上了；尸脸上总盖着金、银或铜制的面具，这些都是特殊的辽代的文物。元、明二代墓里又有了陶俑。有时是整堂的仪仗队和生活日用品，瓷器也有不少，但马俑、人俑都显得臃肿，远不及六朝和唐代的陶俑的神气活现。又，元明墓中常有瓷器在内。以上只是举出最可显出时代特色的几件东西来作为辨认的标志。

五、未来的展望

（一）中国考古学的前途。中国的考古工作，如果和基建部门好好地结合起来，必定会随着基建工程的展开而开展的。它将和基建部门为国家的大规模经济建设服务一样，是为文化、艺术、历史、科学以及经济、工程等等的研究工作服务的。它将充实我国的物质文化的历史，它将供给许多实物例证给历史学家以及其他专家。它将发现更众多、更丰富的有重大的文化、艺术价值的民族遗产，作为新的创作的“推陈出新”的基础。而这个巨大的工作，和基建工程人员的工作是紧密结合着的，他们是基建工程的先遣队，走在基建工程队之前，而结合着工程队来做工作的。

（二）必须共同做好这个工作。基建工程大规模展开的时候，一方面可以使地下古文物大量出现，另一方面考古发掘的工作做得不好，就会使在地下保存了三五百年乃至数千年的古文物，无端遭受到不可挽救的损失或破坏。因此，基建工作和考古工作彼此之间结合得好，就可以保护、保存无数的古代文物。如果结合得不好，就会造成严重的不可弥补的损失。这就要求基建工作人员在事前应有很好的计划。在兴工动土之前要考虑到地下的或地上的有价值、有意义、有用处的文物的保存问题。因此，基建工程人员和考古学家之间就必须紧密地结合起来。如何才能紧密的合作呢？就是互通声气。必要的是事前商量，也就是先让考古学家和文化部门的负责人知道计划的大概，如修建的地区范围，修建的预定地点或路线等等。其次是在工程中有发现时的紧密联系，再次是在偶然发现中的及时通消息，及时向专家请教。这样我们就会克服一切困难，完成这个艰巨而光荣的重大任务。

原文系根据 1953 年 7 月 2 日在中华全国科学技术普及协会举办的“基本建设科学知识系统讲座”内容整理，最初发表于《文物参考资料》1953 年第 12 期，1954 年 1 月由全国科普协会出版《基本建设与古文物保护工作》单行本；后收录于《郑振铎全集》，花山文艺出版社，1998

第二章
理论探索

国际文物建筑保护理念和方法论的形成

陈志华

一

欧洲的文物建筑保护至少在古罗马和中世纪都已有过出色的事例，到文艺复兴时期，教皇利奥十世于1516年在罗马设立了文物建筑总监，第一任就是大艺术家拉斐尔。1630年，瑞典成立了欧洲第一个国家文物建筑保护总监办公室。1815年，普鲁士古典主义建筑师辛克尔给国王写的报告里说：“我们的祖国不断失去它最美的装饰品，如果我们还不采取全面、普遍而又有力的措施来阻止这事件的发展，那么，在短期内我们就会变得彻底的光秃秃和冷冰冰。”但是，早期关于文物建筑保护的觉醒都是政治的、宗教的、情感的和审美的，文物建筑保护作为一门专业科学，却是从19世纪中叶才开始探索的。在探索过程中，19世纪下半叶，形成了法国派和英国派。20世纪前半叶形成了意大利派，这一派比较晚出，所以比较成熟。1964年ICOMOS大会上通过的《威尼斯宪章》是以意大利派为基础草拟的，是当今国际公认的关于文化建筑保护的权威性文献，它的各项原则被普遍接受。

法国，跟整个欧洲一样，直到18世纪，还没有真正的保护文物建筑的观念，还常常为了拆取雕刻或者挖掘什么东西而毁掉古建筑。即使修复古建筑，也没有一定的理论和方法，主持者自行其是，以致大多数的所谓修复，后来都被认为其实是大破坏。

1794年，大革命年代的法国国民公会发布文件，要求保护文物。关于古建筑的保护，它说："文物建筑是过去某个时代的活的见证。"已经正确认识到了它们的历史意义，但文件内容不具体，在兵荒马乱的时候，难起作用。以致按拿破仑在1806年的指示做的巴黎北郊圣德尼修道院和教堂的修复工作，也很不得法。克洛斯贝（Summer Crosby）说，这教堂"进入了一个修复时期，而这修复却比愚民的暴行更严重地破坏了它"。

要保护古代建筑中的珍品杰作，这种意识的觉醒，首先发生在思想界和文化界，由浪漫主义作家雨果为代表。1825年，他发表了《向破坏者开战》的激情四溢的文章，影响很大。随后，他在小说《巴黎圣母院》1832年勘定本的作者附言里说："我们在期待新的建筑物出现的同时，还是好好保护古文物吧！只要可能，我们就要激发全民族去爱护我们民族的建筑。"作者宣称，本书的主要目的之一正在于此，他一生的主要追求之一也在于此。雨果是最早把建筑看作"石头的史书"的人之一，这个思想包含着文物建筑保护科学最基本的核心价值观。

1835年，另一位浪漫主义作家梅里美当了法国文物建筑总监。这时候，浪漫主义是法国文艺中的主流。浪漫主义者珍重中世纪的文物，因此罗曼式和哥特式教堂的修复成了热门。但浪漫主义者的古建筑保护工作量少，也没有一定的原则，所以影响不大。

但就在同时，受到考古学、历史学、文化人类学和社会学发展的影响，从政府到民间，建立了一些文物保护机构，研究保护和修复的原则和方法。

1840年，一位重要人物，巴黎美术学院建筑学教授维奥勒·勒·杜克（Viollet-le-Duc）登上了法国文物建筑保护的舞台，在梅里美的支持下挽救了一些眼看就要毁灭的中世纪建筑物。他是第一个努力建立文物建筑保护的科学理论的人，是法国派的奠基人，最重要的代表。

维奥勒·勒·杜克在1844年给巴黎圣母院做修复设计的时候，提出了“全面修复”古建筑的原则。1858年，又在他的《法国11~16世纪建筑词汇注释》的“修复”（Restauration）条目里加以发挥，草拟了以维代（Vitet）为主席的文物建筑委员会的“纲领”。

“这个纲领首先在原则上认为，每一座建筑物，或者建筑物的每一个局部，都应当修复到它原有的风格（Style），不仅在外表上要这样，而且在结构上也这样。”因此，这种全面修复后来也被称为“风格修复”（Restauration Stylistique）。

这个主张是针对时弊的。在他之前和当时，有些人修复文物建筑，只求外表形似而置结构于不顾。例如，不处理砌体开裂，只在表面上抹了一层灰就糊弄过去；有些人把从不同时期、不同地点因而风格不同的建筑废墟里捡来的构件安装到一座待修复的教堂上去，等等。所以，这个主张在当时是有积极意义的进步。

他提倡，“负责修复的建筑师，不但要确实地熟悉艺术史各时期特有的风格，而且要熟知各流派的风格。……要有丰富的结构知识和经验……熟知各个不同时代和不同流派的建筑的建造方法”。他自己身体力行，成了研究法国中世纪建筑的权威，第一个真正理解了哥特式结构和构造的人。

他要求把修复工作建立在科学的基础上。他说：“在修复工作开始之前，首要的是确切地查明每个部分的年代和特点，根据它们拟定一个有可靠文献为依据的逐项实施计划，或者是文字的，或者是图像的。”

维奥勒·勒·杜克的这些主张和建议对文物建筑的修复工作都是很有意义的，为这项工作走向科学化做出了贡献。

但是，维奥勒·勒·杜克的认识有很大的缺陷。最根本的在于，他没有认识文物建筑的综合的价值，即它们在历史上、科学上、文化上、情感上、功能上各方面的价值，而仅仅以一个建筑师的眼光看问题。由此而产生两个失误：第一，只把少量建筑史上的珍品杰作当作文物建筑，因而使大量具有其他各种重大价值的建筑物未能得到保护；第二，片面强调了风格统一的重要性，忽略了对文物建筑所携带的不同时期的历史、科学、文化等信息的保护。

这样的失误使他提出了几点有严重后果的主张。虽然他说过:“经过了建筑师的手之后，建筑物不应该比修复之前更不便于使用。……保护文物建筑的一个好办法就是给它找一个合适的用途，好好地去满足这个用途的各种需要，条件是不改动它。”但他自己又否定了“不改动文物建筑”的重要原则性观点，他说:“修复一座建筑物，不是维持它，不是修缮它，也不是翻新它，而是要把它复原到完完整整的状态，即使这种状态从来没有真正存在过。”他又进一步说:为了使文物建筑便于使用，“最好是把自己放在原先的建筑师的位置上，设想他复活回到这世界来，人们向他提出了现在提给我们的任务，他会怎么办”。这就是说，只要保持风格的统一，建筑师可以为当前的需要而在文物建筑上增添一些部分，改动一些部分。这种主张，常常使维奥勒·勒·杜克的维修工作做得过了头，以致后人评论他的修复工作的时候，不免讽刺地说他“创作了”某一座文物建筑。

他认为“修复建筑是为了把它传给将来”，所以，“只许用更好的材料，更牢靠的或更完善的方法来取代坏掉了的部分”。例如，他主张用更厚的石块来代替柱子上原来较薄而压裂了的石块。这个主张和做法带有早期理论的粗疏大意。维奥勒-勒-杜克从石材商人手里抢救了巴黎圣母院，但是他为追求风格的纯正统一，修理了它无数的创伤，补足了它所有的缺失，改造了它构造上的不合理之处，使它“焕然一新”，还加建了一个本来没有而他认为应该有的尖塔。结果，七百年的风风雨雨从它身上消失了，有人惋惜地说，巴黎圣母院失去了诗意，成了国际博览会上的假古董。他还“设计”修复了皮埃尔封寨堡和卡尔卡松寨堡的墙和塔。虽然从建筑师的眼光来看，他的工作很成功，但从文物保护角度看，他过于不尊重原物了。作为一位重要的建筑师，他没有能意识到，文物建筑的属性，首先是文物，其次才是建筑。

维奥勒·勒·杜克的理论和做法，后来就叫做法国派，或者叫建筑师派，从19世纪下半叶到20世纪上半叶，克服了它前面的浪漫主义派，成了主流派，欧洲各国的文物保护工作基本上就按这一派的原则办事。它的片面性和错误也就扩散开来，有些时候更加恶化，常常发生随意改建文物建筑，或者为追求风格的统一和“恢复原状”而主观地造假古董的事。它对文物建筑承载的各种历史、科学、文化信息不懂得保护，以致在修复中几乎破坏殆尽。因此，到 20 世纪中叶，特别是 1964 年的《威尼斯宪章》被普遍接受之后，欧洲文物保护界一般认为法国派的做法实际上使欧洲大量文物建筑蒙受了重大的损失。

现在说到法国派，还要加上跟维奥勒·勒·杜克差不多同时的巴黎市长欧斯曼的所作所为。他在巴黎市中心区开辟了许多笔直的大马路，沿街造清一色的折中主义大厦，根本改变了巴黎市中世纪的和文艺复兴的面貌。从历史古城保护的角度看，欧斯曼是搞了一次大破坏。所以，现在欧洲人特别珍惜侥幸存下来的少数的巴黎老地段，如玛海区和塞纳河南岸。

欧斯曼拆除重要文物建筑周围的原有房屋，把它们孤立出来，作为大马路的对景，它们周围的广场切断了它们跟城市的联系，破坏了它们的历史环境。最突出的例子是清除了巴黎圣母院和雄师凯旋门四周的中世纪和文艺复兴建筑。欧斯曼的这种做法，在欧洲有大量的效法者，也造成了许多损失。19 世纪下半叶，曾经就罗马市中心的规划举行过一次国际竞赛，一位法国建筑师照欧斯曼的办法，建议开辟广场和林荫道。有一条林荫道纵贯古罗马共和时代广场的遗址，拿第度凯旋门和塞维鲁斯凯旋门当两头的对景，居然真造了起来，后来才重新拆掉。

法国派虽然有片面性，造成过破坏和损失，但是它在许多情况下比较简便，容易被普通建筑师理解和接受。他们和维奥勒 - 勒 - 杜克一样，也不能意识到文物建筑首先是文物，其次才是建筑。欧斯曼的做法也投合城市改建眼前迫切的需要，所以在文化落后的地方至今仍有一些建筑师和管理机构会在一定条件下走这条路。

英国也是从 19 世纪起才认真对待文物建筑保护工作的。那里一开始就争论“整旧如新”还是“整旧如旧”的问题。19 世纪中叶，斯各特爵士（Sir George Gilbert Scott）是英国文物建筑保护的权威人物，主持过许多教堂的大修工程。他虽然认为，教堂在它存在过程中陆续加上去的修改，都像原物一样可贵，值得精心保护，不应该为了风格的统一而除去，但是他又说，为了宗教和使用的目的，可以甚至应该更动文物建筑。他基本上是法国派的，在实际工作中干了许多“设计”文物建筑的错事。

散文家、文艺理论家兼建筑理论家拉斯金（John Ruskin）激烈地反对以斯各特爵士为代表的一派的做法。他在名著《建筑七灯》里针锋相对地写道：“修复（Restoration，即维奥勒·勒·杜克用做条目的那个词）……意味着一幢建筑物所能遭到的最彻底的破坏；一种一扫而光什么都不留下的破坏；一种给被破坏掉的东西描绘下虚假形象的破坏。……根本不可能修复建筑中过去的伟大和美丽，就像不能使死者复活一样。建筑物的生命，它的由工人们的手和眼所赋予的灵魂，是不能再现的。”

他彻底否定了修复，他主张加强经常性的保护：及时盖住屋漏，疏通水沟，固定松动的石头，给歪了的建筑物支上木撑等等。“其实，只要适当地照顾你们的文物建筑，你们就没有必要去修复它们了。”但不论多么小心保护，建筑物总是要死亡的，那就只好让它死亡了，“我们没有任何权力去触动它们”。既然灵魂不能再现，那么，徒然保住一个躯壳就毫无意义了，而一切修复都只能是造出一些没有意义的假东西来。

拉斯金崇拜自然和自由的神秘性。他说，建筑物成了废墟，是摆脱了人为的有限制之形，变成了自然的无限制之形。一切想象力都可以借无限制之形自由驰骋，无拘无束。所以，废墟，这个文物建筑形象变迁的最后阶段，乃是最激动人心的阶段。不必去修复废墟，而要把废墟用绿地包围起来，供人凭吊。他说，“一座教堂几百年的历史全在石头表面那薄薄的风化层里”，所以不能去触动那些石头。

在这种浪漫主义思绪的笼罩之下，英国的文物建筑保护工作里，有一种做废墟的办法。当一座古建筑物，特别是中世纪的堡垒、修道院或者教堂，年久失修，墙倒屋塌时，不去修复它，而是把木料、铅皮、玻璃等等会朽烂腐蚀破碎的东西去掉，剩下砖石砌体，然后种上常春藤等等，造成一种抒情情调很浓重的残迹，诱发人们的思古幽情。这种做法一直到现在还有，英国著名的文物建筑保护专家费尔顿（B. Feilden）爵士说，一些人认为：尸体是可憎的，而剔去了腐肉的骷髅却可以鉴赏。

在拉斯金的建议下，英国“文物家协会”从1855年开始编制文物建筑档案，并且声明要“保护它们免受时间和疏忽所导致的破坏，而不企图做任何的增添、改动或修复”。协会谴责“借口修复而破坏文物建筑的特点”。拉斯金在1874年明确地指出，“以修复的名义所造成的破坏应归罪于建筑师”，因此他拒绝了英国皇家建筑学会给他的金质奖章。

以拉斯金为代表的文物建筑保护的学派叫作英国派，或者也叫浪漫主义派，不过它的观念和做法与法国曾经有过的浪漫主义派不一样。这一派稍晚一点的活动家是诗人、作家兼美术家的莫里斯（William Morris）。1877年，他写信给《雅典娜》报，说：“现在我的双眼正紧盯住‘修复’这个词。建筑师、牧师和乡绅的‘修复’是野蛮的。除了少数例外，建筑师们都是不可救药的，因为兴趣、习惯和无知限制了他们；牧师们也是不可救药的，因为教规、习惯以及无知加粗俗限制了他们。”他最后说：“我希望建立一个协会，监管文物建筑，保护它们不被‘修复’，就是说，除了保证它们不受风雨气候的侵蚀之外，还要用文字的和其他的办法唤醒人们，使他们认识到我们的建筑物并不仅仅是教会的掌中物，它们是国家民族成长的历史纪念碑和希望。”

在这封信里，莫里斯明确指出了建筑师和牧师对文物建筑保护的认识的局限性，他们的职业所造成的片面性使他们过于热心“修复”，以致破坏了文物建筑的价值。莫里斯指出，文物建筑的价值超出了建筑的范围，它们是历史纪念碑。在这些方面，莫里斯比维奥勒-勒-杜克是进了一步。

1877年，莫里斯创立了英国第一个全国性的文物建筑保护组织，就叫“文物建筑保护协会”。他亲自撰写创建宣言，这份宣言可以看作英国派的纲领。它的主要论点是：

第一，修复古建筑是根本不可能的。所谓修复，就是把古建筑历经风雨的面层破坏掉。破坏了历经风雨的面层之后，古建筑不过是一个毫无生命的假古董而已。

第二，用“保护”（Protection）代替修复。保护古建筑身上的全部历史痕迹，用经常的照料来防止它们败坏。

第三，凡为了加固或遮盖而用的措施，都要一眼就能看得出来，而决不伪装成什么，也决不窜改古建筑的本体和装饰。

莫里斯的纲领包含着很有价值的思想。不过，它过于极端地反对一切修缮和修复，反对一切为延长文物建筑寿命所必需的变动，认为新的技艺一介入，文物建筑就必定会受到破坏。这些都很不实际，这种片面性之所以产生，仍然是因为他们对文物建筑的价值认识不够全面。英国派的倡导人主要是学者、文人、美术家，在当时浪漫主义的大激流中，他们对文物建筑的爱好过多地沾染了浪漫的抒情色彩，浓重的对中世纪宗法社会的哀哀戚戚的眷恋。不综合地理解文物建筑的历史和科学价值，就不能正确地以科学的态度并采取恰当的措施力争把它们传之永久。

这种片面性也表现在文物建筑的概念上。英国政府在1882年的法令中规定，文物建筑不仅包括上古的石栏、中世纪的堡垒，还包括府邸、庄园、住宅，甚至“具有历史意义或与历史事件有关的小建筑物、桥梁、商场、农舍和谷仓、畜棚”。这比起以前只着眼于中世纪的宗教建筑来，是一个大进步，但是，还局限在“具有历史意义或与历史事件有关的”建筑，仍然是很不够的。

意大利派崛起比较晚，它汲取了19世纪以来英国和法国有关文物建筑保护的理论和方法的合理因素。它的形成过程也比较长，因此，理论上更周到严密。

从18世纪末叶起，意大利人开始追寻古罗马的伟大光荣，陆续在帝国广场做了些发掘工作。因为兴趣专注在古罗马的遗迹上，以致把广场上一些中世纪建筑物破坏了。1798年，拿破仑帝国占领了意大利，欧洲历来的帝王，都喜欢自比为伟大的古罗马皇帝的继位人，拿破仑于1810年把罗马定为陪都，从而加强了对古罗马遗迹的发掘。

1807年和1808年给古罗马大角斗场加固，采用的是意大利人自己的方法。大角斗场本来是用灰白色石灰石造的，为加固而砌筑的部分一律用红砖，因而跟原物显著不同，新旧绝不混淆。这是一种新观念。但法国政府派来了主持巴黎古建筑修复的专家吉索尔（Guy de Gisors）指导意大利的古建筑修缮工作。吉索尔主张的是原样整体复建，但是因为必须把剩下的旧石材都照原位用上，所以新补的部分仍然可以分清。

同时，他也接受了意大利的一些观念和手法。拿破仑倒台后，在罗马教皇领地内，吉索尔的影响还维持了下去，19 世纪 20 年代，罗马大斗兽场的又一次维修，就追求恢复原状，不过这是一次局部维修，规模有限。1823 年修复失火的城外圣保罗教堂时，竟是一模一样地重新造了一座假古董。19 世纪下半叶，意大利基本上仍旧按法国派办事。

1880 年，两位意大利文物建筑保护家提出了新的思想。第一位是贝尔特拉密（Luc Beltrami），他反对流行的法国式的以原作者自居的主观“修复”，要求把保护工作建立在牢实的科学基础上。文物保护工作者要尽可能多地收集有关资料，事先做历史的、考古的研究，根据确凿的证据进行工作，决不允许自己去分析、去推论。维修工作者必须同时是个历史学家、文献学家，能够阅读并且真正懂得有关的一切文件、著作、图像等，而不仅仅是个建筑师。

另一位叫波依多（Camillo Boito，1836~1914），是意大利派的奠基人。他既反对维奥勒·勒·杜克，也反对拉斯金。他首先完善了文物建筑的概念，明确地提出，文物建筑不仅仅是艺术品，它是文明史和民俗史的重要部分，珍贵的资料，它的价值是多方面的。从这个新概念出发，他主张，必须尊重文物建筑的现状，修缮的目的只是保护，要保护历史上对它的一切改变和添加，即使它们模糊了它的原初面貌。修缮，首要是加固，而且力争一劳永逸地做最后的一次干预，此后不必再做。在为加固而非添加什么不可的时候，切不可改变文物建筑从它的时代和它的原作者所得到的面貌。一切发生过的改变都要有详尽的记录。

1883 年，在罗马举行了工程师和建筑师大会，通过了一个关于保护和修缮文物建筑的指导思想。它比波依多的思想更深入，主要有两点：第一，它说：“除非绝对必要，文物建筑宁可只加固而不修缮，宁可只修缮而不修复。”第二，为了加固或者其他绝对必要的原因而非添加什么不可的时候，添加的部分必须用跟原有部分“显著不同的材料”，有跟原有部分“显著不同的特点”，以避免可能有的哪怕一点点的伪造。在这次大会之后，意大利摆脱了法国派的影响，不再修复或翻新文物建筑，而只是加固与保护。

1931年，乔瓦诺尼（G. Giovannoni，1873~1947）改写并补充了波依多的理论。1933年，由国际联盟倡议成立的“智力合作所”在雅典召开了国际会议，通过了关于文物建筑修缮与保护的《雅典宪章》，这宪章以乔瓦诺尼的文章为基础。但是它有一些简单化的片面的观点，显示出对文物建筑价值的理解还不很深入。同年，意大利文物和美术品最高顾问委员会制定了《文物建筑修缮规则》。

1939年，意大利政府在罗马设立了“文物修理中心研究所”。它的第一任主任布朗迪（Cesare Brandi）进一步修订了1933年的《文物建筑修缮规则》，意大利学派从此真正创立。

意大利学派最主要的理论是：

第一，文物建筑具有多方面的价值，它不仅仅是艺术品，它是文化史和社会史的“活见证”，因此，保护工作不能着眼于它的构图的完整或风格的纯正，而应该着眼于保护它所携带的全部历史信息。

第二，不仅要绝对尊重原生态的建筑物，而且要尊重它身上以后陆续增添上去的部分（Patina）、改动的部分，它们都是文物生命的积极因素，都是它的原真性的重要部分，是文化史的重要资料。要保护文物建筑在它存在过程中获得的全部历史信息，并且使这部历史清晰可读。

第三，同理，文物建筑在它存在过程中产生的缺失（Lacunae），也是一种历史痕迹，也不应该轻易补足。如果为加固、保存或者展示而必须补足某些部分，那就应该使补足的部分跟原来部分所用材料不同，特点不同，很容易识别也很容易去掉。

第四，因此，反对片面追求恢复文物建筑的原始风格，当它实际已损坏、已丧失时，更不能去“创造”根本不存在的纯正风格。修缮工作者不应该像维奥勒-勒-杜克说的那样，让原作者在自己身上复活，而要客观地、无个性地去研究文物建筑本身。

第五，要保护文物建筑原有的环境。

这些理论观点，不但比起维奥勒·勒·杜克、拉斯金和莫里斯的有很大进步，而且比1933年“智力合作所”的《雅典宪章》也成熟得多了。

意大利学派虽然在19世纪30年代形成，但是它的实际作用受到很大的压制。因为，20世纪二三十年代，正是法西斯政权统治意大利时期，它按照它的政治利益和意识形态，另搞了一套文物建筑“保护”办法，这些办法，现在就被人揶揄地叫作“法西斯学派”。

作为一个法西斯头子，墨索里尼要把自己比做古罗马皇帝的继承人，为了煽起人民的民族主义感情，他在1925年12月对罗马市第一行政长官说：要把罗马城搞得“宏大、整齐、雄壮，就像奥古斯都大帝时那样”。他因此特别重视显耀古罗马帝国的伟大建筑物。他接着说：“必须把我们历史的永恒纪念物周围清理干净，使它们显得高大。”为了把它们“亮出来”，不惜清理掉它们身边和身上的中世纪和文艺复兴时期的大量“平常”建筑物。并且还要拆出“视线走廊”，使人们在城市的某些重要位置上可以见到它们。在法西斯政权时期，清理了巴拉丁山、卡比多山前缘、中心广场、帝国广场群、阿庇亚古道两侧、阿根廷塔广场古庙群等能够炫扬古罗马辉煌历史的建筑遗址。“成绩”是使这些遗址比较完整地显现了出来，代价是抹杀了中世纪和文艺复兴时期的一段历史。帝国广场群上从13世纪以来，尤其是16世纪下半叶之后，本来早已建成了稠密的市区，都被拆光，马尔赛勒剧场自中世纪以来几乎每个券洞都吊出来的一户住宅，也全部被清除掉了。

墨索里尼为了在他府邸前的威尼斯广场举行阅兵式，从军队集结的大角斗场到威尼斯广场建了一条800米长的可以通过重型坦克的路，叫帝国大道（现在叫帝国广场大道），它恰好穿过古罗马帝国广场群，压掉广场群面积的84%。本来是，一共80000平方米的广场群已经发掘了76000平方米，这一下又毁了绝大部分。为集结军队，斗兽场和君士坦丁凯旋门近旁的一些遗址，包括一个喷泉，都被埋掉了。原本用石块铺装的地面也都铺上了沥青。为了让机械化部队便于从威尼斯广场散出，毁掉了卡比多山前缘的一些古代遗址，包括发生过“白鹅救罗马”故事的那一部分。现在，痛定思痛，斗兽场周围已重新发掘，帝国大道也已下决心拆除。因为帝国大道有每天2000辆汽车的交通量，要拆除它当然是很困难的。

在那个时期，还发掘了奥古斯都大帝的一座“和平祭坛”，但没有在原址保护，却把它搬到奥古斯都大帝陵墓旁边的泰伯河大堤上，为它造了一所陈列馆。

在墨索里尼亲自过问之下，1931 年制订了罗马城市规划，贯彻了他 1925 年对罗马市第一行政长官讲话的精神。规划里要清除古罗马大型建筑物周围的房屋，设立文物建筑区，要在历史中心区开辟大马路，等等，办法很像欧斯曼在巴黎干的那一套。因为经费不足，规划没有完全实施，除了帝国大道外，只有一条从威尼斯广场到维多利奥 · 艾玛努勒（Vitorio Emmanuele）桥头的大路开通了，这是为了疏散从大角斗场来到威尼斯广场接受墨索里尼检阅的军队的，正是它破坏了卡比多山的前沿部分。

直到现在，采取法西斯派做法的在世界上也未尝绝迹，所以要写上一笔。

德国纳粹的首领希特勒，也对古代建筑遗产抱着相似的“突出政治”的观点。

第二次世界大战结束后，在大规模的重建工作中，文物建筑和古城区的保护问题空前紧迫和复杂。各国，甚至各城市都有自己的做法。有的把它们跟战争废墟一起清理掉了，有的匆匆忙忙在没有科学研究的前提下“重建”起来。联合国教科文组织和梵蒂冈，都曾经反复提醒各国在新的历史情况下注意保护历史文物。它们呼吁：文化资产处于危急状态。

为了促进各国文物建筑和古城区的保护，为了使这项保护工作建立在真正科学的基础上，1947 年，在联合国教科文组织领导下成立了 ICOM。1964 年，在 ICOM 的第二次大会上，把名称改为 ICOMOS，即国际古迹遗址理事会。这次大会上通过了《威尼斯宪章》。《威尼斯宪章》基本上重申了 1939 年修订过的 1933 年意大利的《文物建筑修缮规则》，并汲取了 1933 年意大利学派的《雅典宪章》的合理部分，克服了它的一些简单化的片面观点，体现了意大利学派的理论。它有几点新的重要发展：

第一，它扩大了历史纪念物，即文物建筑的概念。它说：“历史文物建筑的概念，不仅包含个别的建筑作品，而且包含能够见证某种文明、某种有意义的发展或某种历史事件的城市或乡村环境，不仅适用于伟大的艺术品，也适用于由时光流逝而获得文化意义的在过去比较不重要的作品。”比起19世纪法国派和英国派的认识来，比起早先的意大利派来，这个概念是更加全面了，叙述也比较科学了。而且它已经注意到了“环境”，不再只把个别孤立的东西看作文物建筑了。它也注意到了“过去比较不重要的作品”。跟这点近似的，是下面这一条。

第二，它规定“保护一座文物建筑，意味着要适当地保护一个环境。任何地方，凡传统的环境还存在，就必须保护。……一座文物建筑不可以从它所见证的历史和它所从产生的环境中分离出来”。

此外还有：

第三，它认为“必须利用……一切科学技术来保护和修复文物建筑”。

第四，它说“保护文物建筑，务必要使它传之永久”。

这第三、第四两点，显然是为克服英国派的片面性的。

第五，针对法国派，它明确规定，对于遗址，“预先就要禁止任何的重建”。

第六，它允许“为社会公益而使用文物建筑”。

八年之后，1972年，联合国教科文组织通过了《保护世界文化和自然遗产公约》（1975年生效），力求把文化和自然遗产的保护国际化，以帮助落后和贫困的国家保护它们的文化和自然遗产。参加这公约的各国可以把它们的处于危险之中的文物申请列入《世界遗产名录》，从而取得国际性技术和经济的援助。1987年，又通过了关于这个公约的《操作指南》，很详尽，很全面，它的第二章《保护的原则》包含十五个子目，论述了文物建筑保护的基本观念和具体措施，其中第五个子目叫《威尼斯宪章》，郑重地申明《威尼斯宪章》的权威性。它说道：“当代的理论包含在威尼斯宪章中……它提出了有价值的、有普遍意义的准则，应该把它当作一个整体看待，不要引用个别部分来为某些行为辩护。”

《威尼斯宪章》制定之后，国际上的一个新趋势是更加扩大文物建筑的范围，进而从保护个别建筑物发展为保护建筑群，一个人类建造的真正的环境。于是，1976年11月，联合国教科文组织在肯尼亚首都内罗毕召开的第19次全体大会上制定了《关于保护历史的或传统的建筑群及它们在现代生活中的地位的建议》，简称为《内罗毕建议》。ICOMOS 于 1987 年在华盛顿通过了一个《保护历史性城市和城市化地段的宪章》。当然，城市的保护远比文物建筑的保护要复杂得多，所以，这个《宪章》的内容也就具有比较大的灵活性。

1999 年，ICOMOS 又在墨西哥通过了《关于乡土建筑遗产的宪章》。它在《前言》里说："乡土建筑遗产在人类的情感和自尊中占有重要的地位。它已经被公认为社会有特点的和有魅力的产品；它看起来是不拘一格的，但却是有一定规矩的；它是实用性的，同时又是美丽和引人入胜的；它是一个时代生活的聚焦点，同时又是社会史的记录。它是人类的作品，也是时代的创造物。如果不重视保存这些形成人类自身生活中心的传统和谐，将无法体现人类遗产的价值。"

在《威尼斯宪章》中，"文物建筑"的主要内容是有重大历史意义和艺术成就的建筑（Monument），这个《关于乡土建筑遗产的宪章》则把乡土建筑遗产（Built Vetnacular Heritage）的价值说得很充分，大大突破了传统的文物观点。这是一个很重要的新发展。但这个新宪章仍然承认，它是《威尼斯宪章》的补充，所以，《威尼斯宪章》的基本理念和方法论原则在乡土建筑保护中还是完全适用的。

二

文物建筑和历史地段保护，它的基本理念和方法论原则逐渐科学化的过程，是迟到 19 世纪中叶才开始，到 20 世纪中叶《威尼斯宪章》的诞生才告成熟的。这情况说明，文物建筑和历史地段保护是一项很高等级的文化活动，它的意识化和科学化需要整个社会的文明达到很高的水平。《威尼斯宪章》诞生以来，半个世纪中，国际上不同的组织、会议陆续又发表了不少文件，逐步补充、拓展或丰富了它的基本内容，也有一些文件把它的观念、理论和方法论原则更具体化，以便操作。这些发展，都是以《威尼斯宪章》为指归而加以充实的，并没有实质性的反对或修正。《威尼斯宪章》是一个科学的纲领性文献，它的原理是普遍性的，无关于一个国家的文化传统，也无关于文物建筑的技术性特点，如不同的材料和结构方法等等。而且，它又是很原则性的，给了每个从事文物建筑保护工作者在具体工作中发挥创造性和想象力的可能。同时，文物建筑（和历史地段）的保护也从此成为一门独立的学科，它要求由经过全面培训的专业人员来主持，于是，欧美各国的大学里纷纷设立了文物建筑保护专业。

为了充分理解这门专业，有必要先认识它的基本理念和方法论原则。首先是：文物建筑（和历史地段）的基本价值何在？

文物建筑，主要就是那些携带着比较重要、比较丰富或者比较特殊的历史、文化、科学和情感的信息的建筑物（和历史地段）。《威尼斯宪章》开宗明义第一句话就是“世世代代人民的历史文物建筑，包含着从过去的年月传下来的信息，是人民千百年传统的活的见证”。因此，“历史文化建筑的概念，不仅包含个别的建筑作品，而且包含能够见证某种文明、某种有意义的发展或某种历史事件的城市乡村环境”。

有不少文物建筑有很高的审美价值，或者在它们身上寄托着人们的感情，它们也可能是某个时代某些人的杰出创造力的见证，当然，大多数文物建筑还都可以继续使用并且可能启迪智慧，但是，尽管有多种价值，文物建筑最基本的价值是可以作为历史的见证，后人可以从它们身上解读出一段生动的历史。审美、情感和功能的价值都会因时因人而变化，而历史价值却有普遍意义，永恒意义，才值得“使它传之永久”。

于是，从文物建筑是历史的见证这个基本价值观便可以自然地引发出文物建筑保护的根本原则，那就是，必须尽可能保护它们的原真性。《威尼斯宪章》第一段里写道：“为子孙后代而妥善地保护它们（文物建筑）是我们共同的责任，我们必须保持它们的原生状态所包含的全部丰富内容。”

只有保持着原生态的文物建筑才能真实地见证历史，失去了原生态的建筑是不可能作为历史的见证的，它们只能歪曲历史，而历史是不允许歪曲的。

所谓原生态，指的是一件文物建筑保持着从它的建造起到登录为受保护的文物止

（或此前某个有重大意义的历史剧变时刻止）所获得的全部有意义的历史信息以及文化、科学和情感价值。而从登录为受保护的文物起，它就不允许再有实质性的改变。《威尼斯宪章》因此要求“不可以改动文物建筑的平面布局和装饰”，“各时代加在一座文物建筑上的正当的东西都要尊重”，“任何一点不可避免的增添部分都必须跟原来的建筑外观明显地区别开来，并且要看得出来是当代的东西”。而且，它还要求保护文物建筑的“传统的环境”，也不得搬迁文物建筑，等等。它说：“修缮的目的不是追求风格的统一。”

因此，不可以为了文物建筑的风格统一和构图完整而损害它们所携带的有意义的信息和它们的历史原真性。不允许造假古董，不允许作伪证。以假乱真是最大的错误。不要使文物建筑“焕然一新”，“焕然一新”意味着历史信息的损失，意味着文物价值的损失。

建筑师出身的文物建筑保护工作者最需要警惕的是，仅仅从建筑风格的统一、功能的合理、形式的完美和环境的景观等自己职业习惯的角度，去评价文物的价值并且采取相应的措施。从19世纪中叶到第二次世界大战前夕，欧洲文物建筑的重要破坏者之一就是这样的建筑师。他们往往热衷于在修缮文物建筑时“做设计”，把它恢复成“理想的”或“应该的”样子，或者在废墟上重建他们自以为是的古建筑。其结果是把真古董弄成了假古董，给人以完全错误的虚假的历史信息，失去了原有的文物价值。英国的文艺和建筑理论家拉斯金愤怒地谴责说：“翻新是最野蛮、最彻底的破坏。”美国作家霍桑（N.Hawthorne）甚至骂道：“翻新古迹的人，总是比毁灭古迹的人更加伤天害理。”这就是说：弄个假的，还不如没有。

从文物建筑保护首要的是保护它的原生态、原真性这个根本原则出发，又合乎逻辑地衍生出几个文物建筑保护的方法论原则：

（一）预防为主的原则

为了保护文物建筑的价值，保护它们的原生态和原真性，首先要预防破坏，其次才是维修。

预防破坏，就是杜绝文物建筑本身和环境中的一切隐患。

保护文物建筑的环境不能只着眼于景观效果，其实，保护环境首先是为了保护文物建筑本身。例如，空气和水质的污染，地下水位的高低和成分的变化，汽车、火车的震动，湿度和温度的升降，还有洪涝、滑坡、火山、地震等等这些环境因素，都直接影响到建筑物。例如，意大利威尼斯城的存亡危机，全都是由环境因素造成的，包括海平面上升、空气污染、潮水冲刷、海风腐蚀等等。

另一种需要预防的破坏是旅游公害。为商业性“开发”文物建筑的大量旅游设施，如果规划不当，管理不严，设计不佳，就会破坏文物建筑的环境。过多的游客拥进文物建筑，除了机械的磨损之外，人们身上和呼吸中散发出来的蒸汽和二氧化碳对陈设品、壁画和装饰都有很大的危害。所以欧洲有些国家已经开始限制一些文物建筑对普通游客的开放。任何文物建筑都有一个最大游览容量的问题，不能来者不拒，无限制地开放。超负荷运行是有很大破坏性的。

（二）最低程度干预原则

这就是说，为了保护文物建筑，只做为停止或延缓文物建筑的破坏、恢复或保持它的强度、延长它的寿命所必需的工作就够了。只有在十分必要，并有十分确切可靠的资料时，才可以重建失去了的部分，或拆除后来添加的部分。并且，修缮时要尽量使用文物建筑原来的材料以原来的工艺“复位”。总之，一定要尽可能减少和降低修缮工程对文物建筑的原生态的干扰。最常见的错误是在文物建筑身上把工作做得太多，淆乱了本来的历史信息，以致降低了它的价值。

（三）可识别性原则

凡加固或者局部修复，在文物建筑身上用非原有材料填补的部分或增加的部分应该可以识别，或者是材料、工艺略与原来的不同，或者标上记号。用非原有材料重建的部分也是如此。在我国常见的错误之一是把添补的非原有部分做得与原来的完全一样而又不予标示，有意追求“可以乱真”或“天衣无缝”。但科学的主张却是：不许乱真，天衣必须有缝！

当文物建筑因特殊需要有所扩建时，新建的部分必须采用当代的风格。欧洲各国，把这项规定引用到古城区的保护中去。当在古城区内建造新房屋时，也必须采用当代的风格，同时要在规模、色彩、尺度、体形等方面跟古城区取得和谐。一句话，现代的东西就是现代的风格，不可做假，不可伪造历史，不可失去历史的具体性和准确性。假的做得跟真的一样了，真的也就跟假的一样了。

（四）历史可读性原则

要使文物建筑本身的历史，它所经历的有意义的添加、缺失、改变、修缮都清晰地显示出来。这也包括一些有意义的历史痕迹，如题刻，炮火，天然灾害，重要事件，空气、水文、地质、生态等环境变迁。这些都是文物建筑作为历史信息携带者的价值的组成因素。也要保留风雨剥蚀的痕迹，苍古的面貌也是历史久远的见证。总之，不可以消除文物建筑身上有意义的历史痕迹。不论是人为的还是天然的。一座建筑物，一个城市，在它们的面貌上看不到历史，那么，它们的活力也就衰弱了。

（五）可逆性原则

一切为了利用、加固或者修缮而添加于文物建筑上的东西，都应该可以撤销、拆除而并不致损害文物建筑的原件。这项原则的目的是，能及时改正错误，使可能发生的修缮中的错误所导致的破坏降到最低，并为以后必要的或者更好的修缮留下可能性。例如，它不提倡用水泥浆或者树脂灌缝以固结开裂的砌体。因为这方法不可逆，一旦树脂老化，就毫无挽救的可能。所以，当必须使用新技术、新材料时，要充分研究它们可能的长远变化和影响。（有些国家，例如美国，把这项可逆性原则推广到文物建筑附近新建的相关或附属的建筑上去，以便必要时可以恢复原来的环境。）

（六）与环境统一的原则

保护文物建筑，要同时保护它一定范围的历史环境，不要使它脱离历史形成的环境孤立出来。失去了原来的环境，文物建筑的原真性必定会受到伤害，它的历史信息就要失去或歪曲一部分。常见的不恰当做法是，拆掉文物建筑周围的古老房屋，改成广场或绿地，把文物建筑当作陈列品孤立地“亮出来”。一般说，这做法是错误的，只允许在万不得已时采用。这个原则也包含着，只有在原生环境已经遭到破坏，而且非搬迁便不能保护的时候，才允许搬迁文物建筑。

（七）研究和总结

在文物建筑修缮之前，应该对它进行深入的、全面的研究。包括它的历史文化意义，审美价值，材料和工艺特点，与周围环境的关系等等。在研究的基础上做出详尽的修缮计划。在修缮过程中要写工作日志，尤其当工作中要修正原有的计划时应记录修正的原因、各种意见讨论经过等等。修缮工作结束后，要对工作做详尽而真实的总结。新用的材料要留下样品，包括对它所做的物理和化学测试的结果和它的产地。新用的构造工艺要留下图纸。

以上这些原则，在理论上十分严谨，从文物建筑的本质和它的基本价值导出，形成完整的体系。它们的科学性使它们不应受到怀疑。但完全实现它们很难，因为许多维修都是为时已晚的抢救，有些则是当前技术不可能做到，因此在实践中不得不有所通融。通融虽然难免，但这些原则仍然必须坚持。坚持才有努力的方向，才有创造性，才不致随心所欲，不致为贪方便、图省钱或者为了某种偏见而轻率地对待文物建筑。

探索最恰当的保护方法是一项大有创造性的工作。《威尼斯宪章》之所以写得十分简洁，目的之一就是给具体工作者以发挥创造性的机会，从而激发他们的热情和智慧。严肃认真的、锲而不舍的探索，能带动一批学科和产业的发展或勃兴，例如文明史、建筑史、艺术史、工程地质、材料风化腐蚀、生物侵害、大气污染、建筑结构和构造，以及各种材料的研制和生产，这些基本理念和原则也适用于城市、村落、建筑群等的保护。1987年联合国教科文组织的《实施<保护世界文化和自然遗产公约>操作指南》、1999年ICOMOS的《关于乡土建筑遗产的宪章》和《威尼斯宪章》本身也都申明了这一点，实践中也都有了成功的例子。这是因为，这些理念和原则是非常概括的，非常基本的，有很大的普适性。在中国，造成困难的往往是体制性的原因以及缺乏认真的科学态度和坚韧的努力。

有些文物建筑已经很古老了，最古老的有了五六千年的历史，但是人们认真地保护文物建筑却动手很晚，文物建筑保护科学的诞生和成熟则晚到20世纪中期和晚期。这时候，人类已经有能力去探望月亮了。这说明，正确认识文物建筑的意义和价值需要有高度发达的文明和智慧。保护文物建筑不是“向后看”，不是宣泄没落的怀旧情绪，它是人类精神世界向前方发展和向广度扩展的结果，它朝气蓬勃，不断创新，直到现在还在大步前进。

文物建筑保护科学的成熟是以建立了关于文物建筑的基本价值观为标志的，这就是，文物建筑尽管有许多方面的综合价值，但它的核心价值是作为人类历史的见证。文物建筑的价值不再主要是审美的、抒情的，也不是功利的，从此它摆脱了建筑学的纠缠，也摆脱了诗情画意的纠缠。从这个核心价值观出发，已经形成了完整的、逻辑严密的方法论系统，文物建筑的保护从此成了一门独立的学术。它并且带动一系列科学技术甚至产业的发展。

这门文物建筑保护科学是一个多世纪来许多国家共同探讨的成果，尤其从20世纪中叶开始，联合国教科文组织UENSCO和ICOMOS把文物建筑保护发展成了国际性的共同事业，国际交流非常活跃。这个事业、这门科学，不是哪个国家或地区的，它真正是世界的，是国际性的，是普世的。在实施中，它并不抹杀国家和地方的特色，相反，因为它的基本原则是保护文物建筑的原真性，从而保护了文物建筑所具有的地方的和国家的特色，它因此受到了世界各国的认同。

原文刊载于《文物建筑保护文集》，江西教育出版社，2008

文物学基础

蔡达峰

众所周知，文物有各种不同的类型。但既为文物，应该有共性。参考联合国教科文组织有关文件与《中华人民共和国文物保护法》（以下简称《文物保护法》）中的文物或文化遗产等定义，[①]文物可以被概括地认为是“社会和自然发展历史中遗留下来的被认为是有价值的见证物”。这个说法对探讨文物的共性有一定意义。

从物质文化演变的规律来看，“遗留”是事物介于新生和失传之间的一种存在状态。自然界和人类创造了某种物质财富，一旦停止创造，这种物就趋向失传和消亡，其数量就会越来越少。停止创造，说明这种物当时失去了存在的必要或创造的条件。所以，停止不仅是指物体的制造过程的中止，而且是对其某种价值的否定。在社会历史上，这是一种价值观变化的表现。一类文化的衰落或消亡导致相关物趋向失传。

“遗留”是一种关系。首先要有所失，才可谓遗留，就像失去所有者的财产才可谓遗产。失去的与遗留的原本不但是“共存”关系，而且还可以理解为是“主从”关系。失去的往往是“主”，遗留的往往是“从”，当我们认为的“主体”消亡以后，其从属的物才称为遗留物，这与财产法中的“遗产”概念相似。据此原理，某种物的创造背景衰落或消亡，其代表物才有可能被称为文物。

遗留物的价值就在于帮助人们了解那些消亡或趋向消亡的信息，这就是遗留物特有的见证价值。一般来说，信息的价值与文物的价值成正比：信息消亡越久越彻底，文物的价值往往越大。

所以，文物是由物与信息两方面构成的，对于这两方面关系的看法，反映了我们的文物观。从我国古代的古董概念，到现代的文化遗产或文化资源概念，这里可以看出文物观从器物意识向资源意识的转化。具体地说：文物研究的重点从物的构成向无形价值转化，即强调文物的信息功能，侧重物的文化研究；文物管理从物的收藏向信息传播转化，即在文物保存与观赏的基础上，更注重其价值利用，强调传播效益；文物对象从个别类型向综合类型转化，即在艺术类文物为主的基础上，更注重价值类型的多样性，包括自然遗存等；文物事业的性质从私有化向社会化和民族化转变，即在财产所有权的基础上，更注重文物的公益性，强调公共管理质量。

文物观念的转化，伴随着我们研究领域和层次的拓展。文物研究是个统称，我们目前做得比较多的是两方面研究：一是器物保护研究，即研究文物现有的存在方式和方法，如保藏、修缮、修复等；另一方面是关于器物类型的研究，如青铜、陶瓷研究等，它的任务主要是弄清器物真实性，然后通过真实材料来研究相关的历史文化。器物类型研究是我国文物研究工作主流，也是文物研究的基础。

文物类型很多，各种类型的研究必须涉及各种专业，而专业知识不能代替文物研究，因为它们在价值观与研究方法上有区别。这些区别正是我们应该研究的文物共性问题，也是各专业人员研究文物时应该有的共识。相比之下，我们对文物共性的研究还比较缺乏。为便于理解，我们把这种研究称为文物学研究。

文物学研究的对象是一般的，而不是个别的。它的任务是在器物研究的基础上使最大量的文物发挥最大的见证与传播效益，为器物研究提供理论依据和目标。它的内容大致有：价值理论研究，即论证文物存在的必要性，判断文物在一定的社会文化体系中的意义和地位，研究文物作为信息载体的价值构成、类型与表现等；文物管理研究，即制定文物管理工作的方式、体制、法规等，使文物的保存、信息收集与传播具有现实性；文物学方法论研究，即探讨与建立相对独立的研究方法，包括吸收其他学科的方法，如社会学、文化人类学、考古学等，为更好地发掘与阐述文物价值提供合理有效的途径。

由于观念上的差异，我们对文物理论研究未予以足够的重视，从我国的现状来看，文物学研究还未形成专业共识，更不是一个成熟的学术领域。这种状况不利于文物事业的建设和发展。出于积极尝试的愿望，本文拟就文物学研究中的基本问题做初步的探讨。

一、关于文物价值

文物价值是文物研究永恒的主题，也是文物工作的宗旨。可以说，所有的文物研究都围绕着这个主题，并为这个主题服务。

同样，这也是个永恒的课题，我们已经在这方面作了许多研究，并形成了一些“规范”的看法。同时，我们的文物意识又在自觉或不自觉地发生变化，文物意识在不断健全，我们对文物的理解在不断深入，文物的范围不断拓展，这就要求我们不断地探索价值构成和判断的理论与方法，修正价值标准体系与指标，改善价值保护与发挥的相对关系，提高文物事业在时代建设中的作用。

（一）文物的价值观

文物的价值观应该是全面的。凡作为文物者，都具有双重价值：一是具体文物的物质价值，也可以称之为文物的基本价值；另一个就是见证物的价值，或者叫文物的信息载播价值。两者并不一定重叠，如住宅与名人故居。[②] 所以，应该对文物的价值作综合考察。

文物的价值观是在变化的，这与具体的文物鉴定评级不同。文物的材质构成和信息构成都是客观的，但其价值并不是恒定的。普通的物在被评定为文物的前后，其性质和价值也在变化，一般表现在：文物原创时的使用功能可能还在，但使用价值趋向衰落，如作为文物的农具，虽然还能使用，但不以此功能为主；同时，文物的新功能诞生，即其信息见证功能成为其存在的主要价值，如农具作为文物的价值主要是因为它能反映农业生产活动等；文物的需求主体在转化，即从少数人的需求趋向于社会化需求，如把农具作为文物主要是为了满足社会文化建设的需要。这种价值变化的过程反映了我们观念上的变化。我们对文物价值的评价，就像我们的审美观一样，有些是永恒的，如文物的材质、数量以及时间等一些属性，但更多的是随着社会文化的价值观而不断地发展变化。

时代精神也会影响文物的价值判断，时代的先进性与局限性都会反映到文物认识中。所以，文物观不是消极静止的，它有时代责任，我们应该而且可以不断探索，从而推动社会文明的建设。

（二）文物的价值构成

关于文物价值构成的概念，可以作多种解释，如不同角度、层次的解释等，这方面我们已经作了较多的研究。《文物保护法》中列有艺术价值、科学技术价值、历史价值等三方面。这些可以理解为是文物所能见证的内容种类，或叫信息种类，据此，本文所说的价值构成指的是内容构成。文物所能见证的内容很多，如何概括这些内容并作适当的分类，这是可以作进一步探讨的。本文在《文物保护法》分类的基础上提出了艺术、科技与社会人文三种内容。需要简单说明的是，这里不用历史价值的概念而用社会人文的概念，主要是考虑到历史概念与艺术和科学两个概念的不对称性。而且，历史价值的范畴不很明确，其中至少有时间与内容两种意义（文物的时间概念下文有专门解释），且文物的内容又有各种，如科技史或艺术史等不同内容等。所以，这里不用历史概念，而取用社会人文的概念分类，使其与科技和艺术的概念对应。

文物的艺术价值首先是要从艺术的角度去理解，这里主要包括艺术类型、创作手法与审美观等方面。艺术类型中特别要注意的是工艺美术，因为文物往往不是纯艺术品，但它们也有艺术价值。从理论上讲，人工制造的物品都可能具备工艺美术价值。工艺美术价值的重点表现在造型、纹饰和色彩等创作上。纯艺术品的审美情趣比较明确，工艺美术在实用物品中表现出的审美观容易被忽视，但这却很重要，因为它往往反映了当时普遍的审美观。

同时，从文物学的角度，艺术价值中还有许多层次上的信息。

文物的艺术创作反映了人们对器物价值的看法。文物所表现出来的创作成分的多少，主要取决于人们对它的使用文化上的看法。艺术是对器物重要性的承认和肯定，所以，它也是一种价值观的表现。

文物的艺术加工还表现出我们对其材质的认识。艺术创作的成果基于器物的可塑性，一般来说，人们是利用材料的性能进行创作，但克服材料的加工困难进行创作，则更反映了人们对器物重要性的认识，所以更具有特殊的价值，如木雕佛像比石刻佛像容易加工，而石刻佛像比铜铸佛像容易加工，但它们的价值却呈相反取向。从艺术创作手法上说，加工难度一般与艺术价值呈正比，同时，它们与器物的重要性呈正比。

造型艺术属空间艺术。空间是有功能的，所以，文物造型有物质功能性与艺术创造性之别。物质功能需要的器形与艺术创作的器形是有关的，但两者属不同层次上的问题。文物的空间形状首先取决于物质功能（包括人体工效学上的基本需求），如凹陷状的碗等。在此基础上。人们还按照一定的审美观来创作器形，如莲瓣形圆碗等，这就是造型艺术中的形象和形态问题。相比之下，器物纹饰的创作主要是受材料性能对加工要求的限制，而较少地受到使用功能的直接限制，如木质刀柄与金属刀柄对纹饰的制作有不同要求，但各种纹饰的刀柄具有同样的功能效果，所以，纹饰创作更具有主观性，形式和题材的创作余地更大，更便于实现人们的审美理想，从而也更能表达人们对文物的特殊理解。

艺术品并不等于是装饰品，但它可以有装饰效果。一般来说，文物所表现出来的艺术成分越多，它的装饰性越强。装饰品与实用品是对称的概念，但它们可以转化。

实用品的艺术价值达到一定程度，可能会促使其成为装饰品，如古代贡品中的许多器物。天然材料进行一定的艺术加工以后，也可能成为艺术品。

科学技术价值涉及原料加工与器物生产制造等各环节。它的价值可以从自然科学与社会科学两方面来理解。工艺技术作为器物生产制造的保障，它反映了人们认识自然与改造自然的能力，这里要特别注意制造技术的先进性（技术含量）。同时，作为社会活动的产物，它反映了一种经济能力（人力和财力）和审美观。所以，它最终体现了人们当时的价值标准。在这方面，技术与艺术具有同样性质的表现力。同样的物，制造技术不同，其价值可能也不同。最先进的技术往往用于被认为是最重要的物件上。

社会人文价值的内涵很广泛，不可尽述。一般指的是文物在反映社会生产、生活方式、民俗风情、礼仪制度、宗教活动、重大历史事件与活动、重要历史人物事迹等方面所具有的见证价值。值得注意的是，这类价值往往超出文物本身的物质属性，或者说不是器物原创时就具备的，而是在它们使用过程中产生和形成的。所以，这类价值更多地取决于我们的社会文化意识，如普通住宅成为纪念性建筑物等。

（三）文物的价值判断

确定某物是否是文物，不但要分清其价值构成，而且要全面判断其构成特征和珍贵程度，从而揭示它的文化地位。相对来说，了解其价值构成比较容易，而要弄清它的重要性比较困难，这需要有价值判断的标准。

判断标准涉及两个方面的问题：一是标准度（即指标）的问题，如文物的完整性、代表性、真实性等，这些都不是绝对的；二是标准体系的问题，如文物的时间（时）、空间（空）、材质（材）、存量（量）等。

文物的价值判断是困难的。文物各有所长，难定孰优孰劣，我们要正视这种现象。所以，判断应该是慎重的，应该力求全面，可以将文物的内容与参照系构成多种判断坐标，依次比较。单维单元的判断往往不可靠。

（四）文物价值的确立

文物价值的确立应该是社会性的，它是社会认同的过程。这里包括几个层次：一是法规确认，或者叫政府确认；二是专业确认，包括文物专业和其他与文物信息有关的专业的学者和学术机构的确认等；三是市场确认，包括文物商店、拍卖行、商贩等。

毋庸置疑，政府确认是对文物价值的最为权威的仲裁，但它往往以专业确认为依据和基础。市场确认则以前两者确认为基础，但并不完全局限于此，它有相对的独立性和自由度。它们在价值取向上也有差异，政府确认着重于物的文化，从民族文化遗产的角度来审视文物，不唯价格取势。市场确认着重于文化的物，有价格取势。这种差异是文化层次上的差异，也是价值观的差异。

二、关于文物的时间性

“遗留的见证物”，首先表述了文物的时间属性。见证物必须是特定时间的原物，它与见证的内容有时间关系。这是文物的时间性的基本内容，也是文物鉴定的基本任务。

（一）文物的时间

文物有时间定位，这使我们可以在历史的长河中找寻它们。无论是考古品、传世品还是遗迹遗址，任何一个具体的文物，都有诞生（或被制造）的时间定位，文物研究首先要掌握这种基本信息，否则无法谈论“遗留”问题。犹如不知道人的出生时间，就无从考察其年龄和资历一样。

文物可能是一次制造的，也可能是分期制造或多次修造的。一次制造可能是短期的，也可能是长期的，这些时间状况要分别弄清楚。我们常用一个（件）文物和一个文物保护单位两种概念。一个文物，它可以在短期内一次单独制造成功，如瓷器、书画、青铜器等小件文物。一个文物保护单位，它往往是长期的、分期的或多次的修造累积而成，如建筑物、遗址遗迹等大型文物。一个古建筑，可能有宋元明清各时代的构件组成；一个古遗址，可能有新石器到商周各时期的遗物。这就要求我们对文物的创造过程作全面分析，然后准确描述其时间特征。我们往往用时间段的概念来表述，如起始时间和完成时间、重要的变更时间等。

文物的时间，看似一个简单的概念，其实涉及我们对文物的认识。我们可以从物质构成和形状上看文物的完整性，也可以从文化关系上看文物的完整性，两种完整性有时并不一致。这种差异关系到我们对文物的时间界定。以往我们注重的是文物个体的时间，从文化遗存的整体性角度，我们更应该强调文物存在的文化背景、它与其他器物的关系以及它的环境构成，所以，建立文物整体的时间意识是必要的。

（二）历史的文物

文物的时间性并不单纯是纪年概念，它还表现在制造时间与文化周期的关系上。这里的时间概念中还有文化内涵，我们往往把确定文物的时间称为断代，诸如时代、朝代、时期等，这些都是有文化内涵的时间概念，即历史概念。所以，文物的时间定位主要是指社会文化发展过程中的定位，如文化分期、起源、发展、成熟、衰落、终结等。客观上，文物的制造时间有早晚，但从文化史概念来说，属于文化起源时期的文物为早，终结时期的文物为晚。文化上绝对早的文物具有绝对重要的文物价值，因为它[们]不仅有特殊的见证意义，而且存量相对较少，两种优势相加，自然成为文物。文物在文化史上的代表性是价值判断的重要依据，衰落时期的文物可能会比早先出现但无代表性的文物更有价值。早晚是相对于文化发展背景而言的，相同时间的文物可能有早晚之别。有些文化起源较晚，但这个时期的文物应视为早期文物；同样这个时间的文物，如果它的文化背景已经处于衰落时期，它应被视为晚期文物。对于不同文化系列的见证物，绝不能简单地以制造时间来评判其价值。我们往往把产生时间早的物体视之为文物，而产生时间很晚的物体，往往不能成为文物，这其实是对文物的时间属性的偏见。早期的物体所能见证的文化主体没有消亡，那么，它的价值可能也就不会很高；而产生时间很晚的物体，如果它所能见证的文化已经消亡或趋于消亡，那么，它的价值反而可能很高，如清代的民居可能不比民国租界的领事馆的见证作用大。

从物体的制造时间来说，文物有新旧之别。从文物的历史概念来说，应注重的是文化的新旧。新兴文化的载体中可能有潜在的文物，或具有文物潜质的东西，但不属于新文物。正在衰落或新近消亡的文化的见证物，物质上可能是新的，但文化上是旧的。

（三）文物的时代性

文物作为见证物，它由客观的材料和信息构成，但如何认识这些材料的价值，这是主观的问题。事实上，当我们认为这是文物时，已经表达了我们的主观判断。从某种角度说，物是客观的，文物是带有价值观的，不是纯客观的。既然有价值观的参与，我们对文物的判定就会掺入时代精神，这就形成了文物的时代性。

每个时代对文物都会有相同的看法，但也有不同。就如人类的审美观一样。一般来说，在文物的艺术和技术价值方面，古今的审美观比较相同。但对文物社会人文价值的评判，时代性很强。文物观反映了社会意识，如对传统的看法、对文化资源的看法、对文明的看法、对公共事业的看法等。而这些看法最终是表明了对时代责任的理解程度。如“文革”时期对文物的破坏反映了文化上的倒退。文物的时代性正是文物的生命力所在，时代精神必然要反映在文物认识中，我们的文物研究与管理工作是充满生机与活力的，文物事业是不断变化发展的。

三、关于文物的空间性

无论是人工的物还是天然的物，都有其存在的空间规定性，这是视觉感知的基础。文物没有对象类型的限定，各种物都可能是文物。各种物的空间状况不同，性质差异往往也很大，如书画与建筑物，这些差异直接影响其作为文物的价值。所以，对各种空间特征要有全面的认识。

文物的空间性可以从两个方面来解释，一是物质构成，这里有物体形状与地理位置的规定性，它们是器物研究的要素。一是文化构成，这里有形象与文化地域的规定性，它们是信息研究的要素。

（一）物的空间使用

文物空间的物质功能，反映在从制造到使用整个过程。器物的制造，一是用其材料本身，如自然物、珠宝等。一是用其空的部分，如老子所说的，以其“有”而用其“无”。[③]所有实用容器用的是空的部分，其中，建筑的空间比较复杂，除室内空间，还有外部空间、模糊空间等，相应地，它的空间功能也比较复杂，应予以特别的研究。装饰性容器是非实用性的，但不是非使用性的，它空的部分并不承担实际用途，但却是真实性的表示，是器物功能类型的标志之一。所以，空间不是“无”，而是重要的信息。它反映了器物的容量或承载量，容量反映了器物的使用状况，使用状况反映了器物的文化价值。

（二）物的空间形状

器物的空间形状，简称器形。器形有物质功能的规定，同时也有艺术创作成分。两者是相关的，但要区别看待，尤其要分清它们的信息价值。从物的角度来说，器形首先取决于物质功能，如刀具尖形、拐杖条形等，这与器物的材料价值构成一样。但使用功能只能解决形状问题，而不决定造型问题，这里不能忽视艺术的创造力，更不能忽视文物的使用要求与艺术创作在审美观上的统一。

当器形的艺术特征表现到一定程度，器物的性质和功能也会转化，作为文物的价值从而也会转化，如实用品向艺术品的转化。所以，器形是考察文物价值的重要标准。

天然物的形状价值主要是客观的空间尺寸问题，形状的大小、长短、高低等都是评定其价值的重要依据，如古树的直径、宝石的体积等。但当它成为艺术品时，其形状就具有客观体量与艺术造型双重价值。

（三）物的空间位置

物的位置有两种表现形式：一种是固定的，如建筑类不动产；一种是不固定的，如日常用品。

无论是固定或不固定，物都有空间定位的问题。定位有不同的依据，首先是使用功能的依据，人们根据使用要求来决定物的位置，这里有取用方便、安全牢固等原则。固定物的位置比较容易理解，如城址、宅址等。不固定的物，虽可随意放置，但也有功能规定，如餐具与餐桌的关系是符合功能逻辑的，餐桌是对餐具实用价值的肯定。餐具虽可置于地面，但没有功能依据，所以是不合理的。但当我们承认这种不合理的位置时，空间位置就有特殊的人文意义，如扔进废物箱里的东西、棺材里的餐具等。

其次，物的空间位置还有文化上的依据。在社会文化中，位置有人格属性，所以有位置意识、次序意识、方位意识等，它们决定于社会政治、伦理等制度和习俗，而反映出来的是“地位”、“等级”、“尊卑”、“主从”等位置价值观，并不仅是使用上的方便安全等原则。在这个层次上，位置问题主要表现在物与物的空间形态与人文关系上，如建筑群或室内陈设中的中心轴线对称关系等。这是一种整体的位置意识，而不是一个物的绝对位置问题。进一步说，这是一种社会的位置意识，而不是个别所有者摆布的问题。

物的位置的变化是文物研究的重要信息，这就是信息传播的问题。这里，物就是载体，它的定点与运行伴随着信息的流传。一般来说，我们把流传的文物叫传世文物，它离开了原来的空间位置。而离开的距离与范围是与传播有关的重要概念，也是评价信息价值的要素，这里可以判断文化的源流与影响等问题。对一个文物来说，传播的距离和范围一般与价值呈正比。但这里的空间概念是有文化内涵的，如文化地理等。从文化价值来说，离开什么文化地域是关键问题，这比距离或范围概念更具实质性，而不能仅看距离远近和范围大小。如长距离国内传播与短距离国际传播、本民族区域传播与多民族区域传播等。

固定物的空间构成比较复杂，而且与一定空间位置有不可分离性，如迁居一般不是指物的迁移，而是指人的迁移。所以，原址的信息价值是比较特殊和丰富的，或者说空间的文化沉淀比较深厚，即使物消失，原址空间还有见证价值，如遗迹遗址和纪念地等。

（四）文物的环境

环境与空间不是相同的概念。[④]物的存在必然与周围事物有关，这是对环境问题的一般认识。环境的构成以空间概念为基础，还包括周围事物的功能、运行状况等对物体（本体）存在所产生的各种影响。从这个原理出发，我们可以从文物的空间位置角度来研究它与周围事物的关系，尤其是对建筑类文物来说，可以研究空间关系、功能关系、文化地位关系等，从而认识文物存在的环境条件和质量。如住宅与周围的桥梁、井台、树木以及道路等的关系，都是判断居住文化的重要依据。

（五）文物的空间保护

从保护角度看，将文物脱离原空间是有效的方式。保护的基本原理是维持文物已有的存在状况，即把它的损耗与折旧降低到最低程度。所以，一般来说，要设法使其脱离本来的使用状态，阻止其他因素对它可能产生的破坏性接触，这就可能要将其置于另外特设的空间，如文物库房等。但要注意这种保护可能将动态的文物变为静态的文物。

建筑类文物一般不能庋藏式保护，它们以原地保护为主，保护措施主要是针对建筑物材料和使用管理而言，一般不能建立封闭性保护空间，这就难以阻止破坏性接触，如空气污染等。当这类破坏作用达到一定程度时，可能完全抵消已有的保护效果，如石窟风化问题比游人的流量问题更难控制等。所以，增强文物本身的抗害能力是需要的，但这就要改善文物的材料和结构构造性能，从而可能影响文物物质构成的真实性。这要求我们进一步的认识文物保护的目的和原则。

文物脱离使用状态以后，出现了新的空间要求和关系。这意味着文物开始了新的生命。但在空间处理的方式来说，空间保护与信息发挥的过程往往是相逆的，这是个专业性问题。在新的保护空间中，文物往往是固定的、封闭的或孤独的，它失去了原来的环境关系和生存背景。这不是文物应有的新生命，也不是文物价值发挥的最佳状态。所以，要专门研究新空间与文物的关系问题，这种关系处理的目的是要有助于文物的信息发掘与传播，而不能“软禁”，藏品保护不能封存或藏匿信息。

文物应该有怎样的展示空间，这要根据其价值特性来决定，如艺术品、纪念物与生产工具等的展示空间要求是不同的。艺术价值可以“孤独地”地显示，社会人文价值则需要环境的烘托。

室外的地面文物，它的环境要求更特殊。建筑离不开外部环境，地面文物是固定的文物，但原空间的环境构成不是固定不变的，当建筑环境变化以后，会导致文物的信息特征的变化甚至消失。如没有太和殿广场的太和殿等。文物建筑的环境往往是处于使用状态的，而文物建筑则往往是脱离使用状态的，要使“活”的来服从“死”的，现实的价值观难以接受。既然环境还在使用，管理问题也就不是静态的，所以，地面文物的环境保护问题特别严重和复杂。

地下文物也有环境问题。在它们的地面上，应该有原位置空间的信息。人为埋藏的文物，其位置是选定的。所以，埋藏地的环境与埋藏物的价值、埋藏的意义有关系，如陵墓选址。被动掩埋的文物，掩埋物也是信息，如地层与文化层。

四、关于文物的存量[5]

物以稀为贵，对任何东西来说，同类物的现存数量会涉及它现实的价值大小，文物的价值判断也有这样的标准和取向，我们称之为文物的存量标准，或叫文物的稀有性。文物作为遗留物，直接表示了存量关系，或者叫遗留的数量状况。一般来说，文物的存量与价值呈反比，绝对少的文物，其价值会得到绝对的认同和肯定。

（一）物的存量

存量与价值的关系是有客观依据的。物有损耗与折旧，这是物质生命周期的规律。任何物自创造出来以后，便开始走向毁坏乃至灭亡。使用越多，损耗越多，毁灭越快。所以，物的损耗毁灭是正常的趋势，而保存则是个别和特别的，遗留物总是少数，这就是“稀罕”。

存量与时间有关。一般来说，越早产生的物，存量往往越少，因为流传时间较长，它遭受的损耗、破坏甚至毁灭的机会较多。这也就是“文物越早越值钱”的基本原理。

（二）文物的信息量

文物的破坏性因素也是重要的信息，除了物的自然损耗以外，还有集中的破坏，其中有人为的破坏，如“文革”；也有自然界突发性的破坏，如地震。集中破坏对文物存量影响很大，有时是决定性的。所以，严格点说，文物流传过程中所遭遇集中破坏的次数越多、规模越大，其存量越少。这是文物存量变化的规律。在这个规律中，文物产生的时间因素不是绝对的。

一类文物的存量越少，每个遗留物的价值就会相对提高。所以，类的存量往往与遗留物的价值呈反比。文物的存量其实就是信息量，存量与信息量呈正比。一类文物的存量少，有关的信息量就小，这就使得遗留物的见证价值提高。在历史意义上，越早的文物，信息失落的可能性越大，遗留物的见证价值就可能比较珍贵。

文物的存量概念与文化兴亡周期概念有关。处于鼎盛时期的文化，其器物处于生产时期，没有遗物，所以存量的意义也不大。存量多少主要是与文化消亡的概念相关，一种文化消亡，相关器物停止生产，这种状态下，存量才真正地与见证价值相结合，才成为文物价值判断的一种标准。这就是文物存量与非文物存量(库存)的原则性区别。

（三）存量研究

存量问题客观上为文物研究提供了必要。我们需要大量的见证物来研究社会与自然的发展，但我们对文物的价值认识有一个必要的过程，一般来说，我们不能超前认定文物，更不可能保存所有的见证物。所以，遗留物总有存量问题，见证物总是少数。这就是文物给我们的特殊的矛盾，也是文物研究的任务所在。

从文物鉴定上看，存量少的文物往往比较重要，但因其少而不易确定其真实性，因为可供参照、比较和印证的同类信息少，所谓孤例不作证，指的就是这个意思。所以，文物鉴定的发掘资料和判断很重要。

存量问题还揭示了文物保护规律，一般来说，物的使用是绝对的，不使用是相对的。脱离使用，就是避免损耗与折旧，于是有存量，这是器物保护的原理。但从文物的价值发挥的角度来说，文物使用是重要的手段，如何在使用中降低损耗，这是我们面临的现实课题。

五、关于文物的材质

在同类的文物中，材料的贵贱也是比较文物价值的标准。材料分为天然材料和人工材料两大类。所谓材料的贵贱，主要指的是两方面：一是材料的稀有性，一是材料质地的特殊性。

（一）稀有材料的价值

稀有材料的价值类似于文物的存量价值，特别稀少的材料，本身就具备了作为文物的价值，如陨石等。天然材料中，特别稀少的材料就是自然界的遗物，当某类材料产生的条件遭到自然或人为破坏以后，这类材料就会消灭或濒临灭亡，幸存的材料必然就是少数，如已灭绝或濒临灭绝的动植物；某些材料是在相当特殊的条件下产生或得到的，它们的总量是天然有限的，陨石、稀有矿物等。而且，这些稀有材料往往难以再生甚至不可再生。但它们对自然界曾经有过的生存条件和环境有权威性的见证作用，它们是自然发展史上的见证物。虽然我们一般不称其为文物，但它们与文物有相同的性质和相当的价值。同样的原理，如果人工材料的生产加工条件或环境消亡，这种材料也是稀有材料，如某朝制造的宫殿用纸、印泥等，它们也具有作为文物的基本价值。

一个物，如果用稀有材料制造，它的价值就会比同类普通材料制造的物的价值大，以致“荣登”文物一类。如紫檀与樟木家具、玉器与石器之差异等。文物如果用稀有材料制造，可能其价值就是复合的，如珠宝往往是艺术价值与材料价值的复合，所以，它往往比同类更有价值。

（二）材质的选用

物的制造和使用，对材料有基本的要求和规定。如使用上牢固耐用、制造上便于加工（与工具的能力和条件相关）、货源上充足、经济上节约等。应该说，这是普遍的、常规的选材标准，也是生产和产品社会化的价值标准。社会化产品往往是这些标准平衡的产物。

但如果不是按这种价值标准选用材料，则会表现出特殊的制造动机，而器物也就可能具备了特殊的意义。文物中这种情况相当多，如超过正常的牢固耐用要求和加工难度，而选用特别昂贵的材料；不利用周围足够多的合适材料，而选用特别稀少的材料等。这些现象是我们考察文物价值特征的重要依据，一般来看，使用过于昂贵的、稀少的、坚固的以至于难以加工的材料，往往是表示人们对器物的重视，同时也表示了所有者的特殊能力和地位。相应地，这类文物的艺术和技术价值往往也比较高。如大多数宫廷文物、祭器、礼品等都具有这种特征。

六、关于文物的完整性

（一）完整的价值观

文物讲究完整，但完整的意义有所不同。我们可以分两个层次来理解。一是指物件的完好程度，一是指某种信息的完整性。讲究文物的完整性，无非是追求其价值。如果文物丝毫无损，当然是最完整。但如有所缺损，就必然要作价值分析。首先，文物的价值构成很复杂，但总有其特性的价值，如有的瓷器以图案艺术为特性价值，有的则以工艺价值为特征等。其次，这些特性价值并不就是原创时的价值，而可能是再生的，如名人题词的书画等。当文物的价值就是原创物的价值时，自然要注意物的完好程度，如旧石器；若文物的价值不同于原创物的价值时，我们还应注意其特殊信息的完整，如名人遗物。

（二）物的完好程度

对文物完好程度的认识，有两种标准：一种是绝对的标准，或叫理想的标准；一种是相对的标准，或叫现实的标准。

逻辑上说，当我们在评价文物是否完整的时候，实质上是在按标准的文物（即原创时的物），来衡量我们拥有的这个文物（即经历了一定时间或使用过程的文物）。这是一种“复原”意识，它反映了我们对“原样”文物的尊重。相反，残器往往使人遗憾。这种完整性是基于文物与自身的比照，从物的制造与使用功能角度来说，这种完整性是有意义的，但实际上，我们不可能拥有没有折旧的文物，所以，这是理想的标准。

从现实的意义上讲（如文物收藏的意义），文物的完整是相对的，这里应该指的是文物的完好程度，这种程度是与现存同类物相比较而言的。这种完整其实是“更完整”的概念，它不排斥“有损”。

文物的完好程度主要反映在它的构成上，也就是常说的器形完整，术称“品相”。

从功能上看，这里可以分为结构构件、装饰构件、纹饰和色彩等几个层次，它们的缺陷不同程度地影响了文物的价值。如缺纹饰或色彩，可能不影响器物的使用和造型特征；如缺装饰构件，可能不影响器物的使用；但缺结构构件，则可能影响了器物的存在。

文物的完好程度是构成文物代表性的基本条件，属于文物的品质标准问题。这种完好程度是就同类器物的保存状况而言的，所以，在评定文物之前，应对这类器物作普遍的调查，掌握尽可能多的存量材料，以确定文物在器型上的代表性。

（三）信息的完整性

文物的价值是多方面的，相应的信息也是多方面的，当我们要研究其某种价值时，我们会关注有关的信息。文物的特征价值决定了它的信息种类，在这个类型中，我们可以判断信息的完整性，也可以建立对其物质完整性的要求。通常以为，物完整，价值也完整；价值不完整，物也不完整。这是不错的看法。但另一方面说，一个受损坏的物，并不一定没有文物价值。物不完整，价值未必不完整。物的损坏程度并不一定与价值破坏成正比。如有图案价值的瓷器，器形有缺，但图案完整，它的图案艺术价值未必受损，这时的瓷器图案犹如岩画一般，可能没有器形约定。所以，关键是要看我们需要的信息内容、或者说是最具文物价值的内容是否得到完整的表现。

一个文物，除了特征信息的完整以外，还要考虑到相关信息量的问题。如一个完整的碗，如果从考察饮食文物的要求来看，最好有与之相配的成套餐具的信息，这组信息也是以文物的特性价值为线索的。

任何物经历了一定的使用过程以后都会有变化。理论上，变化就是不完整，我们应该承认这种变化。从社会人文价值来说，变化的痕迹很重要，变化就是信息，而且是重要的信息。遗址遗迹是最不完整的一类文物，正因其不完整，才构成了特殊的价值。所以，我们应该承认文物的不完整，我们讲“原样”的文物，但不一定是原物。

（四）文物修复的完整意义

文物的残缺，要看其程度和性质。若其特征信息未损，这是物的损坏，如宣纸损坏；若其特征信息受损，这就破坏文物价值，如宣纸上的画受损。所以，保护文物，首先要注意保护物的有特征价值的部分；修缮文物，主要是为了达到其完整性的要求。但文物修复也要看性质而定，物的修复要以信息保护为前提，有些文物的空间形象修复完整了，但信息价值可能反而减少，甚至可能反而破坏了其特征信息，所以，遗址遗存的复原或修缮应十分慎重，切忌保护性破坏。

七、关于文物的代表性

在一类器物中，见证的作用有大小，价值也有大小，我们把价值比较大的定为文物，因为它是一类器物中的代表。换言之，文物是具有代表性的，除了保存状况良好以外（这属于完整性问题），它应该在内容上有典型性。

（一）文物的类型

要论文物的代表性或典型性，首先要探讨文物类型的问题。因为只有在一定的类型中，才有典型性和代表性之论，才可能比较价值大小。

文物分类是复杂的工作，大致可以从两个方面来理解，即物的分类和价值分类。

物的分类是我们所熟知的，如青铜器、陶瓷器和建筑物等，这与非文物的类型概念大致相同；价值分类是以文物的价值构成为线索进行分类，如艺术类、科技类和社会人文类等。我们通常是将两者对应。在文物研究中，我们往往以物的分类为主线来研究各类价值，如对青铜器的艺术、技术与历史价值分别研究。而在其他研究中，则可能以价值分类为主线来研究各类物。如造型艺术研究中涉及建筑、陶瓷、青铜器等。

物的分类是非专业性的，比较通俗。价值分类则是专业性的，比较复杂。首先，文物的价值构成不是单一的，而是复合的。如建筑物中有艺术、科技和人文各种价值内容。其次，价值构成本身也不是简单的。相对来说，艺术和科技类价值比较容易界定，社会人文价值就特别复杂，其中包括宗教、政治、军事、经济、风俗等等方面，每方面都可以作为类型。再者，由于受审美观、知识特长的影响，我们对文物的看法还存在着视角问题。如把建筑物作为工程技术项目或艺术品，都可能是有偏颇的。再如，仅就艺术价值来看，风格上仍会有褒贬，贬者可能就以为没有价值。这就很容易造成分类上的分歧。

所以，全面准确地认识文物的价值构成，尤其是社会人文价值的内容，这是分类问题的关键。合理的研究可能是：从各专业角度，对文物进行“会诊”，列出它所有涉及的价值内容，然后整理归类。理论上讲，文物不是简单地属于某种类型，而是可以看成是各种类型的。只是当我们从某种角度去谈论它时，它才是某类文物。

更重要的是，我们应该考虑到文物最具特色的价值内容，也就是文物的典型性问题，无论文物的价值类型多么复杂，其特征价值是不可不谈的。如一个地方的孔庙建筑，其价值特色可能不在于儒家文化，而是在于建筑的地方艺术风格。一个宫廷瓷器，其价值特色可能不在于陶瓷史，而是在于宫廷饮食仪制。一个名人的紫檀书桌，其价值特色可能不在于家具艺术，而在于名人事迹等。从这个角度来说，文物哪方面价值最大，即属哪个类型的文物。文物的类型不等同于物的类型。我们习惯于按物分类，其实可以按价值分类，这对价值研究有利。

（二）见证的典型性

确定了文物类型以后，就可以判断它的信息质量，即文物见证的权威性和典型性。当某文物见证的某类文化内容最全面、反映的文化特征最明确、获取的信息最直接，则其代表性最强。如故宫与宫廷制度、太和殿与大朝制度。顺便指出，典型的艺术作品和科技作品，我们通常以代表作相称。对艺术上的代表性，我们主要以创作水平的成熟度来评价；对科技上的代表性，则主要以先进程度来评价。

八、关于文物的真实性

文物的真实性是收藏、研究和鉴赏中的基本原则。但文物的真实性本身不是内容，而是各类价值标准的指标，如我们说某文物是真实的，包括了时间、空间、形状、材料等各方面的真实，而这些方面有自身的判断准则。所以，当文物符合基本价值标准时，真实性原则也就在其中了。

（一）真实性的意义

文物的真实性，首先是指物的真实，即“原物”的概念。这里没有抽象的真实，只有具体的真实。物的真实是指它绝对的存在状况，这种状况包括时与空、材与量等基本物质构成。

物的真实是有意义的，这里关系到价值构成问题、即信息特征问题。只有被以为是有价值的东西，我们才会在乎其真实。反过来讲，只有被确定为真实的东西，我们才会在乎其价值。所以，文物的真实性包括了物的真实与价值判断两方面，而且，两者互为前提，互为因果。

物的真实是客观的，但我们对它的认识是主观的。文物的真实性是指我们对它的认识程度。从认识论角度说，文物的真实性是相对的，它相对于我们的认识方法、手段和价值观。

（二）真实性鉴定

文物的真实性是需要鉴定的。鉴定的方法是社会科学与自然科学相结合的方法。我们常用的鉴定方式有文献考证、器物核证和仪器检测等。常用的鉴定方法有比较、分类、类比、演绎、观察、实验等。这些方式方法都以客观观察为基础，以逻辑关系来研究对象。理论上讲，这些方式方法是有科学性的，其结论一般是可靠的。

文献资料与文物都属于文化载体，它们可以相互印证。文献用于文物鉴定，这是以人们对被鉴定物的初步判断和认识为前提的，换言之，我们为什么要查检文献，查检什么文献，这是有目的的行为。文献考证比较适用于鉴定那种缺少同类比较和旁证的器物，如初次发现的器物。它适用于鉴定文物中那些抽象的内容，因为这种内容难以从物的形象上来鉴定的，如时间、社会人文的真实性等。文献的来源应该是被公认为真实的、有权威性的、原创性的，文献的创作时间应该是与文物最接近的。

器物的比较主要是从形象和材料特性入手，即以一类文物的共同特征为依据，同时参考典型器物进行鉴定。这是通过经验与直观判断来完成的，尤其是对文物因时间而留下的特有的陈旧感，更需要靠经验来判断，这称为“观气”。器物类比与文献考证是各有所长的两种方法，可以并用。

仪器测试主要是从材料质地来判断文物的真实性，如用 X 荧光分析所得的元素成分和含量数据，分析文物的产生时间等。

（三）真实性与可靠性

科学方法论是承认局限的，文物的真实性鉴定也应该承认局限性。鉴定方法本身是有前提的，其结论的准确性是相对的，鉴定的可靠性也是相对的，这点必须客观对待。

我们的知识是有局限的，尽管我们已经掌握了大量的鉴定知识，有了典型器物的标准，但是，已知的材料毕竟不是全面的，我们鉴定的经验是有限的。所以，当我们以事物的同一性为依据，鉴定两个相似对象时，对差异性的判断就可能失误。尤其是那些未知的差异，更不能按同一性原则进行推理鉴定。但这恰恰是文物鉴定中常用的方法。

鉴定方法的逻辑根据也不是充分的，如从已知的相似 [同] 推断未知的相似 [同]，或从器形推知时间，这在逻辑上可能没有必然性，只是或然性。而文物鉴定常用的类比方法，恰恰是有这种局限。

我们文物鉴定中常用目测观摩的方法，而目测是一种最初级的科学方法，其可靠性较差。而且，这种个人化的方法，本身缺乏客观公正性，所以鉴定的分歧也较多。

尤其对那些做得很好的假文物，这种方法的鉴别能力就较弱。

相比之下，我们比较相信科技鉴定，但技术设备同样也是有局限的，而且，实验的过程始终受理论思维的支配，实验观察的结果实质上还是取决于我们对鉴定要求的理解，取决于实验者的文物理论知识，仪器不能克服理论思维上的错误。

（四）真实性与文物管理

文物的真实性不仅是学术问题，而且还是管理问题。文物管理就是控制，控制要有依据。真实性鉴定是文物管理的第一步，它至少要排除假文物或非文物进入收藏和保管之列。所以，鉴定能力是管理能力的基本标准，鉴定结果在学术上的可靠性奠定了文物管理质量的基础，这是两者之间的基本关系。

文物鉴定既为一种控制，必须具有权威性。首先是要具有学术的权威性，但不是权威人士决定。其次要具有职责的权威性，以保证鉴定行为和结果的公正性。本质上，文物鉴定活动不是个人化的活动，而是一种社会化的活动，它有一定的组织者、活动程序、权力规定。鉴定的结论一旦形成，就不仅是学术意见，而是行政依据和法律依据，所以，文物鉴定工作应有很高的职业道德和规范要求。

九、关于文物的财产属性

文物的法律意义是文物学的基础问题，它涉及文物的认识与管理、理论与实践各方面。对此应该有一个基本的陈述。

（一）文“物”的法律意义

文物首先是法律上的物，这点必须承认。从物权的概念上看，文物属于物的范畴，但它有一定的特征。文物是权利客体，死者遗骸、遗骨之类也可以成为文物；文物是有体物，但其范围将扩展到特殊的无体物，如商标等；文物是独立体，一般的物，以基本完整的使用功能判断其独立性，文物则应侧重从使用文化角度来理解器物的整体性，如山门是物，但文物应侧重于以寺院为独立体（空间可以成为独立的文物，如遗址遗迹、纪念场所等）；文物是人力所能支配的，大至于城市，小至于钱币，均为人力所制造。自然风景地带一般也属于此列。文物不仅能满足人们的物质生活需要，而且有文化和情感方面的利用价值，这是文物的财产特征所在。

（二）文物的所有权

文物既是一般的物，又属于特殊的物，所以，它的权利主体以及权能问题比较复杂。

文物是特殊的物，它是文化遗产，虽然这是抽象的概念，但每个具体的文物都具有这种意义，这是它的价值特性，而且这种价值往往超过其作为一般物存在的意义。所以，文化属性又是具体的、客观存在的。按照物权法的概念，遗产是继承关系的客体，它的主体应该是继承者。文化遗产失去的是文化母体，或者叫文化创造者。这种文化以及创造者是整个民族，而不是个人。所以，其继承者是国家，也不是个人。文物的文化价值属于国家所有，文化的“所有权”也属于国家。这是我国所有文物的共性。

准确地说，国家政府代表着民族，拥有继承民族文化遗产的义务和责任，而不是无限制支配文物的权力，更不是消灭文物的权力。继承就必须要发现和保护，这就是公益性文物管理事业的基本性质。为保证这种义务和责任的实现，政府应有相应的行政管理的职权和法律力量。文物管理机构和《文物保护法》就是这种产物。

作为一般的物，它的权利主体有个人、集体或国家三种，《文物保护法》中明确承认这三种所有权关系。这里国家所有的文物，指的是具体文物，《文物保护法》中列有三种，即公共场所无归属的文物、特殊类型的文物以及某种特定归属的文物。[⑥]国家机关、部队、全民所有制企事业单位因其所有权属于国家，它们所收藏的文物自然也属于国有，但这里的收藏的权能有待进一步说明。国家所有的文物，它们物权主体与文化属性是一致的，所以，权利关系比较明确，管理责任和义务也比较协调。

除此以外，个人和集体所有的文物，不但受到具体所有者合法的支配利用，而且受到民族利益的限制。也就是说，这类文物的所有权还要受到文化的国家“所有权”的制约。所以，《文物保护法》中要求这类“文物的所有者必须遵守国家有关保护管理文物的规定”。⑦个人和集体在拥有文物的所有权的同时，也承担了为国家和民族文化负责的义务，这主要表现在服从国家管理。

（三）文物所有权的权能

所有权的各种权能在文物中同样存在。⑧但对于这种特殊的物，在政府文物管理制度和《文物保护法》的约束下，各种权能关系表现得比较复杂。

文物的所有者对文物有占有权能，但占有者未必是所有者，占有权能与所有权可能是分离的。文物的所有者对文物有使用权能，因为文物一般是脱离了原始的使用状态，所以，使用权能的概念与开发利用、文物保护要求等关系还应仔细研究。文物的占有权能与使用权能也可能是分离的，这就比较容易导致保护职责削弱。文物既为物，自然也就有可能产生利益，当占有权、使用权与所有权分离时，收益权也就与所有权分离。所以，为获取收益，往往会出现不恰当地占有和使用文物。最关键的是，所有者对自己的物，没有绝对自由的支配权，而应受到法律的制约。这个法律意识在文物界应予强调。目前我们的文物管理，尤其是地面文物管理中存在着许多问题，包括非法收益的问题，这些都与法律上的权能意识模糊有关。

（四）文物保护法的意义

法律上有普通物权与特殊物权之别，普通物权相当于民法中的物权。文物作为特殊的物，则有特殊物权，《文物保护法》就是特别法。《文物保护法》对文物的各种权利予以了特许的获取程序和规定，如它可以直接规定某些类型的东西属于国家所有；《文物保护法》是与行政力量相结合的，它规定了行政行为，而行政行为又约定了法律效果，所以，它有许多强制性的行动要求。《文物保护法》的执行应优先于相关的民法或物权法条文，在对财产利益的认识发生问题时，特别法优先的意识必须要明确。

（五）特殊的商品

文化遗产和财产的双重属性，使文物成为一种特殊的商品。作为财产，它具有商品化属性，作为文化遗产，它又具有非商品化属性。

文物作为商品，它有价格，可以交易。但它的交易具有明确的限制。首先，它的交易范围有严格的限制，比如限于国内和特定的市场；其次，它的价格受无形价值的影响，也就是文化价值观的影响，如知名度影响等。最重要的是它的交易可能性受到法律和行政的直接控制，并不是由所有者或市场自由支配，这就是我国文物市场的开放程度和等级品的上市标准的规定。所有这些商品的特殊性，都是与文物的特殊性相关的。

文物的非商品化特性是明显的。首先，文化的民族所有是稳定的基础，政府继承的义务决定了它的流通范围，如禁止国际交易。限制文物流通是为了保护国家所有权，是履行继承义务的必要措施。在此基础上，文物的物权也是稳定的，国有的文物原则上不能变更其所有权、这就使得大部分文物不可交易。其次，文物的价格取决于它的价值，尤其是无形价值，这种价值难以估价。而且，价值越大，交易性越弱，价值大到一定程度，以致不可估价，所以也就无法交易。一般说，文物的商品化程度与文物价值呈反比，珍贵文物往往不成为商品，价值较小的文物容易成为商品。

（作者原注：本文是根据“文物学专题”课程的讲稿整理而成的。受体例、篇幅和能力局限，文章仅就一些文物学的基本问题，作大概的陈述，未能充分展开，故名为《文物学基础》，抛砖引玉，以析方家指正，使文物学研究得到更多的关注。）

注释:

① 联合国教科文组织的许多公约、建议与章程中列有文化财产、文化遗产等定义。如《保护世界文化和自然遗产公约》、《国际古迹遗址理事会宪章》、《关于在国家一级保护文化和自然遗产的建议》等。我国的《文物保护法》中也有文物的定义。这些定义的表述不尽相同，但意义基本一致。为求其共性，本文对此作了最简单的概括。

② 一个普通住宅的价值是浅显的。但如果在它使用或存在过程中，增加了重要人物生活和工作的经历，它就可能成为文物。这时它的价值不在于住宅本身，而在于人物赋予的其他意义。

③ 《老子》："埏埴以为器，当其无，有器之用。"

④ 环境与空间不是相同的概念，空间不一定就是环境。它们功能不同，主体不同，构成不同，评价标准不同。环境是指与人相邻、相关的空间。相邻问题容易理解，相关问题涉及文化意义，不易分别，但这是重要的信息。分析这两个概念有助于我们探索文物的一系列价值内容。

⑤ 因未见现成的概念，为通俗易懂，这里借用现在流行的存量资产概念，意思就是现存数量。

⑥ 见我国《文物保护法》第一章第四条，指 1982 年旧法。

⑦ 见我国《文物保护法》第一章第五条，指 1982 年旧法。

⑧ 所有权的权能包括占有权能、使用权能、收益权能与处分权能等积极权能以及排除他人干涉的消极权能等。这些权能问题在文物研究中同样应予以考虑。

原文刊载于复旦大学文物与博物馆学系编，《文化遗产研究集刊》（第一辑），上海古籍出版社，2000

中国文化遗产保护三十年

吕舟

从1978年中国开始改革开放到今天已经走过了三十年的时间，对于人类历史而言，三十年只是短暂的一个瞬间，但从中国当代社会的发展看，却是一个发生了翻天覆地巨变的时代，是一个社会各个领域发生全面深刻变化的时期。文化遗产的保护在这三十年中也同样发生了飞跃式的历史跨越，从一个相对封闭，侧重历史研究、考证的学术领域，发展成为一个对社会、文化、经济建设产生着深刻影响，不仅具有历史研究意义，而且具有越来越强的实践意义，中国的文化遗产保护同时也在推动国际文化遗产保护发展方面成为一支越来越重要的力量。

一、从“整旧如旧”到历史价值保护

1978年当中国从“文化”大革命中走出来的时候，人们面对的是一个复杂、充满矛盾的世界。“文化”大革命对中国的社会、文化、经济发展带来了重大的影响，使中国在相当长的一段时间中各项事业的发展处于相对停顿的状态，但另一方面却使中国形成了一种更为独立的意识形态。在意识形态领域，关于“实践是检验真理的唯一标准”的讨论进一步推动了批判精神的不断觉醒。这种独立的意识形态同样也影响了中国的学术和科学技术领域逐步摆脱了苏联在20世纪50年代开始对中国这些领域在理论和实践方法上所产生的影响。

在文物保护领域中，文化大革命造成的这个领域发展的相对停滞，使得尽管仍然有一些重要的实践，但在理论上并没有在20世纪30年代中国营造学社以及20世纪50年代学习苏联经验的基础上有大的发展和推动，由于人员的缺乏，保护更多的是基于传统经验的修缮。对文物建筑保护的讨论也还是停留在“整旧如旧还是整旧如新”，“延年益寿还是返老还童”的问题上。

在建筑领域中也面临着严峻的挑战，如何解决“文化”大革命带来的基础建设滞后，住房严重短缺，如何创造反映再次崛起的中国人民精神面貌的建筑形式，如何创造一种适合新的时代要求，又能体现中国悠久历史、传统文化的新的建筑，成为那个时期建筑界关注的焦点。在这种情况下，建筑界开始了中国近当代历史上第三次建筑形式的复古主义浪潮，由于这一时期在建筑形式上较多地采取了简化和抽象的做法，使得这次复古主义在一定程度上又表现出新古典主义的某些特点，当时对欧美社会后现代主义的浓厚兴趣，也在一定程度上反映了这种需求。后现代不仅为中国的第三次复古主义（相对于20世纪20年代至30年代和20世纪50年代的两次复古主义而言）提供了形式上的借鉴，而且更重要的是提供了理论上的依据，以至于很多建筑评论认为中国直接跨过了现代主义阶段，在建筑的发展过程中缺乏现代主义的洗礼。

建筑领域的复古主义思潮，城市建设中部分在历史变迁过程中被毁建筑的重建，甚至一些仿古街区的营建，例如北京琉璃厂西区的改造，成为这一时期城市建设的热点问题，20世纪80年代开始的历史城市保护，也使得一些城市在城市建设中更倾向于使用复古主义风格的建筑形式和“打造”仿古一条街之类的项目，甚至在一些城市中这种复古主义的建设是以拆除古老的传统街区为代价的。

城市建设中的这些问题，引起了建筑评论界和建筑史界的激烈讨论，关于“真古董”和“假古董”的讨论使得学术界越来越强调对城市中历史遗留下来的传统街区的保护，而相对排斥那些仿古风格街道的建设。这种批评又进一步被建筑史界引入到对文物建筑复建或复原的讨论中。复原设计，曾经是中国文物建筑保护中的一个重要的方法，其特点是根据对文物建筑时代风格、传统的地方做法的认识恢复建筑群中缺失的建筑或建筑上缺失的构件。这种做法是与建筑史界自身对于古代建筑风格的研究，以及建筑史学者所特有的建筑设计教育背景和对古代建筑价值的以始建年代为判断标准分不开的，同样也与中国传统观念中对“圆满”的追求有关，而苏联的文物修复观念又在一定程度上，特别是在20世纪50年代促进了这种观念的发展。

事实上，关于“复原”后的建筑是否具有文物价值的讨论反映出这一时期人们对文物建筑的关注已经超出了对风格和形态的关注，而开始注意这些建筑价值的其他方面，特别是这些建筑对于贯穿于其整个生命过程中的历史的表述。20世纪80年代初，随着对外部世界认识的不断扩展，以《威尼斯宪章》为代表的国际文物保护原则被介绍到中国文物保护领域。《世界建筑》杂志最早发表了《威尼斯宪章》的中文翻译稿，并介绍了欧洲，特别是意大利、法国、英国的文物保护观念，以及这种观念演化发展的历史。1982年国际文化财产保护与修复研究中心的前主任伯纳德 · 费尔顿（Bernard Feilden，1919—2008）为清华大学和国家文物局联合举办的文物保护培训课程授课，系统介绍了当时国际文物保护的主要理论和实践。同时一些地方文物主管部门也先后与国际文物保护机构、院校进行研讨和合作培训。这些交流促使人们对相对陌生的西方文物保护理论和实践有了更多的了解，同时也促进了对中国自身文物保护原则和实践的反思。

对《威尼斯宪章》的讨论尽管在当时并没有能够真正解决中国文物保护观念上的分歧，但却推动了对文物建筑历史价值的关注，而文物建筑维修中对原作法、原材料，以及相关的历史印记、复原依据的关注则反映出人们观念的逐步转变。

20世纪80年代中国开始进入快速城市化的过程，城市改造、建设过程中对历史建筑的保护，甚至对反映城市独特文化的历史街区的保护使得人们能够从更广泛的角度思考历史和文化的积淀在社会生活变迁过程中的意义和作用，事实上，这种思考又促使人们进一步把对文物建筑的保护，纳入到一个更大的体系当中。文物建筑、历史街区、历史文化名城构成了这个体系的三个层次。而这个体系又更为完整地表现出中国文明发展的各个方面，而真实的历史价值则是支撑这个体系的基础。

20 世纪 80 年代中国文物保护最重要的事件之一是 1982 年《中华人民共和国文物保护法》的发布，它标志着中国文物保护工作开始进入法制化的轨道。历史价值、艺术价值、科学价值成为被法律规定的文物价值。同时《中华人民共和国文物保护法》规定："核定为文物保护单位的革命遗址、纪念建筑物、古墓葬、古建筑、石窟寺、石刻等（包括建筑物的附属物）在进行修缮、保养、迁移的时候，必须遵守不改变文物原状的原则。"

对文物"原状"认识的分歧，在很大程度上制约了中国文物保护的发展，另外文物保护的管理也存在着程序不明确，缺少评估环节等问题。而《威尼斯宪章》的原则如何在中国文物保护中体现也存在着争议。在这种背景下 1997 年国家文物局开始组织力量编写《中国文物保护纲要》，这一项目得到了美国盖蒂保护研究所、澳大利亚遗产委员会的支持。2000 年这一项目最终完成，最终的文件定名为《中国文物古迹保护准则》，并由国家文物局推荐，中国古迹遗址保护协会（ICOMOS-CHINA）发布。

《中国文物古迹保护准则》具有重要的理论和实践价值，它强调了《威尼斯宪章》提出的国际文化遗产保护基本原则，同样是中国文物保护所遵循的原则；强调了"真实性"在文物保护中的重要性；明确规定了哪些文物现状是属于保护、修缮中必须保存的"原状"，哪些现状是属于可以复原的状态，这在最大程度上解决了关于原状和复原的争议，为中国文物保护整体水平的提高创造了条件。《中国文物古迹保护准则》的另一个重要的贡献是确定了中国文物古迹保护的工作程序：调查——研究评估——确定目标制定规划——实施保护规划——总结、调整规划和项目实施计划——再评估……。这是中国文物保护的规范类文件中第一次如此清晰地规定这样的程序，更重要的是关于这一程序的规定促使人们思考通过程序来保证决策正确。

二、从文物保护到文化遗产保护

1985年中国加入《世界遗产公约》。加入《世界遗产公约》意味着承认和接受以世界遗产为中心的，以联合国教科文组织（UNESCO）、国际古迹遗址理事会（ICOMOS）、世界自然与资源保护联盟（IUCN）和国际文化财产保护与修复研究中心（ICCROM）的保护思想和实践为基础的国际文化遗产保护体系，并通过世界遗产把中国原本相对独立的文物保护体系和国际文化遗产保护体系连接在了一起。从国际文化遗产保护的角度，或者从世界遗产保护的角度，如果没有中国这样一个有着世界上延续时间最长的文明史、幅员辽阔、人口众多的国家参与，这一体系的代表性和完整性也必将受到影响。因此，无论是世界遗产委员会还是联合国教科文组织，或者是相关的咨询机构都对中国的加入表现出了极大的热情。1987年中国提出的申请列入世界遗产名录的六个项目：北京故宫、长城、周口店北京人遗址、泰山、秦始皇陵及兵马俑和敦煌莫高窟在没有进行前期现场考察的情况下全部被列入世界遗产名录。这在一方面反映了世界遗产委员会对中国古老文明的敬意，另外一方面也反映了中国这些遗产所具有的无可争议的突出普遍价值。

然而1988年联合国教科文组织世界遗产中心委托伯纳德·费尔顿、尤噶·尤葛莱朵等国际文化遗产保护领域的专家对中国六处世界遗产的保护状况进行了考察，在他们的考察报告中，他们对中国这六处世界遗产以及相关的管理、保护、培训等方面进行了全面的评估，显然从这一报告的内容反映出，当时中国的文化遗产保护与国际文化遗产保护的总体水平之间仍然存在着很大的距离。这种距离首先表现在观念上，当时在中国的文物保护体系中，文化遗产的概念并不清晰，也没有完整的定义。人们所熟悉的文物的概念是一个传统的强调物体本身物质存在的概念，因此针对文物，尽管它们已经被列为世界遗产，其保护、修缮、管理也仍然是沿用人们所熟悉的传统方法和体系。其次这种差距表现在研究和管理水平上，无论是对世界遗产的研究，还是对保护对象自身的研究或者保护技术的研究方面都缺少一种基于对遗产价值认识的研究，研究的缺失或相对薄弱又进一步影响了保护水平和管理水平。

有意思的是，由于世界遗产中的文化遗产的保护体系是建立在以《威尼斯宪章》为基石的国际古迹遗址理事会（ICOMOS）的系列宪章构成的保护原则和保护思想的基础上的，因此加入《世界遗产公约》又从另一个角度，使《威尼斯宪章》所体现的保护原则成为中国文物保护的主导原则。

进入20世纪90年代以后中国世界遗产的保护随着中国社会经济、文化的发展，世界遗产的申报和列入受到中国各地方政府的关注。特别是1997年丽江和平遥两座历史城市被列入世界遗产名录之后所取得的巨大的社会和经济发展，更引发了人们对世界遗产申报和保护的广泛兴趣，这种兴趣表现在希望通过列入世界遗产名录，而使得遗产地获得更大的国际知名度，为遗产地社会、经济发展创造机会。在世界遗产申报暂时无法实现的情况下，部分地方政府部门也把关注点放到了申报全国重点文物保护单位的工作上。第五批全国重点文物保护单位和第六批全国重点文物保护单位的申报都在一定程度上反映了这样的趋势。这种对申报世界遗产和全国重点文物保护单位的热情无疑在很大程度上促进了对文化遗产的保护。而随着经济发展，人们生活水平的改善，文化旅游活动的开展不仅促进了人们对文化遗产价值的认识，同时也在一定程度上改善了文物保护单位和遗产地的经济条件。在一些地区，以文化遗产为主要资源的旅游活动甚至成为地方的支柱性产业，这在很大程度上又提高了人们对遗产保护的关注和热情。

世界遗产的申报有一个完整的程序，需要对遗产的价值进行深入的分析，寻找最能突出遗产价值的表述角度和方式，同时对遗产进行比较研究，确认遗产所具有的突出普遍价值。为了证明遗产所具有的价值，还需要对遗产的完整性和真实性进行说明，而完整性和真实性又与对遗产的认识和遗产的保护状况密切相关。缔约国还需要证明遗产得到了有效的保护，《世界遗产公约》规定的咨询机构要派出专家对遗产地的保护状况进行现场考察，遗产地需要根据遗产地的价值制定相关的保护规划和管理规划。在遗产地被列入世界遗产名录之后不仅要进行定期监测，还需要随时进行反映性监测，所谓反映性监测是指一旦遗产地的保护状况出现问题，世界遗产中心接到任何可能的关于遗产地的批评，则可能要求缔约国政府对相关问题做出解释，同时可能派遣专家进行现场考察，如果这种保护状况的改变影响了遗产的价值，则遗产可能被列入濒危遗产名录，甚至被从世界遗产名录上除名。这一程序无疑在相当大的程度上保障了世界遗产的安全。在熟练的运用这一程序对世界遗产地进行有效保护的基础上，这一程序也开始运用在中国各级保护单位的保护当中，特别是全国重点文物保护单位的保护当中。

首先，是保护规划在全国重点文物保护单位的保护中的推广。2004 国家文物局发布了《全国重点文物保护单位规划编制要求》和《全国重点文物保护单位保护规划编制审批办法》，保护规划成为全国重点文物保护单位保护工作的基础。根据《全国重点文物保护单位规划编制要求》，保护规划应当包括价值分析，现状评估，保护区划划定，相关区划的保护、管理要求，保护措施，及管理、研究、展陈、环境整治、安防、防灾等专项规划。保护规划的编制促进了对保护对象价值的认识和发掘，这种认识的深化又使得人们能够从整体上认识保护对象，并采取长期的有针对性的保护措施，展陈规划、管理规划等专项规划又促进了人们考虑对保护对象的合理利用。应当指出的是全国重点文物保护单位保护规划的编制工作有效地提高了中国文物保护的整体水平。

同时文物执法权的建立，不仅仅是完善了文物保护的法制建设，进一步保证了文物的安全，使得文物行政主管部门能够通过文物执法有效地制止破坏文物的行为。世界遗产监测程序与文物执法的过程在许多方面存在着类似之处。

20 世纪 90 年代以后，世界遗产的申报和保护呈现出新的发展趋势，新的遗产类型不断出现，人们从关注人类历史和文明的伟大的遗迹转向关注人类文化多样性的重要遗存，以及人类文化交流的重要遗存。于是文化景观、文化线路、圣山、圣地、乡土建筑遗产、工业遗产、20 世纪建筑遗产等新的遗产概念和类型的提出，从申报的角度，系列遗产概念的使用都反映了国际社会在面对全球化浪潮对世界经济和文化所产生的深刻影响面前，试图通过对民族、地方文化的多样性的保护以实现世界的可持续发展和文化平等。

世界遗产申报策略和申报类型侧重的变化，同样影响到中国自身文物保护的发展，在全国重点文物保护单位的申报中出现了系列项目的申报的方法，文化景观类项目也出现在第六批全国重点文物保护单位名单当中，河北省黄骅的贡枣园使得人们不得不重新思考应当如何保护这一全新类型的文物保护单位。大运河作为一处保护单位，列入全国重点文物保护单位名单，反映了对线路类型文化遗产的关注，同时也反映了中国的文物保护单位向文化遗产的转变。在文物保护单位上的实践又为世界遗产的申报、保护和管理积累了经验。

2006 年国家文物局提出了中国准备申报世界遗产的预备清单，西湖及龙井茶原产地、元阳哈尼梯田①反映了对文化景观保护在中国的开展，而丝绸之路、大运河则反映了中国在文化线路的保护方面已经走在了世界的前面。

通过从 1987 年中国第一次申报世界遗产到今天中国已经拥有了 37 处世界遗产项目，在这个过程中中国对于世界遗产价值的认识和把握，对世界遗产申报、保护、管理的整体水平已经发生了巨大的进步。这种进步不仅仅表现在实践中，同样也表现在理论探讨的层面上，2007 年中国国家文物局、国际古迹遗址理事会、国际文化财产保护与修复研究中心共同在北京召开了“东亚文物建筑保护实践与理论国际研讨会”，针对特定文化背景对文化遗产保护的影响，进行了讨论，这也是 1994 年在奈良召开的著名的真实性国际会议之后，对文化多样性对保护的影响最重要的一次讨论。会议通过的《北京文件》对真实性等概念进行了进一步的阐释，特别是关于对文化遗产所表述的信息来源的真实性问题具有重要的意义。

2005 年国际古迹遗址理事会在西安召开的第 15 届大会通过的《西安宣言》对文化遗产的内在和外在环境进行了讨论，同样中国的传统的环境观、保护实践以及对相关问题的探讨都成为形成这一重要文件的基础。

三、重大文化遗产保护工程与能力建设

从1978年到2008年的三十年，中国从文物保护到文化遗产保护，从与国际文物保护整体水平存在巨大的差距到成为国际文化遗产保护领域具有重要影响力的力量的跨越式发展，也得益于中国文化遗产保护的实践活动。

改革开放的三十年是中国进入近代社会之后发展和变化最大的三十年。在这一时期中中国的城市化进程迅速展开，城市建设对社会各个方面都产生了巨大而深刻的影响。同样在这个社会急剧变化、发展的时期，文物保护、历史环境保护，直至文化遗产的保护都面临着前所未有的挑战。在社会、经济发展的同时，社会对保护文化遗产也不断表达出越来越强的意愿，在建设的同时如何保护好文化遗产成为中国社会发展中必须解决的问题，也成为社会的基本要求之一。

三峡水利工程的建设，是中国最重要的基础设施建设之一。三峡工程对长江三峡地区的文化遗产保护产生了重大的影响，根据普查结果，三峡工程形成的淹没范围内有超过1000处的古建筑、古遗址。如何保护这样一批数量巨大、珍贵的文化遗产和三峡工程可能对环境造成的影响一起，成为社会最为关注的问题之一。由于所涉及的区域面积巨大，文物类型丰富、数量庞大，环境复杂，三峡工程淹没区文物抢救工程成为中国历史上规模最大的文物保护工程。在国家文物局、四川省、湖北省以及1997年成为直辖市的重庆市的组织下，国内各考古文博单位、大学、研究机构的大量人员投入到这一工程当中。工程首先编制了保护规划，对淹没范围内的地面和地下文物进行了分类，根据其价值、受淹没影响的程度进行分类，确定所采取的措施。在规划的基础上再确定工程方案。正是在这样一个科学程序的基础上，三峡工程淹没区文物抢救工程最终通过十几年的时间顺利完成，绝大部分文物古迹得到了有效的保护和抢救，其中一些通过搬迁保护已成为三峡库区社会、经济可持续发展的重要资源。

三峡工程淹没区文物抢救工程的意义不仅仅在于有效地抢救了淹没范围内超过1000处的地面、地下文物，为解决经济建设、基础设施建设与文化遗产保护之间的关系提供

了实践经验，更重要的是形成，并培养和锻炼了一支文化遗产保护的队伍。这样一支队伍的形成，对20世纪90年代，特别是进入21世纪以后，中国的文化遗产保护事业的迅速发展创造了条件。对于参与三峡工程淹没区文物抢救工程的来自文博系统或教育、研究系统的队伍而言，这一工程不仅仅为他们提供了实践的机会，也促进了他们之间的交流和合作，促进了队伍自身的人员培养，也提高了队伍自身的理论和实践水平。

三峡工程淹没区文物抢救工程另一个重要的作用是唤起了全社会对文化遗产保护的关注，这种关注同样是中国文化遗产保护事业发展的基础。

随着中国经济的持续高速增长，政府在文化遗产保护上的投入的不断增加，文化遗产保护越来越成为社会关注的问题。由于对文化遗产认识的深化，许多地方政府在准备把所辖的遗产地申报列入世界遗产的过程中也会投入大量的资金，对遗产进行修缮、保护，增加各种保护设施，同时对环境进行整治。在这个过程中，遗产地的居民、相关的社会团体会以各种方式参与、投身到遗产保护的工作当中，他们也会直接或间接地感受到由于文化遗产保护带来的社会、文化、经济、环境的全方位的变化。这种变化又影响人们更多的关注文化遗产的保护。

进入21世纪以后，随着社会对文化遗产关注度的不断提高和国家投资的增加，一些大规模的文化遗产专项保护工程陆续展开。例如，针对布达拉宫、罗布林卡、萨迦寺的“西藏三大项保护工程”，在这一工程中除了西藏本地的设计、施工力量之外，来自北京、河北、河南、甘肃的设计、施工单位也参与了相关的保护规划、维修设计和施工工作，促进了内地设计、施工力量与西藏地区文物保护设计、施工力量的交流与合作，并通过保护工程使传统的工艺做法、材料得到了保护和传承，促进了西藏文物保护设计、施工、施工管理水平和保护设施水平的提高，也促进了传统文化的弘扬。

考虑到高速发展的经济不断促进着城市化的进程，随着城市建设和大型基础设施的建设，大量古代遗址受到越来越大的威胁，协调重要考古遗址，特别是那些价值极高的大型古代城市、墓葬群的保护变得越来越紧迫，在这种情况下国家文物局组织了针对这些重要的大型遗址的保护规划工作。大遗址的保护规划，一方面促进了城市建设与重要文化遗产的保护协调发展，另一方面促进了考古工作与规划工作的结合，与城市建设的结合，推动了对这些重要遗址的研究工作。在这一工作的基础上，各地政府、文物行政主管部门也对城市建设中发现的重要遗址的保护给予了更多的关注。广州南粤王墓、南粤王宫署遗址；成都金沙遗址；西安西市遗址等的发现都对城市的发展产生了重要的影响，遗址的保护促使了相关城市规划的调整，遗址的保护也在一定程度上加速了城市的文化城市功能的建立和发展。

西安、洛阳等古代城市遗址保护规划的编制在一定程度上促进了城市发展与重要文化遗产保护之间相互促进关系的建立，在一定程度上解决了城市发展对古代城市遗址的破坏，同时也通过遗址的展示规划为城市更好地表述丰富、深刻的文化内涵，完善城市独特的文化特征，促进城市产业结构调整创造了条件。

山西南部是中国现存元代以前木结构建筑最为集中的地区。经济相对滞后，交通不便是这些建筑能够得到保存的重要原因，同样也正是因为这些原因也导致了这些早期建筑大多存在着年久失修和不当使用带来的损害。对这些建筑的保护关系到对中国早期建筑遗产的保护，这些建筑由于反映了中国早期木结构建筑在作法、结构技术、形式、建筑布局、文化内涵等多方面的重要信息，具有极为突出的价值，对它们的维修保护就变得更为迫切和重要，作为国家“十一五”规划的重大项目山西南部（包括陕西韩城地区）早期木结构建筑的保护工程成为文化遗产保护的国家专项工程，这一工程涉及120处全国重点文物保护单位，是中国有史以来规模最大的古代建筑保护、维修工程。由于保护对象的重要性和巨大的数量以及大量的重要附属文物，例如壁画、塑像、彩绘等使这一工程成为一个复杂的系统工程。工程的组织依据了《中国文物古迹保护准则》提出的中国文物古迹保护工作程序，在对保护对象进行充分调研的基础上，组织设计单位逐一编制了列入工程范围的文物保护单位的保护规划，评审通过后，根据保护规划进行维修设计，设计通过评审、批准之后组织施工和监理招标。为保证工程质量和有序进行，山西省文物局成立了由来自国内各个相关方面的专家组成的“南部工程专家组”对工程的全过程进行监督。南部工程的进行再次反映了中国在文化遗产保护方面已经具有了很强的进行综合的大规模保护工程的能力，而 2005 年开始进行的文物保护规划、设计、施工、监理资质的管理实现了对参与保护工程的设计、施工、监理队伍的有效管理，这说明中国的文物保护单位，特别是全国重点文物保护单位的保护工程管理已经成熟。

世界遗产的保护同样也推动了重大保护项目的开展。长城是中国第一批 1987 年被列入世界遗产名录的项目，但长期以来由于长城所涉及的区域广大，环境复杂；长城自身在不同的历史时代中也有很多不同的形态和变化，相关学者对长城的定义也有差异。从文化遗产管理的角度，长城的保护级别也是各种各样，有些区段作为世界遗产受到保护，例如山海关、八达岭、嘉峪关，有些区段是全国重点文物保护单位，有些是省级文物保护单位，有些是县级文物保护单位，有些则可能没有得到有效的保护，在这种情况下开展长城整体情况的调查，编制长城保护规划，制定整体保护的策略就变得十分重要。2005 年开始的长城调查工作调动了长城沿线各省的文物保护力量，同时国家文物局与国家测绘局合作，把现代测绘技术引入长城调查和保护工作，不仅提高了工作的效率，而且改善了文物保护的装备和技术条件，更重要的是积累了这种超大规模的线性文化遗产保护的经验。

线性，特别是线路类型的文化遗产保护是近年来世界遗产保护的热点问题。线路类型的文化遗产的重要价值在于它们通常反映了文化或文明间的交流与传播，反映了人类文明的成长与演化，同时通过对线路类型的遗产的保护也可以使更多的人参与文化遗产的保护，并通过文化遗产的保护实现人类的和平和可持续发展。中国同样在线路类型的文化遗产保护方面发挥了巨大的作用，而这些线路类型的文化遗产的保护同时又极大地促进了中国文化遗产保护水平的提高。例如，为丝绸之路申报世界遗产而展开的保护工作涉及中国和中亚五国，在中国境内则涉及 6 个省的 48 个遗产点。对这些遗产点的调研、评估、保护规划、展示、申报文本编写不仅促进了中国对这种超大规模的文化遗产保护的能力的提高和经验的积累，同时也促进了沿线各省文物保护机构之间的交流水平、保护水平和管理能力的提高，以及社会对遗产保护的关注。大运河的保护和申报世界遗产的准备工作也起到了同样的作用。这样的进行大规模文化遗产保护项目的能力在“5.12”汶川地震后的文化遗产抢救工作中也展现了巨大的力量。

由于已经具有了强大的进行文化遗产保护的能力，中国也开始更多地参与到在国际文化遗产保护的共同行动当中，例如参与对柬埔寨吴哥窟的保护和对蒙古伯格达汉宫的保护。

回顾三十年来中国文化遗产保护事业的发展，可以清晰地感受到一个从文化遗产保护力量相对薄弱的国家，到一个有强大的保护能力的国家的过程；从一个在保护领域接受国际援助的国家，发展成为一个有能力向需要的国家提供保护技术援助的国家的过程；从一个对国际保护原则十分陌生的国家，发展成为一个全面积极参与国际文化遗产保护运动并发挥越来越重要作用的国家的过程。事实上，中国文化遗产保护事业的发展还体现在更多的方面。法制建设的完善是保护事业发展的基础；第二次和第三次文物普查的开展保证了国家相应保护和发展政策的制定；文化遗产日、博物馆日的设立，各地博物馆的建设，促进了社会对文化遗产认识的深化；社会团体和媒体对文化遗产保护的关注和参与，从专业人员、管理人员、地方工匠到政府官员的文化遗产保护培训都反映出了中国文化遗产保护事业所取得的成就。

中国文化遗产保护同样也面临着巨大的挑战，尽管取得了很大的进步，但各地保护力量的不平衡仍然是影响整体保护水平提高的重要因素；在新农村建设中如何有效保护乡土建筑是亟待解决的问题；随着文化遗产概念的不断扩展，针对新的遗产类型的保护技术和管理方法、体系也同样是未来需要不断解决的问题；非物质文化遗产的保护和物质遗产保护的结合也为文化遗产的保护提出了更为复杂的课题。

毫无疑问，随着社会的发展，文化遗产保护将在和平发展和可持续发展中发挥更为重要的作用，同样中国的文化遗产保护也将获得更大的发展。

注释:

① 最终登录世界遗产时的名称分别为：杭州西湖文化景观、红河哈尼梯田文化景观。

原文刊载于《建筑学报》2008 年第 12 期

历史文化名城的规划布局结构

吴良镛

历史文化名城的规划建设问题，近些年来逐渐受到重视。不少这类城市都作了规划，工作也有了一定进展。但是在实践中，矛盾仍然很多，主要表现在：发展生产和保护历史文化名城的关系；城市现代化建设特别是旧城改造和保护古城风貌的关系；发展旅游事业和保护历史文化名城的关系，等等。总之，可以概括为如何妥善解决新的建设发展与旧城保护的矛盾。

城市总是在不断发展着，继承与变化的矛盾是任何时期都存在的。当人口不多，社会生产力不高，城市发展缓慢时，矛盾逐步得到调整，因此并不很明显。今天科学文化发展迅速，城市规模日大，生活多样，交通复杂，活动频繁，加以建筑材料、技术日新，建筑体量与形式有很大变化，城市基础设施的现代化要求日趋进步，以至古代封建社会基础上形成的城市无论内容与形式均不能适应新的要求。当前处于一种相对发展或较大变动的过程中的“新”与“旧”的矛盾日益突出。如果说一般的旧城市随着新陈代谢，城市各种要素的逐步更新，仍然存在预为安排、顺理成章的问题，那么对于历史文化名城，就更有一个如何保护其文物精华，使之在城市迅速发展中不被湮没的重要任务。这样“保护与改造”、“保护与建设”、“继承与发展”的矛盾就更突出，更复杂，更困难，也更需要加以认真对待，妥善规划。这里集中谈一下历史名城发展与改建规划的布局结构问题。

合理的城市布局结构对处理好历史名城保护与发展，具有战略意义。从文物保护及城市规划与建筑观点出发，对历史名城的下列方面，需要进行妥善地保护：城市最有特点的规划格局；旧城的文物精英；城市可供发掘的地下文物宝藏（例如西安、开封等城，地下宝藏多，应保留发掘可能，使将来重见天日）；作为各时代标志的遗物遗址与反映城市盛极一时的人文荟萃的有关历史环境（如反映“六代豪华”的南京秦淮河房，反映宋平江的苏州水巷桥梁，反映“报仇雪耻之乡”绍兴的人文环境以及各地一些传统市场等）；山川自然环境与名胜古迹；别具乡土、民族特色地区；等等。

但是由于过去城市没有长远规划，对一些历史名城的价值认识不足，文物建筑缺乏必要的、有效的保护措施，每每在旧城内安排了一些发展迅速、污染扰民的工业或机关单位，在有限的土地上，不长的时期内集聚了大量人口①，兴建了巨大体量的工厂办公楼，并迫使大规模改建基础设施，而每一条街道的拓宽、新的大楼建成，又导致更多的人口集中，其他如机械片面地推行“充分利用旧城”，“不占少占农田菜地”的政策（这些话原则本义并无错②），对开拓新区缺乏充分财力与决心等等，使旧城容量过分饱和，连一些较低的环境质量标准都难以保证，文物保护问题就难于提到议事日程了。

笔者认为，对于一些必然有较大发展的历史名城，有计划地开拓新区，是必不可少的措施，并且这样做可能有利于旧城保护，促使新城完整发展成为较妥善的规划结构形态之一。试论证如下：

一、从传统城市发展方式看

在我国传统城市发展中，除因故放弃原有城市另觅新址，易地而建，另当别论外，

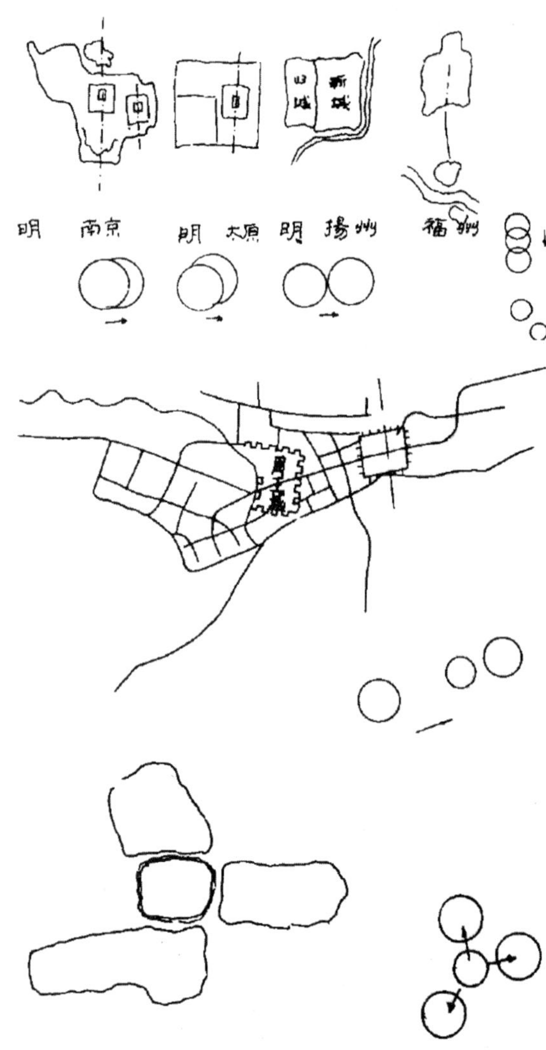

1
2
3

图 I. 几个城市的模式
图 2. “洛阳方式”
图 3. “合肥方式”

城市的发展，有同心圆式向四周扩张的，如后周及宋东京（开封）。但也有相当多城市采用在原地的一侧另辟新区扩建的（图1），如明南京在原有基础上向东发展开辟皇城区；历史上福州是从屏山逐渐向南开拓而成，明扬州城逐步向东面运河方向发展，待修城墙后而定型；泉州自唐五代以后也是逐步向西南晋江发展而形成；明太原城的发展则是在原宋城基础上在东侧扩建晋王府的结果③。

这种新区偏向旧城一侧发展的形式，其优点在对原有城区无须作太多变动，而新区的发展可以根据现实的需要，布局较主动。鉴于中国传统城市布局基本为方格形系统，新区发展除自发生长未加规划者外，一般也多采取方格形系统，因此新旧区比较容易结合，并且由于各个城市自然地理与历史形成的种种条件各异，新的城市规划结构形态还是各具特色的，这种并联而成的方格形城市形态与欧洲中世纪城市（一般从教堂市政厅、市场广场）中心放射环形发展方式有很大的不同④。

二、从新中国成立后城市发展看

新中国成立后我国在旧城基础上发展的许多城市其规划形态在传统的规划体系上又有了新发展。笔者为了阐明上述观点，认为在多种布局形式中，有两种布局结构形态很值得分析。

其一，“洛阳方式”（图2）

在“一五”期间，由于建设重点工业企业，先选择距城约8里的涧西区进行集中的大规模建设，对地下古墓葬群有计划地作了系统发掘，并在周代王城遗址上作王城公园。旧城先不触及，新区也一次形成面貌。这样的布局方式是正确的（可惜后来的发展没有注意保留地下城址，不足为训）。

其二，“合肥方式”（图3）

旧城的城墙虽已拆除，但护城河一带建设成环城绿地，成为该城“美丽的项链”，并有逍遥津、包公墩等历史名胜地与之相连结。新区三片在城外呈翼状发展，旧城内部为了适应新的需要也有所改建，但大体保留了旧有格局。由于旧城不大，主要自中心向外成片发展，新区绿地与城市交错，避免了一般“大饼式”形态，可取得良好的环境效益。

这两种布局结构，都是一定条件下的产物。一种是由外及内定向发展，一种是自中心(旧城)向外放射分片发展,各有可取之处,主要看在什么条件下合理地加以运用。

三、对几个历史名城布局结构的讨论

就上述这两种方式的分析出发,下面试对我国某些历史名城的布局结构加以分析。需要声明的是，这种讨论纯属理论性的，并且主要是从旧城保护的观点立论，以探讨某种可能性。实际上，规划布局方案涉及因素很多，并可能为某种不易预料的因素所影响，情况远比以下所论者要复杂，但此处不作全面论述。

(一) 关于杭州的规划结构

杭州依西湖而立，因湖山而名，历史上的杭州随着城市的发展、钱塘江向东南逐步地变迁，杭州城就像折扇一样，其面向钱塘江的一边逐渐展大。我认为这个反映在城市形态上的历史规律很值得注意。经过历代经营，西湖周围，风景名胜荟萃。新中国成立后不少建设又多集中于湖区，现在面临一个严重的问题，临湖的建筑物越来越密，体量越来越大，这就很难保持西湖“有山山不高，有水水不广，有建筑园林，多以精巧、简朴取胜”[⑤]的宜人尺度和恬适的气氛。任何风景名胜区，都只能具有一定的“容量”，为今之计，宜及早在铁路以东，有计划地另辟新区，过去总以怕占菜地而踌躇不前。究竟是保菜地？还是保西湖？应当善为权衡。西湖天下无双，是无价瑰宝，如破坏则无法恢复，菜地诚为珍贵，毕竟总还可以另行觅地开辟。何况钱塘江景色绝佳，月轮山上，古塔高耸，之江辽阔，铁桥飞架，景观绝不亚于西湖，诚为杭州所独有的另一宝地，如能在江岸另建新区并精心设计，必然别具特色。而联系江与湖的东西向林荫道的开辟，既可将两风景胜地相串联，还可使钱塘江之清风宣泄西湖夏日蒸郁之气。所以对杭州来说，宜总结古今历史发展规律，参照洛阳方式，及时扩建东区。

（二）关于苏州的规划结构（图 4）

历史上苏州的规划艺术上的成就毋庸赘述。新中国成立后旧苏州城中工业大发展，无论在人口、工厂、交通、旅游用地方面均超负荷⑥，虽然有所控制，但效果不大。除明确城市性质及旧城内不再发展工业等外，出路还是应在旧城西侧（东侧因水面较多），有计划地积极开辟新区，新旧苏州不妨并联，新区并有可能把传统的鱼骨形街巷交通系统，作新的发展⑦。

（三）关于西安的规划结构（图 5）

新中国成立后，由于新工业区主要在旧城外东西（南）部分发展，对旧城未作太大改动，城墙城楼等被保留了下来。今天环城公园更在积极建设中，可以想象，建成后当更为壮观。此外，关于保存唐城遗迹，体现唐城规模方面亦已在总图上落实，著名古建筑群如大雁塔，历史圣地如曲江等，在规划布局中均作了精心的处理。这些都是西安旧城保护方面的成功之处。但在一片赞扬声中，目睹钟楼一带现有拥挤情况，笔者对在如何避免城市各方面人流向旧城中心“聚焦”等问题仍感踌躇。如果旧城新增过多单位，聚集过多的人口，则迟早会迫使旧城非作较大的拆改不可。这方面，从北京几十年来的实践中，似已有了有益的经验与教训。西安旧城仅 11 平方公里许，远比北京旧城 62 平方公里要小得多。在这较小的范围内，有可能尽量地避免建高楼或过多地展宽马路，也有可能不对旧城的原有格局作大规模变动。如果在规划中能有意识地把今后城市发展的重点引向旧城的南部新区，就有可能使旧城避免一些非必要的拆改。试想如能在钟楼南部轴线与唐朱雀大街一带发展“带形中心”，作为城市的

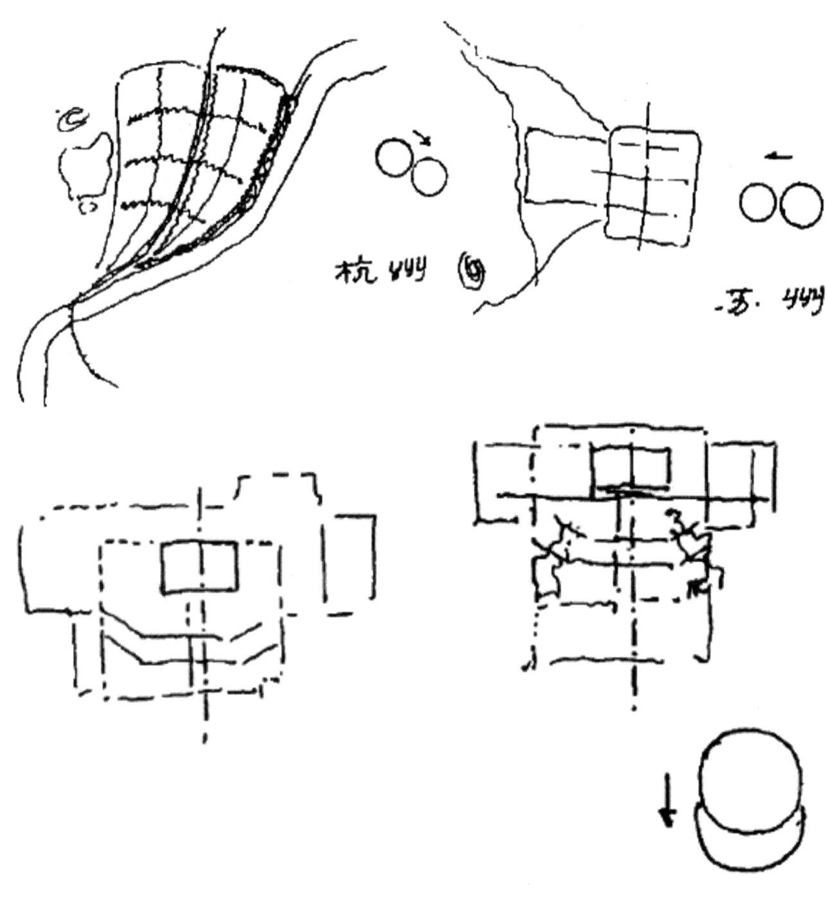

4
5

图 4. 杭州和苏州
图 5. 西安发展模式
(左为现状，右为建议)

南北骨架，旧城外的东西两个新区主要利用旧城南的东西交通干线来贯穿。东南与西南两侧辟作绿地呈楔状进入中心（原规划的道路系统骨架不必作大更改）。这样可以兼有合肥方式与洛阳方式之长。新区格局兼采唐城。旧城保护也较为简单易行。

（四）关于北京的规划结构（图 6）

北京的新的布局形成，早期曾一度徘徊于前述两种方式之间。解放初期梁思成、陈占祥教授等曾提出在北京西郊发展“新区”的方案（图 7），但未被采纳，原因也是多方面的，建国初期国力不足，何能另建“新城”？并且北京古都历代经营极为宏伟，天安门为开国大典所在地，已写下了新的历史首页……。现在回顾，从当时“城市设计”水平看，原新区的规划也不尽理想，偏于旧城一隅，过于从而属之，缺乏一个动人的雄伟布局。这可能也是当时方案未能被接受的原因之一。设想如果能将西部新区善为规划，发挥我国古代先确定中轴线的传统手法，例如将城市新的中轴线北至圆明园福海，中交玉渊潭一带的新市中心，南至丰台，而以旧北京城与石景山工业区各为左右翼，中隔绿带。东西有宽阔的林荫道相连，这样的一个布局规划，未始不能建成一个远比明清北京更为宏伟的“新都”。在这种规划布局之下，旧城当然还需要根据新的社会生活要求予以必要的改建，但就旧城保护来说，问题就相对简单多了。旧城的不少建筑也不一定必须拆去，有一些高层建筑也不必要塞进旧区[⑧]。

上述布局可归入“洛阳方式”，若此计不成，北京在确定以旧城为中心发展之后，尚可采“合肥方式”做文章。当初在探讨方案过程中，否定了外国专家机械地搬用西方模式，将四条斜放射路引至城内一环路上的建议，这是完全正确的。否则，将大有损于旧城的格局。城墙被拆后，本可以像合肥一样保留护城河外绿地，形成“绿色项链”，以北京的宏伟尺度，这一绿环如能实现，则可能会比合肥以至于今日西安建设中的环城绿地更为美丽壮观。此外，如果多年来能认真贯彻 1959 年北京市所拟定的“分散集团式”布局形式，把城市发展的重点放在新区，各集团之间的绿地多保留一些，并使得旧城不过分拥挤，那样，保护旧城的工作也可能比现在要更主动一些。北京的

6
7 8

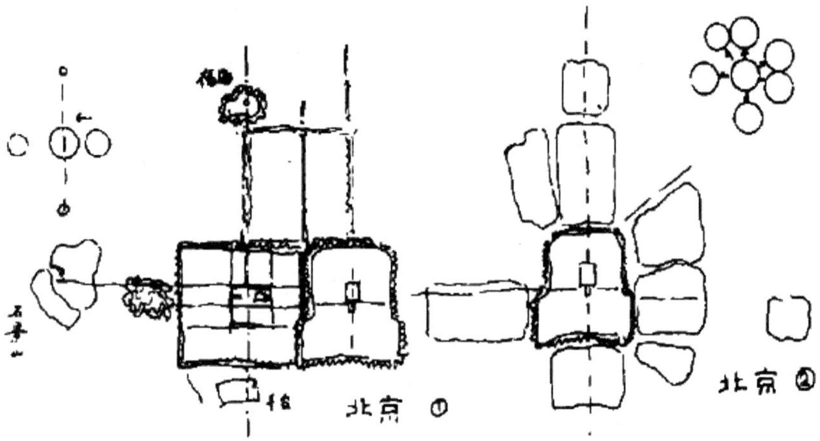

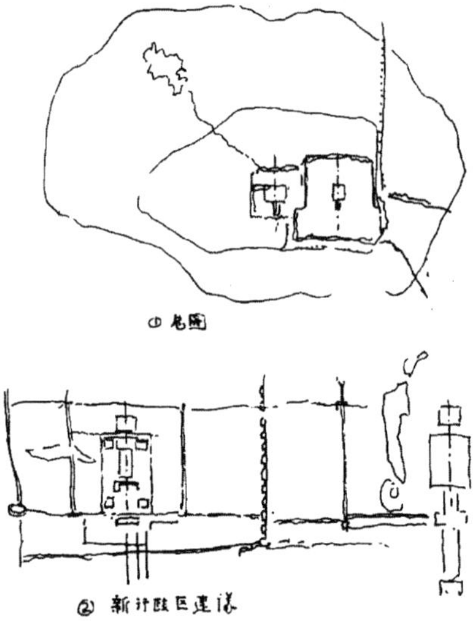

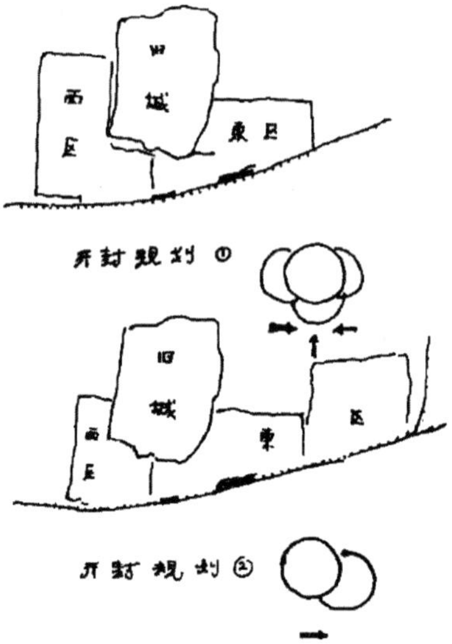

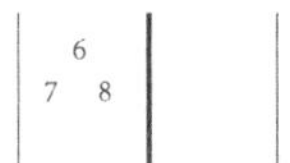

图 6. 北京发展设想
图 7. 梁思成、陈占祥同志北京规划图建议方案（上为总图，下为新行政区建议图）
图 8. 开封市规划示意图

建设，当然远比合肥这个中等城市要复杂得多，但在原有基础上充分发挥自己独特的规划构思，至今还是大有可为的。

以上的讨论，意在说明一些有较大发展任务的历史名城，需要果断地、有计划地发展适当规模的新区。有条件时，将新旧适当分开，或相对独立。在建设程序上，从国内外经验说来，一般以先建新区（或新城），后改建旧城较妥。这样新区的建设较为完整，而旧城由于发展的负荷减小，可得到比较完善的保护，与合理地利用。现在有些历史名城对发展新区踌躇不前（如前述杭州），日复一日地在旧区挤塞新的内容，寄希望于有朝一日的大规模改造。结果旧城环境容量超负荷，改建更形困难；新区又缺乏完善有力的规划建设部署，用地陆续无计划地被乱占乱用，造成了新区形不成，旧城改不好的局面，非常可惜，至于发展或保护名城特色，就更难顾及了。也有的城市，例如开封，新区确已开辟起来了。但忽东忽西，不仅分散建设力量，结果两个新区均未完成，何况两区的联系必须经过中央的旧城，这必然促使旧城的交通拥挤，人口集中，改建拆改的建设量大增，为旧城的保护徒增困难。为今之计，在新区建设上宜善为比较，究竟以东区还是以西区为重点？在建设程序上，究竟谁先谁后？需要有一个战略决策（图 8）。

本文只着重一般讨论新区的开辟与旧区的保护与建设问题。至于新区的内容，城市的经济结构等问题，城市结构形态的规律问题，因涉及问题较广，无论理论与实践都大可研究，此处从略。

现在提出这个问题是否为时已晚呢？我认为“桑榆非晚，来者可追”。全国 245 个城市，虽已有 189 个城市制定了城市总体规划，其中 105 个已经批准。我国不少城市具有历史文化价值，虽不在国务院公布的第一批 24 个历史文化名城之列，还是有不少文章可做。即使在公布的 24 个中，做好规划、已批准的有 6 个，已报批的有 10 个[⑨]，若干城市的规划工作尚在进行中，尚有可为。城市的规划结构布局处理好了，就有一个好的战略方针，有些事情可以防患于未然。从前面分析的“洛阳方式”与“合肥方式”以及对某些城市的一些讨论，或能说明这一点。当然必须再次说明，这些分析，仅是初步的理论性的，主要试图探讨有没有某些规律性的东西，而我们对它尚不十分自觉？

注释：

① 以杭州为例，解放初城区人口为 43.38 万人，1981 年约增至 92.7 万，增一倍多（据曾勇同志代查询资料）。其他为北京目前旧城人口比解放初增加一倍以上，但旧住宅拆除不少道路及公共建筑占去一定土地，故更为拥挤。

② 但有的历史风景城市为了回避征地的困难提出“以旧城改造为主”则未必恰当。

③ 根据臧筱珊同志的考证。

④ 中西封建城市虽然从形态上看同样有围墙、城楼、护城河等，但是政治经济社会背景不同，发展方式各异。

⑤ 本人在 1978 年初杭州西湖建筑设计讨论会上的发言，并请参见宋云鹤《西子湖畔建筑造型的探讨》（《建筑学报》1983.9 期），对此作了精辟分析。

⑥ 见清华大学研究生赵红红论文《苏州城市景观研究》，俞绳方《论苏州古城保护规划》。

⑦ 本人于 1980 年 1 月在苏州城市规划局曾提出此建议，最近喜见新的城市总体规划方案明确在城西发展。

⑧ 新中国成立前旧城建筑约 1700 万余平方米，目前旧房余 1300 万平方米，拆去约 460 多万平方米。至 1981 年旧城内新建筑已占 56%。

⑨ 此项数字承陈为邦，鲍世行同志提供。

原文刊载于《建筑学报》1984 年第 1 期

关于历史文化名城的传统特点和风貌的保护

郑孝燮

国务院 1982 年公布了保护历史文化名城的决定及第一批名单。这是我国文物保护政策的新发展，也是城市规划的新任务。

我们伟大的社会主义祖国不是凭空产生的。它是从古代社会及近代社会的根基上，在中国共产党的旗帜下，取得革命胜利而创建起来的。滔滔的历史长河，哺育着中华民族勤劳智慧的历代劳动人民，生息奋斗在辽阔美好的祖国大地上。劳动，创造了人类及其文明。中华民族一代接一代，创造了中国自己的优秀历史文化，并且对人类文明和进步作出了巨大贡献。中国有灿烂、独特的古代文化，也有近现代光荣的革命历史文化。历史名城是中华民族悠久文化的结晶，革命传统的象征，也是这些珍贵历史文化遗产积累最多或最重要的地方。历史文化遗产的珍贵价值，是启迪爱国主义和革命传统教育一种巨大的精神凝聚力和向心力。一个城市，特别是有历史的城市，都需要懂得历史文化遗产的这种重要作用和国家文物保护的政策法令。城市不能不要文物，等于人不能不要记忆力一样。

一、名城保护的若干基本原则问题

保护历史文化名城涉及一系列复杂的问题。除必须首先提高认识和贯彻国家的方针、政策、法令、计划外，我想还有一些基本问题需要深入研究和切实掌握。

第一，保护好文物古迹，突出历史意义和艺术价值，是名城保护的核心。

全国历史名城都长期地饱经了这样那样的历史过程，保存着这样那样珍贵的文物古迹。这些文物古迹，一是重大历史事迹的实物见证，具有历史时代的珍贵价值；二是出自劳动人民的创造，显示着我国古建筑等的高度艺术成就。例如承德，它是清朝前期完成中华民族团结统一大业的第二个政治中心。清初沙俄扰我北方边疆，“备边防，合内外之心，成巩固之业”[①]便成了当时国家的头等大事。因此，康熙决定在塞外建立离宫——避暑山庄。从康熙至乾隆，每年几乎有半年住在山庄，处理少数民族和边防的政事。同时还在山庄外围建了各族的佛寺（外八庙），对少数民族采取“因其教，不易其俗”[②]，修一庙胜用十万兵的政策。乾隆曾说“兴黄教，即所以安众蒙古，所系非小，故不可不保护之”[③]。康熙时击退沙俄入侵，签订“尼布楚条约”，乾隆时盛大欢迎游牧到伏尔加河流域的我国一支蒙古部族（土尔扈特部）回归祖国；这些大事都是在承德地区决策的。在古建筑艺术上，避暑山庄内外一体，山水相依，融汇北国江南园林之美；外八庙突出汉、蒙、藏各族佛寺建筑艺术之长；所有这些浑然一体，如诗如画，蕴含着一种独特而深厚的建筑艺术感染力。正是由于20世纪60年代以来加强了对避暑山庄及外八庙的保护，承德才更加引起了国内外的重视和研究，为社会主义中国的历史文化增添了光彩。像这样对待历史遗产的保护，突出其重要历史意义和艺术价值，可以认为是任何历史名城都必须有的根本原则。

第二，保护名城的文物，要存其形、贵其神、得其益。

名城的文物古迹是一部历史实物及现场见证的史册。由于文物古迹不能再生，所以这种史册非常珍贵。因此保护文物古迹——例如北京故宫、天安门、卢沟桥、长城、颐和园，承德避暑山庄、外八庙，南京明孝陵、太平天国遗迹、中山陵、雨花台、日军屠城遗迹，扬州大明寺、平山堂、普哈丁墓、古典园林、大运河，延安枣园、杨家岭、王家坪等等——存其景物形体及其内外环境，总应当是物质第一性的。只有它们的历史形体和环境的存在，我们才能够身临其境，或欣赏，或品评，或研究，或受教育，从而“触景生情”、“化景物为情思”，引起联想。这等于文物古迹在说话，给我们以历史知识、教育或熏陶，使我们温故知新，进而更加热爱社会主义祖国。有的民间文学故事传说的遗址，虽已荡然无存，但是无形中的魅力却还存在。例如杭州城的清波门、西湖的雷峰塔等遗址，就使很多人联想《白蛇传》的情节，引起感情上的爱憎。文物古迹的现身说法，其感染作用是不可低估的。存其形、贵其神、得其益既是保护名城及文物古迹古为今用的目的，同时也是一项重要的原则。形神兼备，外在与内含并重，对于名城的保护规划与设计是重要的。

第三，名城的文物保护，要内外结合，环境协调。

我国的传统艺术，一般均讲究境界气氛。所谓境界气氛并不是空洞无物，不可捉摸的幻觉，而是艺术品自身与外界有机联系的一种存在的气质或者风貌。也可以说是某一景情主题与它所产生的余韵的结合。境界气氛，是可捉可望、可入的。境界气氛是扩大的气氛。这种气氛既有属于内在联想或者感染方面的，又包括一定范围的外在烘托或者陪衬方面的。比如国画，不但画的本身要求有形有神，“气韵生动”，讲究“经营位置”，而且连画外的裱幅也要配合得当、衬托够味。又如京戏，经过20世纪50年代初“澄清舞台艺术形象”以后，把从前的一些舞台陋习，如“检场人”随便上台，破坏剧情气氛和舞台形象等老毛病都清除干净了。保护名城文物古迹、风景名胜，也有一个澄清环境艺术形象，保证环境气氛和艺术面貌协调的问题存在。这是关系我国社会主义文明建设的质量问题，值得引起注意。艺术上的统一与变化总是寓于整体和谐之中的。

目前重点文物古迹内外环境失控，乱建、乱拆、乱占、乱砍的现象，北京、西安、洛阳、南京、苏州、杭州、广州等历史名城都不同程度地存在着。这说明城市规划方案必须赶快作好，上报审批，取得法律保证；进而坚决依规划之法，把文物古迹的保护及整个名城的保护切实纳入统一的、综合的城市规划，加以解决。现在北京在这方面已经走上了关键性的一步。扬州瘦西湖风景名胜区也是这样控制，这样保护的，只是规划还有待上报审批。

第四，保护名城要讲全局景系——大观、小观。

名城依靠文物古迹、自然条件和当代若干建设，形成城市（包括郊区）景系。这种景系是古今结合、自然与人工结合、实用与审美统一的城市环境空间艺术。如前所说，名城由于历史文化遗产较多或价值较高，因此，文物古迹在城市景系中占有突出的地位。例如《北京市建设总体规划方案》的批复就指出：北京的规划和建设“对珍贵的革命史迹、历史文物、古建筑和具有重要意义的古建筑遗址，要妥善保护”。从城市的景系来看，这既是指的大观，同时也是对小观说的。扬州保护历史文化名城的规划，提出“围绕河湖、城、园为核心，规划控制好一条河、两大片、四条线、八个区、二十四个点”的设想，也是如此。

名城景观的全局是个大观。文物古迹、风景名胜，不论城区郊区、地上地下，尽在其中。北京旧城内外的文物风景，郊区的长城、西山的胜景和名园、古寺、遗迹，以及其他古代的和革命的文物，加在一起并依托整个环境，就是大观。同时它们又各有不同的性质和历史、艺术、科学价值。这种大范围的景观，有的可以成为城内一些文物古迹的“借景”，使人开阔眼界，或寄以遐想，或赞美大自然。避暑山庄的“锤峰落照”，就是把远在东郊山顶奇绝的反射落霞的“棒槌峰”借入山庄内一个奇景，既有诗的意境，又有山水画“高远”的骨笔。扬州“平山堂”只有二层，但举目南望数十里无阻，直达长江南岸的镇江诸山，具有坐楼观山景的“平远”意趣，所以北宋欧阳修为之取名“平山堂”。广州城内越秀山顶屹立的明初五层楼，雄厚刚重，题名“镇海楼”，踞视珠江口外大海。昆明西山下的“大观楼”，登楼眺望可使“五百里滇池尽收眼底”。北京西郊风景区的清朝的“三山五园”[4]以及许多文物风景，更是善于捕捉大观，巧于“互为因借”。

文物古迹、风景名胜是历史名城的重点组成部分。名城的环境艺术，包括保护这些文物、风景，同城市规划的其他重要因素一样，都要着眼于全局关系。我国许多城市大约从宋辽以后，开始有了“点景”的风致，近一千年来几乎成了传统。著名的燕京八景始于辽代，传于元初，盛于清代。燕京八景就是北京的八处著名文物古迹、风景名胜。杭州西湖十景，从南宋流传至今也有七百多年了。据说西湖十景起源于西湖一些山水名画的题名。毫无疑问，这些“点景”有精华，有糟粕，但是为了研究和提高名城的环境艺术，加强保护文物、风景，为广大人民服务，作为一种传统方法还是可以借鉴、发扬的。燕京八景、西湖十景或其他名城等的实例清楚地告诉我们，城市景观经过千百年的开发、建设和品评，自然而然地变成了城市全局的一个“景系”。北京西郊三山五园的互为因借，避暑山庄的环借和借中有隔，苏州宋代“平江府城图刻”城外的天平、灵岩的山光和太湖浩荡的水影，特意地缩远为近等等，都可以表明中国城市环境艺术中“景系”的哲理。其中既有“大观”，甚至还有溢于城郊以远借得的豪情遐想；又有“小观”，即一区、一块、一街、一系，乃至宫、园、坛、寺、府、宅、塔、桥……的各自文物风景。名城的“景系”是整体的，“大观”、“小观”是相依为命的，共同为名城的历史文化生辉。

这里要特别注意，不论大观和小观。景宜借而不宜夺。许多“建设性破坏”都是夺景造成的恶性后果。而借景和夺景又完全取决于城市规划搞得好坏。

第五，对城市的性质、规模、工业发展、用地布局（特别是功能分区和建设选址）、环境保护的合理控制，这是保证保护名城的关键。

前面的四个基本问题都不是孤立的；而是同城市的战略性问题，如城市的性质、工业发展、用地布局等息息相关的，有时甚至是矛盾重重的。既是历史名城，无疑应该强调对历史文化的保护，并把它纳入城市规划的统一安排中去。鉴于苏州、杭州、桂林、绍兴等历史名城一再传来“救救”、“抢救”……的呼吁，可见它们的主要矛盾，在于如何发展工业，发展什么工业、不发展什么工业，以及如何改善工业分布和调整城市用地功能布局。还应指出，名城的工业发展和工业布局常常是同城市的性质、规模、功能布局、环境保护有着连锁反应的。这种连锁反应的经验表明，不少地上地下重要文物遭到了威胁、破坏，或者吞噬。因此，我认为搞好名城的历史文化保护就不仅仅是城市规划的一个重要任务，而且也应当是个具有战略性质的任务。只有综合解决这些战略性的问题，名城的历史文化保护才能取得良好的效果。

二、保护名城的历史文化传统

在人类历史上，城市的出现和发展本身就是一种文明。这个过程，传统的继承和发扬是重要的。城市作为实用与审美统一，物质建设与精神文化结合的环境，由于不同民族的自然条件、社会生活及审美方式的不同，因而就产生了不同的民族特点。城市环境的民族特点，经过长期的历史发展，逐渐演变成为统传。前代的传统总是给后代的发展以巨大影响的。如果后代抛弃前人的传统，一切从零开始，那么人类文明必将毫无积累，人类的认识也就永远不能深化，一切只能停滞在原始社会的状态上；要么就只能全盘外国化，陷入民族文化虚无主义。对于吸取外来营养，必须是把它同化。倘若从零开始，那么同化便失去了基础。可见没有传统等于没有进步。这是规律。

要有传统，首先就得保护传统。对于名城传统的保护，一个特别重要的内容就是要保护好以某些历史背景为依托的重要历史文化环境及其文物古迹——着重从中反映精神传统和建置技艺传统的精华。

其次，关于名城蕴含的精神传统：名城的重要史迹（反映重要历史事件和历史人物），往往是镜子，是教员。它给后人以历史、文化知识和爱国主义、革命传统教育。虽然历史环境已经时过境迁，但是其中凝结的精神影响是不息的。这种影响有正面的，也有反面的，有见景见物直接感受的，也有虚中有实，发人深思的。例如：“延安精神”代表着当年革命根据地马列主义同中国实际相结合、艰苦奋斗、小米加步枪、窑洞……的光荣革命传统。延安曾是党中央领导革命的中心。它的艰苦历程，扭转了中国的乾坤，决定了中国的命运。保护延安的历史文化传统，就是保护好它的革命精神传统和窑洞、山沟、陕北小城市的朴素面貌。市政工程基础设施可以现代化，但切忌城市外貌为高、大、洋所冲击。形式一定要表达光荣传统的革命内容。

上海曾是半封建半殖民地旧中国的缩影。侵略者依靠炮舰政策把它沦为从政治、军事、经济、文化、宗教各方面入侵我国的最大缺口和基地。另外，上海又是一座英雄城市。明朝抗倭、清朝抗英、“一二八”和“八一三”抗日，上海都洒下了人民英雄的鲜血。上海更是中国共产党的诞生地和党中央一度的所在地及工人运动、地下工作、统一战线的重要基地。虽然上海暂未列为历史名城，但是它蕴藏的精神传统的近现代文物古迹却格外重要。

北京的历史过程，深刻地从正反两方面给我们以知识教育。(1)元明清三朝的初期，北京作为首都是国势强盛，疆域辽阔的象征。(2)近代北京成了对外屈辱的大本营。英法联军，八国联军入侵，直至抗日战争全城沦陷，灾难频仍，国耻深重。(3)天安门、长安街、红楼标志着五四运动、马克思主义的启蒙、历次学生运动；卢沟桥“七七事变”激起了抗战爆发，古老衰残的北京和中国开始了觉醒和奋起。(4)全国解放，北京成为社会主义中国的首都。

其次，关于名城建置技艺的传统：“城市规划是龙头”⑤其实这正是我国的传统。我国古代的都城规划是钦定的，神圣不可侵犯的。“体国经野，都鄙有章”⑥一直沿传了二千多年，列为皇家的政典。城市人口浩繁、五方杂处、建设聚集。如果失去统一规划与法制权威，就等于没有统一的乐谱和统一的指挥，势必各行其是，杂乱无章。现在可庆幸的是北京的总体规划已被批准，开始成为龙头。

我国历代城市建置，还讲究等级规格和相土尝水、择高地、辟水源、通水系、连系郊野，以及布局的整体性等一系列的原则与方法。其中对于规划布局则特别强调：(1)

严整有序、重点突出、适用而美观，包括区划分明、泾渭分明、动静分明、城郊内外一体、时间空间结合；(2) 山水、田野、园林，重其自然，巧于因应，灵活布置入趣；(3) 城市整体建筑艺术大轮廓，主题鲜明，虚实结合，刚柔相济，高低大小有致，变化统一协调，而且建筑物“随类赋采”，街巷、花园、庭院的树木花草各有配置。这些城市建置的经验都是长期承前启后，逐步形成的传统。其影响远达海外不少邻邦。

再就是我国古代城市，在空间布局组织上普遍地有一种大同小异的“方型根基”贯串着。从民居、商店、作坊、庙宇到衙署，或到王府、宫禁，从里坊到内城、外郭，不论北方南方，沿海内地，都喜欢环境方正。六大古都的北京、西安、洛阳、开封的“方型根基”，一目了然。南京、杭州城郭不方，有的街道不正，但是宅、庙、署、宫等小环境仍是方的。古典园林，贵在取法自然，然而其中的厅、堂、轩、斋等还是方正的多。这种到处可见的“方形根基”是千篇一律的，但是由于场合、用处、组织、用材等的不同，或者由于地区、民族等的差异，塑造出的城市与建筑环境则是千变万化的，中国气味的。我们的戏曲、国画乃至中医、中菜等也都各有传统的“根基”，寓丰富于简单，寓千变万化于千篇一律。城市艺术是大块文章，最能集中反映民族文化传统。现实告诉我们，没有民族传统就没有民族文化，也就谈不上民族平等的世界文化。

三、保护名城的历史文化特点

名城在继承和发扬传统中，形成了历史共性，同时又各有历史特点。特点就是此一名城区别于彼一名城的个性。个性同样既表现为物质外形，又包含一定的精神内层。名城的环境是时间空间交织的综合体。其中最能形象地、现场性地反映历史文化个性的，就是文物古迹。为了保护历史个性，需要针对名城的历史特点做出区别。

基于政治历史性质决定的特点：

我国六大古都，迄今除明清北京外，其余多已名存实毁。因此北京作为保存文物古迹较多的历史名都就更加稀罕而有意义。如何在现代化建设中保护历史文化特点，这个问题在 1983 年中央批复的北京《总体规划方案》中提出了要求：北京的规划与建设要反映出中华民族的历史文化、革命传统和社会主义国家首都的独特风貌；以旧城为中心区的建设，要注意保留、继承发扬古都的独特风格和优点，并划定皇城为古建筑重点保护区；加强整理和开放革命文物；保护郊区文物古迹和风景名胜。北京旧城、皇城的历史布局及郊区的文物风景，从整体上最突出地反映了封建王朝金字塔式的统治结构特征。当然后来也成了埋藏王朝和人民革命纪念的史迹。这些标志北京前天和昨天的历史文化的特点，应当通过加强文物风景的保护而得到进一步的保护。

前面说过的延安、承德都表明了它们各自的鲜明的历史文化特点，这里不再陈述。

历史的重要作用之一，在于教育人民不忘过去，温故知新。因此在有的名城或非名城，还应当着重反映外寇大批惨杀我同胞的血难史实；保护遗址遗物，树碑、立传、雕像，昭示天下，永世长传，不容翻案。

以纪念特殊历史名人为特点：

这类名城可以曲阜和绍兴为代表。曲阜是个以纪念孔子为主的城。曲阜的文物古迹较多，最突出的是三孔——孔庙、孔府、孔林。这座名城，布局方正庄严，中轴笔直，左右对称，孔庙的等级很高，整个布局、建筑形制以及斗拱梁柱、石雕、彩画及琉璃瓦等均不亚于太庙的规格。孔府是孔子后代的府第，俨然是个世袭大领主的小朝廷。孔林是孔子及其后代的墓地，园地广阔，古柏千万，但十年动乱伐毁严重。现在被颠倒了的历史已重新颠倒过来。三孔及其他重要文物古迹得到了修复和保护。

绍兴被鲁迅称为有骨气的“报仇雪耻之乡”[⑦]。这方面的历史名人辈出。有“卧薪尝胆”的越王勾践，有南宋爱国诗人陆游，有城亡与亡的明末许多文人志士，近现代更有徐锡麟、秋瑾、陶成章等民主革命烈士，杰出教育家蔡元培，伟大文学家鲁迅等。这些特殊历史名人的坚贞气节、崇高情操、巨大贡献和深远影响，早已成了我们的宝贵的精神财富。因此，保护这些名人的故居和有关的重要文物古迹，就等于对绍兴历史文化特点的保护，发扬他们的宝贵精神。

反映少数民族和地方的特点:

少数民族名城的历史文化，尤其特点突出，气息浓郁。例如拉萨，一方面蕴含着西藏悠久历史的重大事迹和人物的特点;一方面又聚集着藏族名城与建筑艺术的特色。布达拉宫高耸入云，宛如自山上自然长出，大昭寺凝结着汉藏联姻、文化交流的亲密历史关系，罗布林卡成为我国高原园林之秀，以及民间的八角街、大小寺庙和民居等，这些都是构成名城拉萨历史文化特点的最强音和谐奏音。新疆、云南等其他少数民族聚居的城镇也存在着它们的不同的鲜明的民族历史文化特色。

江南河网密布，靠山吃山，靠水吃水，因而水乡城市如苏州、绍兴等都是基于地区环境，源于生活和经济、文化的需要而发展起来的。水乡城市的地方特点，如城内城外，街前屋后，水道成系如网——对于城市生活、城乡货运、交通往来、排水与防灾、风土与景物等均直接有关系。水乡城市表现为一种地方味十足的特有风格。“君到姑苏见，人家尽枕河。古宫闲地少，水港小桥多”（杜荀鹤）。又如:“半酣凭栏起四顾，七堰八门六十坊。远近高低寺间出，东西南北桥相望。水道脉分棹鳞次，里闾棋布城册方。人烟树色无隙罅，十里一片青茫茫”（白居易）。这一首半唐诗生动地把一座美丽的水乡苏州的城市特色再现在我们的眼前，诗中有画，画中有实。对照“平江府碑”的宋朝苏州城市规划布局来看，适用，经济、美观皆在其中了。流水不腐，过去定期疏浚河道，兴利防患。现在长年倾倒工业、民用垃圾，排放污水，不浚不治，甚至填平筑路、筑洞，变江南水乡为北方旱城。这同东方威尼斯的称号如何相符？其他如西南山区、西北黄土高原等地也有它们的城市历史特点。

总之，要对少数民族名城和地方名城的历史特点加强保护。比如水乡城市的河道就要禁填、禁排污，并定期疏浚，改善卫生，有的则还应恢复某些河道。

以世界珍品或奇迹为特点:

敦煌、大同、洛阳以稀世的三大石窟艺术，临潼以秦始皇陵兵马俑奇迹为城市历史文化的最大特点，著名全世界。

三大石窟始于北魏、隋、唐等朝的壁画、塑像、石刻（云冈只有北魏石刻，龙门无壁画及塑像），艺术价值极高，历史意义特别重要。其中涉及佛教、社会、政治、经济、文化、中外关系，乃至建筑、书法、中医文献等许多领域和方面。从清末到新中国成立前，石窟珍贵文物多次被盗外流，损失无法估计。当前不顾国家政、策法令，不作规划，因而导致“建设性破坏”之事也时有出现。例如：敦煌民航机场选址距莫高窟很近，不利于石窟的保护。云冈石窟前面轻易地划地建房。尤其龙门石窟问题更多。一是近几年石刻头像几次被砸掉；二是石窟绝对保护区内，最近不顾国家文物保护法和文化部的指令，又在抢建另一座钢筋混凝土桥；三是正在天然的伊阙的北段，添建所谓“人工双阙”；四是洛阳往南的城市对外交通，长期穿越龙门石窟的绝对保护区，迄今未彻底解决；五是有些石窟常有农民过夜，甚至在内烧火做饭或大小便。

临潼秦陵出土的兵马俑，被誉为“人类奇迹，民族骄傲”，震惊中外，成为临潼、西安、祖国历史文化的奇绝。十年动乱，竟把一座很大的缝纫机制造厂从上海迁建到秦陵的绝对保护区，现在骑虎难下。

标志名城最大历史文化特点的这些文物均属国宝，均最吸引人。对国宝的任何损伤就等于对名城最大历史文化特点的摧残。为此亟待改进工作。必须：（1）提高干部和群众的认识。（2）依国家文物保护之法，以法律为准绳，加强文物保护，违法必究。（3）赶紧作好这些国宝的保护规划，报批后执行。

四、保护名城的历史文化风貌

名城的历史文化风貌同传统、特点紧密联系，尤其风貌和特点更加难分。简单地说，风貌更多是指面貌风格。

保护名城的历史风貌，需要发现、评价和保护有价值的历史环境和古建筑。在城市最能反映历史风貌整体和四度空间形象的，没有别的因素比建筑艺术更富于表现力了。即使北京现存的传统街道格局，如果离开建筑艺术，恐怕也不容易表达中国味、北京味。许多国家的城市同属棋盘街格局，但城市风貌迥异，关键在于建筑艺术的风格不同，情调不同。这就是说，我们不能仅仅满足于二度空间的平面格局，而要着重四度的时空整体。

保护名城历史风貌，要注意时代性及民族风格。德国哲学家黑格尔说：“每种艺术品都属于它的时代和民族”。名城和建筑艺术也是这样。作为规律，名城环境空间的昨天、今天、明天不可分割；而且历史是科学，不能篡改。因此反映前天、昨天的文物古迹必须保护其时代真面目。陈毅同志讲过：不要对文物古建筑进行社会主义改造。国家《文物保护法》对此也有规定。开封相国寺的修建，花钱不少，本想为这座六大古都之一增加历史时代风貌，但好心错改，弄巧成拙，不伦不类。

城市与建筑的民族风格涉及的继承与创新，都离不了从文物古迹的传统技艺中吸取营养；同时也要同化外国经验的可用部分。周恩来同志指出过：“我们是中国人，总要以自己的东西为主”，“外国好的东西也要加以吸收，使它溶化在我们民族文化里”（《关于文艺工作的三次讲话》）。党的三中全会以来，比以往任何时候都更加强调走中国式的道路。最近中央批准的《北京市建设总体规划方案》批复指出：“通过改造，既要提高旧城区的各项基础设施的现代化水平，又要继承和发扬北京历史文化城市的传统，并力求有所创新”，还指出：“要努力提高城市的建筑艺术水平。各种房屋建筑、道路、广场、园林、雕塑，都要精心规划精心设计，体现民族文化的传统特色”。总之，民族风格或民族化或民族形式，说到底是中国人的民族心理、民族感情的一种习惯、自尊心、爱国心的自然表现。

城市过去的面貌，有一部分反映了外来侵略的历史。上海、天津、青岛、大连、哈尔滨、武汉以及北京的东交民巷使馆区等，它们的特殊历史面貌风格，尽管是洋味的或半洋味的，但是，那是中华民族受侵略、压迫的反面实物见证。

保护历史文化风貌还应包括古树名木的保护在内。不少城市不把这类文物放在眼里。陕西黄帝陵监守自盗，砍伐古松柏做棺材的事件，简直令人不能容忍！

对名城历史风貌保护的规划方法，不外乎分区、分块、分街、分系、分点，外加

1 2
3 4

图 1. 平遥市楼
图 2. 平遥城墙 (修缮前)
图 3. 平遥院落
图 4. 平遥小巷

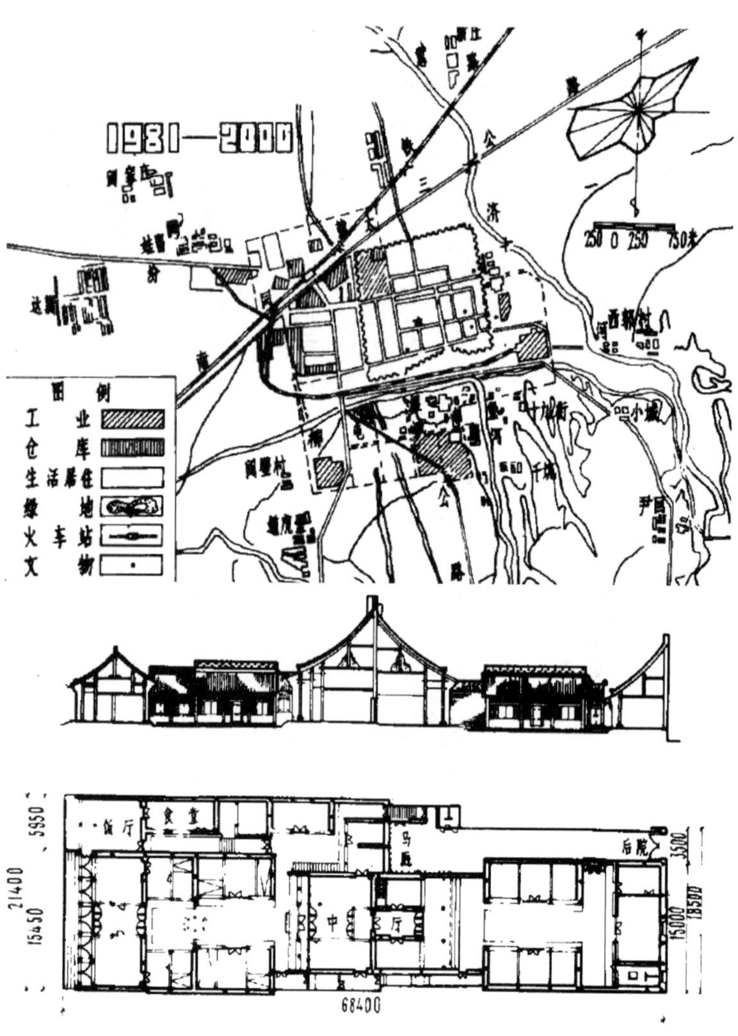

5
6

图 5. 山西平遥城总平面
图 6. 平遥典型院落平、剖面

控制一定的保护范围。这里我想另外谈几点有关的问题和意见。

（1）加强详细规划和设计。保护名城历史风貌，单凭总体规划不够，必须同时依靠区、块、街、系、点的详细规划和设计。只有把详细规划和设计作深作细，包括文物风景及新建改建等在内，并取得审批的法律依据，才能防止建设性破坏，保证环境协调不乱，保护重要的历史文化风貌不毁。而总的方面更要密切结合用地功能调整、工业调整、选址把关和环境保护来进行，有的还要结合城市性质的调整。

（2）文物古迹要定性分级。保护历史风貌，应按照文物古迹的历史、艺术、科学价值的不同和城市整体布局的适用及美观要求的不同，规定性质和级别。例如，北京皇城区定为古建筑重点保护区，其中有禁建、半禁建及风格等的制约。这是它的定性分级。五四街、文津街、琉璃厂街规定突出民族传统风貌，周围建筑高度从严限制，以保护街景的空间环境轮廓和气氛。这又是一种定性分级。总之，如何定性定级要按照城市自己的历史文化条件及整个规划安排加以确定。有的历史小城如山西平遥，历史风貌保存较多（图1~图6），规划上定为旧城基本上不拆，保存原有晋中风貌的民宅、街巷、市楼、店铺、寺庙等继续使用，只建一些无碍观瞻的市政工程，而把新建区辟在旧城以外。世界著名的美国威廉斯堡城，也是古城与新区分开的好实例。

（3）高层建筑、高烟囱、高水塔等的位置应严格限定。名城新区或改建区的建筑高度，特别是高层建筑，不论是成片的或单栋数栋的，都应在空间布局轮廓上，密切考虑与保护历史风貌的艺术关系。所谓“建设性破坏”，很大部分都是来自建筑高度失控，或高层建筑分布不当，或烟囱、水塔随便暴露。建筑越高，等于钉子越长，钉得不好也拔不动。

（4）加强古树名木的调查和保护。并把文物、风景的保护紧密地同城市绿化建设结合起来。

（5）清理名城环境丑陋，也应纳入规划。过去由于城市规划无用论，各自为政，法制观念差而造成的不良后果很多。甚至影响或破坏名城的整个历史风貌。对于乱占、乱建、乱拆、乱砍的既成事实，今后应纳入分区、分块、分街、分系、分点的详细规划和设计，立案存查，不能既往不咎。要经过调查研究作出规划，逐步清理。有的立办，有的缓期执行，或改造，或拆除，或部分拆改，或改为绿地等等。这看来属于管理，但也属于规划，不这样搞，风貌杂乱就没法解决。

（6）提高城市规划和设计工作的环境艺术素质水平。保护名城的历史文化风貌，加强城市的详细规划和设计，涉及很多综合复杂的问题。其中最薄弱的是我们对城市历史文化和艺术方面的认识、素养和水平。因此需要在这方面普遍地有所提高。

保护名城存在许多矛盾问题。加上我们当前的经济力量、体制和认识等方面的情况，问题就更为错综复杂。本文所谈的仅仅是侧重于一个角度。

注释：

① 乾隆《避暑山庄百韵诗有序》。

② 《乾隆普乐寺碑文》。

③ 乾隆《喇嘛说》。

④ 三山五园指清代北京西郊皇家园林：香山的静宜园、玉泉山的静明园、瓮山（即万寿山）的颐和园及圆明园、畅春园。

⑤ “城市规划是龙头”为城乡建设环境保护部已故谢北一副部长讲。

⑥ “体国经野，都鄙有章”——意思是：建设首都（国）要定好城墙、城门、路系、沟壕及主要建筑朝、市、祖、社的地位，并统一考虑郊野，使城区（都）郊区（鄙）的规划有秩序可循（按宋王安石撰《周官新义》的意思，1937 年商务印书馆出版）。

⑦ “报仇雪耻之乡”——鲁迅《女吊》引用明人语。明末清兵南下，大官僚马士英由南京逃浙，想到绍兴躲藏。绍兴文士王思任写信骂他：“强敌来则缩颈先逃，……夫越乃报仇雪耻之乡，非藏垢纳污之地也”。（明 · 张岱《琅嬛文集》“王谑庵先生传”）

原文刊载于《建筑学报》1983 年第 12 期

城市化和历史文化名城

周干峙

城市化和历史文化名城是两个内涵不同又互相关联的命题，准确认识和正确处理好这两个问题在当前我国社会经济中具有特殊重要的意义。历史文化是城市发展之“源”，城市化是发展之“流”。我国城市应当“源远流长”，才是健康的持续发展之道，现分别谈谈自己的看法，供研究参考。

一、关于城市化

城市化这一概念早在半个多世纪以前，在发达国家的经济地理学者中已经提出来了，已经认识到城市化是工业化的伴生物，城市化现象主要是指两点：①指农村人口向城市转移，城市人口在全国总人口中的比重超过了农村人口；②指大城市（一般指几十万、百万以上）人口的集中。这些论点，我国学术界也早有所知。但由于新中国成立后的国情，当时的国家利益要求用较小的代价较快地取得工业化的成果，必须采取所谓“勒紧裤带”集中发展工业的政策，总的是想在原有城市的基础上发展新工业，而抑制大城市、不改造旧城市，“大庆经验”以后就进而继续发展城市，想迅速走“城乡结合”，“消灭城乡差别”之路。日本学者越泽民曾善意地指出，中国要走的是“非城市化的工业化道路”。历史的实践证明，工业化离不开城市化。1980年中国城市规划学会在南京曾专门讨论城市化问题，认为城市化是必然趋势，提出了要做好规划等对策，但各方面反响不大。至20世纪80年代中，在部门文件中开始提出城市化发展方向的问题。至20世纪90年代国家经济工作中才正式把城市化列为重要目标，至今，城市化已列入“十五”计划，可以说已经深入人心，越来越受到各方面的重视。

事实上，工业化必然带来城市化。半个多世纪以来，特别是20世纪八九十年代以来，我国城市化已取得了举世瞩目的伟大成就。中国工程院不久前出版了一本书——《二十世纪中国巨大工程成就》，经几百位专家严格评审，共选出了二十五项我国世纪性的成就，其中“城市化”是没有争议，一举入选的。因为我国的城市变化太大了，半个多世纪以来，增加了500多个市（由100多个增至663个）、1万多个镇（由几千个到近2万个），城镇人口由5000多万增至4亿2500多万（城市化率由10%增至36%）。在如此巨大增长的情况下，仍保证了4亿城市人民的衣食住行。盖了近50亿㎡的新住宅，基本普及了清洁的自来水、煤气、各种道路、排水设施，许多经济发达的城市，以其方便、舒适、实用和高效跻身于世界现代化城市之列。而且，与世界城市化过程中比较普遍的现象不同，我国的城镇化不是伴随着农村破产和城乡关系的尖锐对立而发展起来的。而是走了一条城乡共同繁荣，避免了大城市过度膨胀和与之相伴的城市贫困现象。作为一个拥有世界四分之一人口的发展中国家，这种城市化持续稳定的推进，是对人类发展的重大贡献。

按照经济发展的规律，我国目前的城市化仍滞后于工业化，在可以预见的未来，城市化仍将迅速发展，因此如何保持其持续健康地发展，显然十分重要。就像许多事情在发展迅猛的情况下总有不足之处，我们在充分认识取得了不起成就的时候，就必须充分认识尚且存在的种种问题。在当前我国城市化进程中，我认为已出现以下误区：

（1）把城市化目标变成一种指标，或作为城市现代化的一个指标。达到一定目标并不是指标越高越好。欧美不少国家城市化比重达 70%~80%，并不比 90% 以上的国家落后。

（2）不分地域范围大小都讲城市化、比城市化。一个省域的城市化怎能和一个市域的城市化来比？甚至一个县域也讲城市化是没有意义的。小范围的一个市，历史上市域小，后来扩大了，前后对比，也许几十年前的“城市化”比现在还高。

（3）中国未来的城市化比重，也未必一定比其他国家高才算好。要看高在哪里了为什么高？目前我国在一定范围内城市化比重最高的地方可能是内蒙古额济纳旗，该旗总面积 11.46 万平方千米比浙江还大一点，总人口 4 万多，87.5% 集中在旗政府所在地，那是荒漠化迫出来的，牧民进城贫困化，这种城市化真是罪过。

（4）在历史长河中用城市化发展程度去衡量古代城市，如讲汉、唐时代城市化如何如何，忘记了城市化本身只是历史中一段时期（工业化时期）的产物，连后工业化以后的城市都将另当别论，工业化前的城市无“化”可谈。

（5）人为的一时的城市人口比重提高，并不等于城市化水平提高了，同样，我国过去实施控制城市人口增长政策时，也并不等于城市化水平就特别低下。

（6）要“加速城市化”，“推动城市化发展”的提法不准确，本是伴生物，不能舍本求末（图 1）。

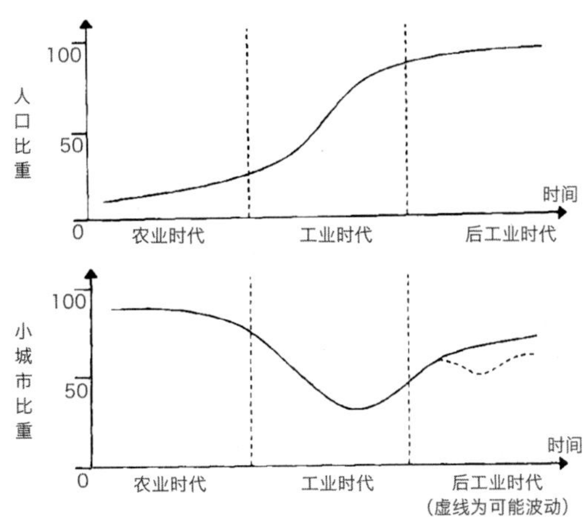

图 1. 人口比重曲线与小城市比重曲线对比图
注：上面的 S 曲线来自 1979 年美国城市地理学家诺瑟姆（Nos Than），下面的 U 曲线来自本文作者的小城镇发展论文

城市化是一个综合现象，有极为复杂的因素，要分析研究认识，不能简单化地加以演绎决策。特别是我国的城市化有很多自己的特点，要注意解决好自己特有的矛盾问题。笔者初步认为，有以下六个方面值得注意：

（1）讲城市化要数量和质量并重，特别要重视质量。城市必须要有良好的生活质量，包括良好的市政、公用设施，住房和各类公共用房设施，不能只重外表，忽视实用、经济，只重地上建筑，不重视地下基础设施。

（2）讲城市化要争取速度和持续发展并重，特别要重视可持续发展。作为开放的复杂的巨系统的城市，按照系统的规律，其发展并非简单的叠加。各系统之间，系统发展的先后之间，协同共济或矛盾互挤，效益差别巨大。进进退退，停停打打，都不利于发展。

（3）讲城市化要实体与环境并重，特别要重视环境。环境条件既是城市赖以生存之基础，又是现代城市素质之根本。城市化同时应保护好自然环境、创造宜人的人造环境。保持人和自然的协调共存，否则违反规律，就难以逆转。与世界先进的城市化国家相比，我国城市环境的差距甚大。例如城市人口密度过大，大环境荒漠化等问题，都必须花力气才能有所改善。

（4）讲城市化要硬件与软件并重，特别要重视软件的建设，越是现代化城市，越是不可缺少现代化的经营与管理，在建设优质硬件的同时必须建立起良好的管理工作。温家宝同志讲得好："当前，我国城市工作中普遍存在的突出问题，就是'重建设、轻管理'，城市管理思想落后、管理水平低，是城市建设和发展中许多问题的症结所在。……要实现城市现代化就必须着力提高管理水平。为此，首先要适应新形势的要求，确立正确的城市管理思想，改进领导方式和领导方法。……城市管理一定要按照市场经济和现代化建设的规律，充分发挥市场对资源配置的基础性作用；同时要加强和改进政府对城市建设的管理。……要加强法制建设，健全法律法规，严格执法，坚持依法行政、依法治市，务必把城市各项管理工作纳入法治化轨道。总之，要通过全面加强管理，使城市既充满活力和生机，又协调有序和健康的发展。"（在第三次市长协会第三次代表大会上讲话）

（5）讲城市化要个体（城市）与群体（区域）并重，特别要重视区域问题。城市化本身就是从区域着眼观察城市现象的，而且任何城市都离不开区域的支撑。还是温家宝同志讲的好，要处理好城市建设与区域发展的关系，他说“城市是区域的中心，区域是城市发展的基础。城市工作必须正确处理城市与区域的关系，促进城乡协调发展。一方面，要不断增强和完善区域性中心城市功能，充分发挥中心城市对发展区域经济的辐射带动作用。另一方面，城市的建设和发展必须立足于区域资源条件和环境条件，服从于整个地区发展的需要。要做好区域规划，建立有效的协调机制。要统筹安排基础设施，避免重复建设，实现基础设施区域共享和有效利用；严格限制不符合区域整体和长远利益的开发活动。同时，城市规划也要打破就城市论城市的狭隘观念，增强区域意识。城市不仅要从自身条件和发展要求出发，还必须充分考虑区域整体状况，安排好生态环境保护、资源开发利用和基础设施建设。”

我国的城市化发展到今天，已经出现了“高密集、高城市化地区”，就是人口在千万以上，土地在几万平方公里以上城镇高度密集的地区。有学者研究全世界共七处，而中国占三处——长江三角洲地区、珠江三角洲地区、和京津“大北京”地区。如果没有区域规划，综合协调发展，何来健康的城市化呢？

（6）讲城市化要物质文明和精神文明并重，特别要重视精神文明。这显然是中央领导曾深刻指明，并为大众所深切感悟了的重大问题。大家知道，没有文化的城市谈不上是现代化城市，也谈不上是健康发展的城市化，这里不再展开。在城市精神文明建设中有一个城市历史文化的保护问题应是城市规划建设部门致力于健康发展城市化的最直接责任，需要再专题表述如下。

二、关于历史文化名城

“历史文化名城”的提法是我国独创的。国外一般叫作“古城”（Old City），“历史城市”（Historical City）等等。我国这一提法显然包含有历史的、文化的和高水平的三重含义，比较全面。如何保护历史名城，（包括 102 个国家级历史文化名城[1]和所有城市中具有历史文化价值的部分），保护这些城市的历史文物、历史风貌、历史建筑、历史街区、历史习俗等等，已经有过许多讨论和研究，受到了有关领导和社会各界一定程度上的重视。

笔者认为，保护历史文化名城有四方面重要意义：

（1）具有重要的文化价值。城市是历史文化的载体，是民族国家之根本。

（2）具有科学价值。它体现了前人的智慧，给后人以启迪。

（3）具有教育价值。包括对社会经济、科学技术和政治思想教育的作用。

（4）具有美学价值。从形式美到心灵美，广义的美学是人类精神生活的最高境界。

如此具有重大价值的历史文化名城为什么却“屡屡惨遭破坏”呢？看来，在认识上还有四个误区：

（1）认为它的形象破旧。如同垃圾，何值之有。

（2）认为它是落后标志。已经过时，留之何用。

（3）认为它浪费用地。不合今用，只能重建。

（4）认为它阻碍发展。碍手碍脚，去之方快。

其实，城市中许多有价值的历史的印记就像是人的生命的足迹，是生长的资源，是财富，是宝藏，是特色，只要客观全面地看待问题是不难认识清楚的。

但是，在城市化初期，世界上也有过上述错误的认识。在现代化过程中不分青红皂白地毁坏古城古物。在我国现阶段有四种力量，或者叫四个“积极性”支持着这种所谓的大规模改造旧城：

（1）开发经营者的积极性。因为城市里的人总是离不开历史的积淀，只有在靠近有历史基础的地方，开发经营才有最高的回报率。

（2）城市领导者的积极性。在人们最容易见到的地方，才最能表现其政绩，才能得到赞誉。

（3）一些蹩脚规划师、建筑师，要么不懂，要么迎合，从大拆大迁中得到好处。（以上三条在浙大毛昭晰教授的人大发言中已讲得很透）。

（4）部分居民的积极性。原来无力通过自己改善居住条件的，可能从拆迁中得到一定的补偿（被强迫命令者除外）。

很显然以上几个“积极性”，如正确引导，可以真正起到在促进城市化的同时保护好历史文化名城的作用，但如果缺乏正确领导，必然是只看到近期利益，而丢弃了长远的文化延续的利益，损害了居民应有的区位利益（很多被迁居民往往在后来醒悟过来），影响到城市的环境利益、交通顺畅的利益、旅游经济发展的利益等等，最终是得不偿失的。

世界上已有不少发达国家，总结了历史经验，不断提高对保护文物，保护历史城市，保护历史街区，保护历史印迹的认识，并认识到保护与发展必需统一起来，而且可以统一起来，保护历史文化本身就是现代化建设的不可或缺的重要组成部分。

这种认识表现最突出的是在许多欧洲城市，几乎无一不把现代化城市建设和尽量保护原有风貌结合起来，英国早就不用旧城改造（Reconstruction，Renew，Renovation）等提法，而改用激活旧城（Regeneration），整治旧城（Refurbishment）等指导思想，而且在实际工作中探索创造出多种多样的从较大范围到个体建筑的细致的保护利用措施。

世界上三大列入联合国世界自然历史文化遗产的城市——巴黎（中心区）、巴西利亚、圣彼得堡（中心区），就是各有特色的得到整体性保护的历史文化名城。都是风貌统一的大城市，巴黎是18世纪奥斯曼以后，通过文艺复兴及巴洛克建筑风格，通过用相同的石材、铸铁栏杆等细部，取得极为统一的城市风貌；巴西利亚则是完全新建的二战后的现代风格，是“新”的风貌的统一体；彼得堡是学了巴黎再吸收东方（西亚）特色，在统一中具有一定变化的特色。

从城市景观艺术看有“统一”的美，也有“不统一”的美。伦敦可算是另一种典型，由于历史条件，久远年代的积淀，点点滴滴，在并不“统一”的形态中，可以看到它的连续性、逻辑性，仍然是一个具有美感的相对完整的城市。至于城市的个别部分，一街一屋，一路一景，把历史与现实与未来结合起来，处理聪慧的例子在世界城市中已经数不胜数了。

回顾我国保护历史文化名城的经验教训也是十分丰富的。曾有不少败笔，也有一些成功典型。不少历史文化名城为保护其特色，处理好新旧之间的关系，进行了大量的研究探索，如苏南和浙江的一些中小城市。但总的来看，盲目非古，视宝为废，大拆大建，大搞“更新改造”之风还没有制止，造成经济、文化的损失也越来越大。对比世界一些发达国家，如法国在20世纪70年代即经普查确定全国200多万处保护项目（人民日报报道），而当时据我国文物专家估计，我国最多仅存50万处。欧美一些国家旧城保护范围达全城80% ~90%，以至100%。而我国已经很难再找出继平遥、丽江以后能够申报联合国作为世界自然文化遗产的完整的历史古城了。原来可以和巴黎比美的北京老城区，也无法和人家同日而语了。

在近几年的迅速城市化过程中，由于城市经济实力增强了，加上旅游事业的需要，历史城市、历史街区和历史景观得到了较好的保护，但仍是局部性的，在某些局部得到保护而总体格局上破坏不堪、难以补救的例子还不少。我国城市历史文化的保护范围和保护项目绝不是多了，而是少了，太少了。

我们应当认识到，历史名城保护工作不仅仅是保几个区、几条街、几幢房的问题。它实质上是对“名城”整体工作的一个全面的认识问题和工作的综合反映，它涉及对城市规划建设、管理的方方面面。最终体现的是城市整体的素质、品位和文化，其成败又具有不可逆转性。正是由于这一认识高度，许多专家提出当前必须制止对旧城进行大拆大迁，要重新并加深对历史文化名城和所有有历史价值的旧城区的保护规划。像几年前抢救国家文物，保护自然生态环境那样，把该保的城市的历史环境、文态环境坚决保下来。

温家宝同志在全国市长协会第三次代表大会上论述保护历史文化名城十分精辟。他在第八段讲话中有整整一段讲正确处理城市现代化和保护历史遗产的关系。他说：

“城市是一个不断发展、更新的有机整体，城市的现代化建设是建立在城市历史发展基础之上的。我国是历史悠久的文明古国，许多城市拥有大量的、极其宝贵的自然遗产和文化遗产。自然遗产和文化遗产来自天赋和历史积淀，一旦受到破坏，就不可能复得。在城市现代化建设中，必须高度重视和切实保护好自然遗产和文化遗产。城市现代化建设与城市历史文化传统的继承和保护之间，不是相互割裂、更不是相互对立的，而是有机关联、相得益彰的。继承和保护城市的自然遗产和文化遗产，本身就是城市现代化建设的重要内容，也是城市现代文明进步的重要标志。当今世界上，许多著名的城市在现代化建设中，都采取严格措施保护历史文化遗产，从而使城市现代化建设与历史文化遗产浑然一体、交相辉映，既显示了现代文明的崭新风貌，又保留了历史文化的奇光异彩，受到了世人的普遍称道。保护好自然遗产和文化遗产，使之流传后世，永续利用，是城市领导者义不容辞的历史责任。

当前，我国城市建设中存在的突出问题是，一些城市领导只看到了自然遗产和文化遗产的经济价值，而对其丰富、珍贵的历史、科学、文化、艺术价值知之甚少，片面追求经济利益，只重开发，不重保护，以致破坏自然遗产和文化遗产的事件屡屡发生。有些城市领导简单地把高层建筑理解为城市现代化，对保护自然风景和历史文化遗产不够重视，在旧城改造中大拆大建，致使许多具有历史文化价值的传统街区和建筑遭到破坏。还有些城市领导在城市建设中拆除真文物，兴建假古迹，大搞人造景观，花费很大，却搞得不伦不类。对于这些错误做法，必须坚决加以纠正。

历史文化遗产的保护，要根据不同特点采取不同方式。对于‘文物保护单位’，要遵循‘不改变文物原状的原则’，保存历史的原貌和真迹。对于代表城市传统风貌的典型地段，要保存历史的真实性和完整性。对于历史文化名城，不仅要保护城市中的文物古迹和历史地段，还要保护和延续古城的格局和历史风貌。对于自然遗产，要按照严格保护、统一管理、合理开发、永续利用的原则，保护、建设和管理好。作为一个市长，要加强文化修养，要了解一个地区、一个城市发展的历史，办事情、作决策要对历史负责，对人民负责，对子孙后代负责。”

历史发展到今天，已经为我国社会经济发展提供了极其难得的机遇。要保持城市这一大系统，健康的可持续的发展，一定要制止对历史文化的破坏性建设。如果把山水景观丢了，代之以水泥、玻璃的高楼群；把传统的建筑都推倒，代之以抄袭克隆的“方盒子”；失去自己特色氛围，代之以复制搬来的“欧陆风”，其结果只能是低水平、低质量、低品位的“城市化”。和刻意创新、吸收优秀外来文化毫无共同之处。也谈不上什么现代化形象，算不上真正的政绩工程。

总之，一个健康的社会经济需要有健康的城市化，一个健康的城市化又必须要有相应的健康的生态和文态环境（图 2）。

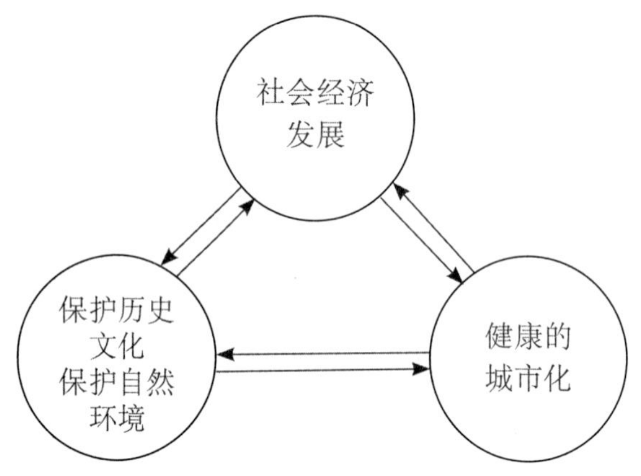

图 2. 城市化与社会经济及生态、文态环境关系图

城市建设只有真正按照“三个代表”的思想，各方面相辅相成，协同共济，才能与时俱进，进入更高的阶段，相信我们定能总结经验，提高认识，完成我国高度文明的城市化的光辉历程。

注释:

① 此为当年的数据，截至 2014 年 3 月国家历史文化名城的总数为 123 个。

原文刊载于《城市规划》2002 年第 4 期

我国历史街区保护与规划的若干问题研究

阮仪三

一、我国历史街区保护的发展历程

我国对于历史文化遗产的保护初始于对文物建筑的保护，然后发展成为对历史文化名城的保护，后来在此基础上增加了历史街区保护的内容，形成重心转向历史文化保护区的多层次历史文化遗产的保护体系。

1982年国务院公布了第一批国家历史文化名城，要求“特别对集中反映历史文化的老城区……更要采取有效措施，严加保护，……要在这些历史遗迹周围划出一定的保护地带，对这个范围内的新建、扩建、改建工程应采取必要的限制措施。”[①]我国在这一时期虽然还没有形成历史街区的概念，但已经注意到了文物建筑以外地区的保护问题。

1986年国务院公布第二批国家级历史文化名城时，针对历史文化名城保护工作中的不足和面对旧城改建新的高潮，正式提出保护历史街区的概念。主要原因有：首先，历史文化名城概念及其保护内容不清晰。历史文化名城的概念是“保护文物特别丰富，具有重大历史价值和革命意义的城市”[②]，这个标准明显的弊端就是重个体传统遗产保护而轻城市整体文化环境保护。第二，历史文化名城的保护范围没有明确界定，造成保护规划实施、管理和资金保障上的诸多不便。第三，保护与发展的矛盾并没有得到解决。由于历史街区的现状条件与现代化生活的要求相去甚远，面对大规模旧城改造的冲击，名城保护工作更为艰难。在这种情况下，我国的许多历史文化名城表面上是整个名城保护，其结果往往是名城整个保不住，常常只成为一面“名城”招牌，许多历史街区受到“建设性破坏”，历史风貌遭到严重破坏。

1985 年 5 月，建设部城市规划司建议设立“历史性传统街区”，国务院采纳了这个建议，提出“对文物古迹比较集中，或能较完整地体现出某一历史时期传统风貌和民族地方特色的街区、建筑群、小镇、村落等也予以保护，……核定公布为地方各级‘历史文化保护区’”[③]。同时该文件明确地将“具有一定的代表城市传统风貌的街区”作为核定历史文化名城的标准之一，这标志着历史街区保护政策得到政府的确认。

1996 年“黄山会议”[④]明确指出“历史街区的保护已经成为保护历史文化遗产的重要一环”。1997 年 8 月建设部转发了《黄山市屯溪老街的保护管理办法》，对历史街区保护的原则方法给予行政法规的确认，也为各地制定历史街区管理办法提供了范例。

1996 年，在著名科学家钱伟长等专家的建议下，国家设立了历史文化名城保护的专项资金，主要用于重点历史街区的保护规划、维修、整治。1997 年丽江、平遥等 16 个历史街区共得到 3000 万元的资助，此后每年有 10 个左右的历史街区得到了这项资助。

历史街区保护制度的确定使我国历史文化遗产的保护上了一个新台阶，标志着我国历史文化遗产的保护向着逐步完善与成熟阶段迈进。

二、我国历史街区保护的现况

（一）我国近年来历史街区保护和整治的成功实例

历史街区保护制度确立以来，我国的历史街区保护工作取得了可喜的成绩。许多历史街区的保护和整治取得了良好的效果。近年来我国历史街区保护比较成功的部分实例有：

(1) 平遥南大街。南大街位于平遥古城中心区，1997年的整治，将架空电缆和电讯线埋入地下，并把沥青路面恢复为条石铺砌，鼓励沿街居民开店铺和办民俗展览。经过修整，该街区很好地保存了历史风貌，同时又繁荣了经济，发展了旅游。

(2) 丽江。第一批接受国家资助的历史街区，利用这笔资助，丽江对古城街区的排水工程和照明工程进行改造，促进了古城的保护和经济的发展。

(3) 黄山市屯溪老街。在清华大学朱自煊教授的具体指导下进行规划和整治，1995年被定为建设部试点保护的历史街区。政府投资改善基础设施，居民自己出资整饬店面。现在屯溪老街的旅游业发展良好，成为黄山旅游者的必游之处。

(4) 临海紫阳街。国家第一批资助保护的历史街区，在同济大学国家历史文化名城研究中心制订的保护与整治规划的指导下，采取先试点、后推广的方式，使紫阳街得到了很好的保护和利用，成为展示历史文化名城临海的重要窗口。

(5) 桐乡市乌镇古街。乌镇是风貌保存比较完整的江南古镇。1999年起在同济大学国家历史文化名城研究中心的指导下，桐乡市组织成立了专门机构，制定一系列政策文件[5]，有步骤地对历史街区进行了环境和建筑整治，完整地保护恢复了原来的历史风貌和景观。乌镇用旧料来更换修补老屋、老街、老桥的办法，重现古镇原貌，“三线入地”，沿街每户设抽水马桶，旅游事业得到快速发展。

(6) 扬州东关街历史街区。市政府专门成立了东关历史街区工作领导小组，制定了一系列政策文件，对工程的实施、资金落实和使用、拆迁补偿和安置办法等做出规定，保证了历史街区保护和整治工作的顺利进行，取得了较好的效果。

(7) 泉州中山路。近代形成的骑楼街，长约215 km，宽12m，在泉州市统一规划领导下，采取政府补助、业主和居民部分出资的方式进行全面整治。根据不同情况用“洗脸”、“镶牙”等方式保护整治和恢复原来历史风貌，同时也振兴了街市商业，改善了环境。

（二）20 世纪 90 年代以后对历史街区的破坏及原因

20 世纪 90 年代，随着房地产市场的兴起，掀起了旧城地段的建设开发的高潮。由于许多城市没有重视历史街区的保护，用一般的城市旧区的拆建改造的方式，使得很大一批历史街区在经济发展大潮的冲击下受到破坏。

以福州市为例，城市总体规划中确定了两个历史街区：三坊七巷和朱紫坊。1994 年福州市请人做了三坊七巷地区的改建规划[6]，使得历史街区的传统风貌丧失殆尽。朱紫坊最近也做了完全拆迁居民、拆除旧街巷的规划，这两个历史街区面临被破坏的厄运。又如沈阳市，几年内就将保留着城市原来的历史风貌、文化遗存和地方风情的旧城区基本拆迁改建完毕，传统风貌荡然无存。再如徐州的户部山仅留存了几幢保存完好的传统民居，其他房屋全部拆光，却申报为历史街区。还有昆明，拆除了历史风貌完整的青云街，仅存的历史街区胜利堂文明街也成为房地产商开发争夺的目标。值得注意的是类似的破坏目前仍在继续，许多历史文化名城，特别是一些较大的城市，至今已难以找到较为完整的历史街区和历史地段。

这些情况在 20 世纪 90 年代的出现不是偶然的，有着历史、经济等多方面的原因。20 世纪 80 年代的城市建设热潮，主要是以扩大城市规模和建设新的开发区为主，旧区还不是开发的热点。20 世纪 90 年代以后，国家针对 20 世纪 80 年代的开发带来的城市规模过大、开发区过多过滥等问题出台了一系列调控政策，严格控制占用耕地和开发区的审批。以后城市新区开发的步伐明显放慢，城市管理部门和房地产商就把旧区作为新一轮的开发热点。

我国历史城市是以旧城为中心慢慢发展形成的，城市的旧区一直是城市的生活和经济中心，有着很好的区位优势，旧城区就是房地产商争夺的黄金地段。许多有影响的国内外投资者在这时期纷纷介入旧城改建项目。同时，旧区又是居住条件较差的地段，居民有着改建的迫切要求。这种需求和房地产商的对经济效益的追求在这个特定的历史时期中结合在一起形成一股很大的力量，对历史街区的保护提出了严峻的挑战。

（三）我国目前对历史街区保护的几个误区

历史街区的保护在我国还是一个比较新的课题，由于许多城市规划建设部门对这项工作还不是非常熟悉，在历史街区的保护工作中出现了一些错误的理解和做法，这些错误往往会对历史街区的保护带来无法弥补的损失。

（1）现在流行一个不恰当的说法是“要提倡积极保护，反对消极保护”。保护就是维护保护对象的原有价值不受损害，无论对文物建筑还是历史地段，都应该有明确的保护要求。如要利用，一定要符合保护的前提。提出“积极、消极”说的实质是要降低保护的要求，以满足一些眼前利益的要求。

（2）近年来一些人看到历史街区可以带来旅游收益，将历史街区仅仅看作是旅游资源，而将保护看作为开发旅游的手段。这从理论上说是本末倒置，在实践上也会带来许多错误的做法。

一种情况是以保护和发展旅游为名拆旧建新，从北京琉璃厂拆除原有传统建筑建新的仿古建筑开始，全国陆续出现了承德的清代一条街，开封的“宋街”，沛县的“汉街”，使许多有价值的历史街区沦为“假古董”。其中有些“假古董”在短期内也取得一定的经济效益，以至出现竞相仿效的情况。但后来它们不再成为人们热衷的对象，旅游收益迅速减少，使得历史文化遗产的保护和旅游开发都误入歧途。这种形式的开发建设是与文化遗产保护的原真性原则相抵触的，是对真正的历史文化遗产的破坏。

另一种情况是一些地方虽然没有大拆大建，但是提出将历史街区中的居民全部迁出，把民居全部改为旅游和文娱等设施，这种做法也是不对的。历史街区失去了传统的生活方式和习俗，也就失去了“生活真实性”。这种以表演性的仿古活动来代替依附在这些历史场所里的真实的人的活动，从某种意义上说是另一种造假的行为，街区会因此失去原有的历史韵味。

（3）还有一种错误的做法是把历史街区作为房地产开发的项目，用招投标方式的商业运作，以取得效益和利润。由于房地产开发的目的就是以利润为前提，而不是以保护为目的，因此依靠房地产开发公司去保护历史遗产是难以奏效的，这也是许多历史街区受到破坏的症结所在。

(4) 有一些规划设计单位往往把历史街区保护与整治规划等同于一般城市旧区改建或旅游景点的规划设计，导致了一些规划的欠科学合理，对历史街区的保护造成不可估量的损失。

三、历史街区保护与整治规划的特点

明确历史街区保护与整治规划的编制特点和编制方法对认真做好历史文化遗产的保护尤为重要。

(一) 保护整治规划编制的特点

“编制城市规划一般分总体规划和详细规划两个阶段进行”⑦，“详细规划分为控制性详细规划和修建性详细规划”⑧，一般各阶段的编制要求在建设部颁布的《城市规划编制办法》和《城市规划编制办法实施细则》中都有明确的规定。

保护规划与一般的城市规划不同，它自成一套体系。一般有两个层面，即城市总体层面上的历史文化名城保护规划和街区层面上的历史街区保护与整治规划。两个层面的规划都有其自身的特点，相当于总规与详规但又与这两者有差异。

总体层面上的历史文化名城保护规划，《历史文化名城保护规划编制要求》明确指出“历史文化名城保护规划就其内容深度讲是总体规划阶段的规划，但对于重点保护的地区要再进行深化”。规划主要有三个部分的内容，第一部分是城市整体层次上保护历史文化名城的原则与方针，包括保护框架、保护区的划定、城市保护功能与结构布局等；第二部分是各级重点文物保护单位的保护范围、建设控制地带以及各类历史文化保护区的范围界限、高度与视线控制，这部分内容以控制性要求为主；第三部分内容是重点保护地区的保护措施与整治对策，包括许多修建性的内容。也就是说，历史文化名城保护规划是以总体规划阶段的要求为主，涵盖了总体规划、控制性详细规划和修建性详细规划的内容。

对于历史街区保护和整治规划，同济大学国家历史文化名城研究中心近年来在工作中已经形成了一套较成熟的编制办法，并得到业内人士的认可。规划的主要内容包括三个层次。第一层次是宏观方面的内容，包括保护范围即核心保护区和环境协调区的具体界线的划定、历史街区用地性质的调整、道路交通规划、社会生活规划等，这部分内容以提出控制性的要求为主。第二层次是中观方面的内容，包括建筑物、构筑物的保护与更新模式、建筑高度控制、空间环境整治、小品设施的布置以及各项市政工程设施规划等，这部分内容深度要根据实际对象的具体情况来确定，一般以修建性内容为主。第三层次是微观方面的内容，针对历史街区的核心保护区的重点地段整治规划，它主要包括两部分内容：第一部分是空间整治和环境整治，即对规划范围内的具体空间环境布局提出整治方案，确定每个建筑平面的定型、定位和重要节点的设计以及环境小品的设计和布置等；第二部分是建筑整治，即针对每一幢建筑的立面、门、窗、屋顶、墙体等建筑构件提出具体的保护和整治的措施。从一定意义上说，历史街区保护规划与城市设计在规划层次上有类似之处，都有宏观、中观和微观的内容要求，很难将其归入某个规划阶段。

(二) 保护规划在编制步骤和方法上不同于一般规划

历史街区保护规划在规划编制的具体办法和过程上和一般规划也有显著的差别，主要一点是规划编制的前期阶段即现状调查阶段的要求大大要高于一般规划。一般规划的内容主要是布置新的建设项目，在现状调查上只需对规划地块做全面的了解，搞清用地情况、收集相关基础资料等。而对于历史街区保护规划情况就不同了，必须要充分掌握这个街区的历史遗存情况，要对每条街巷、每一幢房屋进行细致的调查，做出分析，而调查分析的同时也就提出了保护和整治措施。需要说明的是，调查要依据于规划人员的专业能力与水平——对历史文化遗产的认识与鉴别，这也是不同于一般规划的。

历史街区的保护和整治规划的现状调查内容包括三个方面：第一是历史街区所在城市的基本情况，包括所在城市的历史沿革、自然地理状况、历史文化传统、建筑特色、历史街区的分布和在城市中的地位和作用等。同时还要调查城市总体规划或者分区规划、历史文化名城保护规划对该街区的规划要求，相邻地段的建设和规划情况。

第二是历史街区的物质方面情况调查，主要包括：（1）土地使用现状调查，不仅要调查用地性质，而且要深入到每个地块的具体内容。（2）社会生活现状分析，包括人口、户数、公共设施分布情况及规模，以及居民居住质量与居住环境、市政设施分布等。（3）建构筑物现状，不仅包括房屋用途、产权以及建筑的面积和用地面积、高度、质量、风貌、年代、特征等状况，而且包括对建筑的墙面、屋顶、门、窗等构件的调查和分析，深度要求能够绘出现状建筑测绘图。（4）对街区环境的调查，包括铺地、水体、泊岸、树木、小品等。（5）文物古迹现状分析。调查中的内容不仅包括对各级文物保护单位的调查，还要发掘出具有明显地方特色的建构筑物和具有地方特色的精彩独特的空间景观；另外还包括历史上曾经存在的历史遗迹。在历史街区中一般含有文物保护单位或需要特别划定的历史文化保护地段，对于这些各级文保单位就必须严格按照《文物保护法》的有关规定划定保护范围，并制定有关的保护措施。（6）道路交通现状分析，包括机动车道和步行街巷的情况以及交通量估测。（7）各项工程设施及管网现状的内容。

第三是历史街区的非物质方面情况调查，主要包括：（1）街区的历史情况，包括历史街区形成的时期，发展和兴衰的过程及原因等。（2）名人轶事，指历史上与该历史街区有关的名人以及他们在街区内的活动情况等。（3）民俗文化，包括地方文艺、民间风俗、传统服饰、饮食文化等。

总之，历史街区保护规划现状调查的内容是非常广泛的，调查的深度要求也非常高。所以，对历史街区的调查特别需要耐心和毅力，需要很多的人员和时间投入，不可操之过急。

历史街区保护和整治规划的编制方法也不同于一般规划。一般规划的编制带有一定的主观性，特别是详细规划成果的编制是一个规划人员创作立意的表现，对于同一块基地可以有截然不同的多种合理方案。对于保护规划情况就不同了，保护规划可以说是在对现状的调查、研究、分析和判别的基础上直接产生的，规划是在对街区和建筑的价值的深入分析的基础上，认识历史街区的历史文化内涵，从而提出保护和改进措施。因此历史街区保护规划在很大的程度上是立足于客观存在的现状情况的，正是由于现状情况的客观性，决定了保护和整治方式有着较为固定的、客观的、科学的标准。对于同一个历史街区合理的保护规划，不可能出现截然不同的多种方案，只可能在局部地段或细部上有所区别。

四、历史街区建筑保护和更新措施

确定保护和更新模式是本着保护传统空间格局，在充分现状调查和对建筑年代、建筑风貌和建筑质量等因素的综合判定的基础上，对历史街区的每一幢建筑进行定性和定位，提出保护与更新措施。确定建筑的保护和更新措施要依据《文物保护法》的要求，考虑保护历史街区的风貌完整性、规划实施的可能性和整个历史街区保护的长期要求来综合考虑，这是保证保护规划可操作性的重要手段。根据大量历史街区保护规划的实践，对于历史街区内的建筑一般有以下几种保护和更新模式：

（一）保存，既保持原样，以求如实反映历史遗存。“保存”是针对各级文物保护建筑(文保单位)以及详细研究后确定的优秀传统建筑属“准文物”的建筑的保护措施，必须遵守《中华人民共和国文物保护法》的有关规定，“在进行修缮、保养、迁移的时候，必须遵守不改变文物原状的原则”[⑨]，以及“核定为文物保护单位的纪念建筑物和古建筑物，……如果必须作其他用途，……都必须严格遵守不改变文物原状的原则，负责保护建筑物和附属文物的安全，不得损毁、改建、添建或者拆除”[⑩]。这里的“不改变文物原状的原则”就是“修旧如故”，就是“保存”的原则。

（二）保护，就是保护建筑的原有风貌，并在保护历史街区风貌完整性的基础上改善生活条件。“保护”是针对现状保存完好的、标志性、对构成历史街区的风貌和主要空间界面有不可替代作用的、代表城市地域特色的或代表某种特定建筑类型的建筑物、构筑物，即建筑质量和建筑风貌都比较好的建筑。“保护”的具体做法对于建筑的外立面要求是不可改变原来的特征与基本材料，必须按照原有特征、使用相同材料进行修复，修旧如故，以存其真；对于建筑的内部设施和空间布局，可以根据具体情况加以必要的变动，如增加卫生设备、灵活划分室内空间等，以改善生活条件。在有的保护整治规划中有“改善”这一措施，应包含在这一项内。

（三）整饬，“饬”带有强制性改正的含义，即根据历史街区的风貌特征和要求，对建筑的立面和形体上不符合历史风貌的部分进行强制性的整饬，通过整饬恢复建筑的原有风貌或者减小它们与历史街区环境的冲突。整饬主要针对两类建筑，一类是局部改变但仍然保留部分原有风貌的传统建筑，对于这类建筑严格保护、修缮其特征部分，并以其原有特征或类型特征对其他改变了的部分进行整修、更新、更换和改造，同时重点对建筑内部加以调整改造，配备卫生设施，改善居民生活质量。另一类是对于可以通过整饬使建筑风貌与历史街区整体建筑风貌协调的新建筑，这类建筑一般在体量上与传统建筑区别不大，但是由于建筑的材料、色彩、形式等原因与街区的风貌不协调，如建筑立面贴瓷砖、色彩过于艳丽、平屋顶、铝合金门窗等，可以通过各种方法如更换建筑构件、加坡屋顶、降低层数等手段，使这些建筑符合整个历史街区的风貌要求。

（四）暂留，即暂时维持现状，待以后条件成熟时拆除、改建。这是指对一些应该拆除的不协调的建筑，由于种种原因一时无法进行拆除或改建，譬如在低矮的民居中20世纪80年代以后建的一些多层、高层建筑。以前在有的保护规划中使用的是“保留”这个词，由于容易误解成“永久的保留”或“合理保留”，有的城市就明确提过“合理保留”。这种说法是不恰当的，保留不是因为合理，而是在经费等现实条件制约下的无奈之举，按规划今后要拆除、改建。“暂留”可以理解为“判处死刑，缓期执行”，但不能改判，最终要成为完整的历史风貌。为避免歧义，用“暂留”代替“保留”更确切些。

（五）更新，针对影响传统风貌较大的建筑，采取拆除更新的措施。更新的对象主要针对功能不符、对周边环境风貌有较大冲突和视觉障碍、有条件拆除的建构筑物。更新的手段有三种，第一种重建，即拆除后根据历史资料依据历史原貌重建历史上该历史街区中曾经存在的建筑，包括迁建到这里来的传统建筑；第二种是新建，即拆除后新建在风貌上与历史街区环境较为协调的建筑；第三种是拆除后不再建，根据功能的要求将空地更新改造为公共空间、环境设施、公共通道或绿化等。

五、历史街区保护范围规模的确定

划定历史街区的保护范围就是在现状调查研究的基础上，确定一个明确的保护目标地域，这有利于立法管理、资金投入及规划的编制和实施。实践证明划定明确的有立法保证的范围界限从而规定不同于一般地区的保护方法，是历史街区保护工作的基础，也是历史街区保护规划具有可操作性的基础。

考虑到历史街区所应具有的三个特征，即较完整的历史风貌、有真实的历史遗存，有一定规模、视野所及范围风貌基本一致，街区的范围不宜过小。同时考虑到历史街区保护是“一项政策性、技术性均较强的工作”，即历史街区范围的划定是具有法律效力的，而这种效力的体现应不仅仅停留于文件中，更须伴随着具体而落实的财政经济和政策上的支持与援助，街区的范围划定不宜太大。

历史街区的范围应同时满足历史街区的三个核定标准，即历史真实性、生活真实性和风貌完整性，根据街区的具体情况来划定。

（一）历史真实性标准

指历史街区内应保存有一定数量和比例的记载历史信息的真实的物质实体，如历史性建、构筑物等，它们是街区整体氛围的主导因素。这样才能体现传统街区的整体风貌、历史氛围及历史含金量。因此，历史街区中具有一定数量及比例的真实历史遗存是十分重要的。

历史真实性的定量标准主要从历史街区内建筑的年代来分析，本文对下述几个典型的历史街区中的主导风貌年代[11]（所选案例建筑的主导风貌年代均为清末民初时期）建造的建筑占整个历史街区建筑的比例作了统计和比较，该比例可以作为评价历史街区的历史真实性的标准。

清末民初时期建筑物的所占比重（单位：%） 表1

历史街区名称	越子城	鲁迅路	西小河	周庄	甪直	龙门	平均值
主导风貌年代建筑比例	26.90	37.23	72.17	46.20	55.54	43.69	46.96

从表1中可以看出，在所选择的历史街区中，主导风貌年代的建筑比例平均为46.96%，绝大部分比例介于35%到55%之间。根据以上数据可以得出：为符合历史真实性的标准，一般情况下，我国历史街区中能体现传统建筑风貌年代的历史建筑的数量或建筑面积占街区建筑总量的比例应达到50%左右。

（二）生活真实性标准

历史街区人口构成分析表 表2

历史街区名称	现状人口（人）	规划人口（人）	人口保有率（%）
北京东四三条至八条	17744	11044	62.24
北京东琉璃厂地区	3553	2092	62.39
北京东琉璃厂西街	2290	1370	59.83
北京阜成门内大街	9360	8200	87.61
北京南池子片区	9200	6900	75.00
北京北池子地区	8531	5577	65.37
北京鲜鱼口地区	23798	18488	77.69
南长街、北长街、西华门大街	6486	4000	61.67
绍兴市越子城	8823	7270	82.40
绍兴市鲁迅路	3571	2618	73.31
绍兴市西小河	4473	2600	58.13
桂林市大圩古镇	5000	3000	60.00
临海紫阳街、西门街	8992	5800	64.50
平均值			63.58

生活真实性是指历史街区不仅是过去人们生活和居住的场所，而且现在仍然并将继续发挥它的功能，是社会生活中自然而有机的组成部分。生活真实性有两个评判标准，一是原有居民的保有率，这一个标准是可以量化的；二是原有生活方式的保存度，

即历史街区应该是该城市或地区传统文化和生活方式保存最为完整、最有特色的地区，其原有的传统生活方式的保存度应该是该地区最高的，这是一个定性的指标。

为了得到生活真实性的定量标准，我们对一些已经编制规划的历史街区现状人口和规划人口保有率进行分析（表2）。从表2数据可以得出：目前我国历史街区的人口保有率应在60%左右，这样基本可以保证历史街区的社会生活结构和方式不被破坏，同时原有居民的保有率又可以满足现行国家居住标准和现代生活标准。

(三) 风貌完整性标准

风貌完整性包含有两层含义：一是该区域内视野所及范围风貌基本一致，有较完整和可整治的视觉环境；二是历史街区要有合适规模，规模的确定应兼顾两个方面的要求：历史街区是建筑行为受到限制即风貌整治的实施地区，所以范围划定不宜过大；同时又要求有相对的风貌完整性，能具有相对完整的社会生活结构体系，因此范围划定不宜太小。

从第一层含义来看，传统街区必须要保留一定数量及比例的风貌较好的建筑，同时因为都经历着从古至今的历史，出现风貌一般和较差的建筑，当这些风貌较差的建筑的数量或体量超过一定程度的时候，将会对街区历史氛围的整体性及可整治性产生致命的影响。本文通过对一些国内外历史街区案例的调查分析，力求给出一个比较恰当的经验建议值，以供历史街区核定时参考（表3）。

从表3数据可以看出，上述历史街区中建筑风貌好和较好的比例平均为13.5%和41.63，最低的是苏州平江历史街区比例为30.2%，绝大部分比例介于40%到60%之间；风貌差的建筑的比例平均为21.43%，绝大部分处于15%到30%之间。可以得出为符合风貌完整性的第一层次标准，历史街区内风貌好和较好的建筑比例应达到50%左右，最低不应低于30%；风貌差的障碍建筑比例一般应控制在20%左右，不应高于30%。

从第二层次的意义来看，历史街区总体应该有一个规模控制，本研究分析了我国部分历史街区的面积规模。从表4的数据可以看出，一方面历史街区在规模上的离散性可以很大，在实际操作中可以根据具体情况确定规模，不一定要求在某个范围之内；另一方面，上述数据也有一定的规律性，核心保护区的面积大部分在15~30 ha，而历史街区的总面积大部分在30~55 ha左右，从风貌完整性的第二个要求来看，这个数据可以作为历史街区的建议规模。

历史街区风貌构成分析表　　表3

历史街区名称	风貌完好		风貌较好		风貌一般		风貌差	
	面积(ha)	比例(%)	面积(ha)	比例(%)	面积(ha)	比例(%)	面积(ha)	比例(%)
北京东四三条至八条	5.35	15.38	22.90	65.85	0.97	2.79	5.55	15.97
北京阜成门内大街	3.39	17.21	7.19	36.55	2.97	15.09	6.13	31.15
北京大栅栏	11.59	36.08	11.63	36.21	6.57	20.44	2.34	7.27
北京鲜鱼口地区	0.99	3.65	16.34	60.27	5.40	19.92	4.38	16.16
苏州吴中区甪直古镇	0.35	1.50	9.11	38.68	10.52	44.69	3.56	15.14
绍兴市越子城	5.59	10.14	17.78	32.28	17.57	31.90	14.15	25.69
绍兴市西小河	3.10	14.59	9.81	46.15	2.66	12.53	5.68	26.73
临海紫阳街、西门街	2.20	14.60	6.81	45.13	3.48	23.04	2.60	17.23
富阳龙门古镇	1.82	7.56	9.46	39.27	7.08	29.38	5.73	23.79
苏州平江历史街区	3.92	14.31	4.36	15.91	9.48	34.60	9.64	35.18
平均值	3.83	13.50	11.54	41.63	6.67	23.44	5.98	21.43

历史街区范围面积对照表　　表4

主要数据 / 街区名称	核心保护区	环境协调区	总规划用地
	面积（ha）	面积（ha）	面积（ha）
浙江湖州南浔古镇	73.44	33.88	107.32
浙江嘉善县西塘古镇	30.00	70.00	100.00
苏州吴中区甪直古镇	15.00	32.00	46.93
北京东琉璃厂地区	1.49	8.92	10.41
北京东琉璃厂西街	2.20	4.30	6.50
北京阜成门内大街	31.40	40.19	71.60
北京大栅栏	6.77	40.32	47.09
北京南池子片区	30.20	4.30	34.29
北京北池子地区	25.00	15.00	39.22
绍兴市越子城	37.20	25.20	62.40
绍兴市鲁迅路	6.70	7.70	14.40
绍兴市西小河	6.90	7.40	14.30
桂林市大圩古镇	4.35	18.70	23.00
临海紫阳街、西门街	14.38	17.86	32.24
苏州市平江历史街区	23.83	19.11	42.94
苏州昆山周庄	6.00	18.00	24.00
江苏同里古镇	—	—	57.61
北京东四三条至八条	—	—	56.49
北京鲜鱼口地区	—	—	36.25
北京东交民巷	—	—	68.85
南长街、北长街、西华门大街	—	—	30.57
平均值	19.68	22.68	44.12

注释：

① 内容见1981年12月国家基本建设委员会、国家文物事业管理局、国家城市建设总局《关于我国历史文化名城的请示》，1982年2月，国务院以《批转国家基本建设委员会等部门关于保护我国历史文化名城的请示的通知》形式作了批示。

② 《中华人民共和国文物保护法》（1982）第八条。

③ 内容见1986年4月建设部、文化部《关于请公布第二批国家历史文化名城名单的报告》，1986年12月，国务院以《批转建设部、文化部关于请公布第二批国家历史文化名城名单的报告的通知》形式作了批示。

④ 即建设部城市规划司、中国城市规划学会、中国建筑学会联合召开的历史街区保护（国际）研讨会，会议在安徽省黄山市召开，简称为“黄山会议”。

⑤ 桐乡市抽调精干力量组织了乌镇保护与开发的专门机构——乌镇古镇保护与旅游开发管理委员会，制定的政策文件主要有《乌镇保护与旅游开发拆迁办法》、《乌镇古镇保护与开发管理办法》、《加快乌镇古镇保护与旅游开发的若干政策意见》等。

⑥ 该规划除了把地段中列为文物保护单位的建筑保留下来，其他房屋基本拆除，规划为高层建筑。

⑦ 《中华人民共和国城市规划法》第十八条。

⑧ 《城市规划编制办法》第二十一条。

⑨ 《中华人民共和国文物保护法》第十四条。

⑩ 《中华人民共和国文物保护法》第十五条。

⑪ 数据来源，有关历史街区的保护规划文本，下同。

参考文献：

[1] 阮仪三 . 历史环境保护的理论与实践 [M]. 上海：上海科技出版社，2000.9.

[2] 阮仪三，王景慧，王林 . 历史文化名城保护理论与规划 [M]. 上海：同济大学出版社，1998.

[3] 王景慧 . 中国保护历史街区的政策与实践 . 东北亚历史城市保护与开发国际研讨会论文集 [C].1998.10.

[4] 王景慧 . 历史地段保护的概念和作法 [J]. 城市规划，1998（3）.

[5] 叶如棠 . 在历史街区保护（国际）研讨会上的讲话 [J]. 建筑学报，1996（9）.

[6] 朱自煊 . 屯溪老街保护整治规划 [J]. 城市规划，1994（1）.

[7] 王林，王骏 . 历史街区保护规划编制方法研究 [J]. 城市规划，1998（3）.

[8] 程庆展 . 福州古城面临噩运 [J]. 城市开发，2000（9）.

[9] 袁仁标 . 旧城保护微弱的呼唤 [N]. 建设报 .

[10] 北京市规划委员会，同济大学国家历史文化名城研究中心，上海同济城市规划设计研究院，等 . 有关历史街区的保护规划文本 .

原文刊载于《城市规划》2001 年第 10 期，署名阮仪三、孙萌；

后收录于阮仪三《城市遗产保护论》，上海科学技术出版社，2005

探求城市历史文化保护区的小规模改造与整治
——走“有机更新”之路

张杰

一、大规模城市改造中存在的问题

自 20 世纪 80 年代中，尤其是 20 世纪 90 年代以来，随着城市经济的快速发展和土地有偿使用政策的实施，我国城市出现了大规模城市改造的局面。在一些城市，单项工程成片改造的占地规模已达 10 多公顷，建设规模数十万平方米，规划的单片危改区有的也达 40 多公顷，城市改造的总量在沿海地区更是可观。这样大规模的城市改造一方面为城市带来了巨大的经济和财政效益，一定程度地改善了城市的基础设施条件和部分城市环境等。一方面也对城市建设和规划产生了一些消极的影响，而且有的问题还相当严重。今天，在国家宏观经济调控初见成效的形势下，我们有条件，也应该对大规模城市改造中的问题进行认真的总结，并予以应有的重视。我认为大规模改造的问题主要表现在以下几个方面:

（一）大规模城市改造在经济上具有不稳定性

大规模改造的一次性投资大，资金周转时间长，因此对宏观经济影响很大；同时也很易受宏观经济形势的冲击。在经济过热时，房地产开发规模过大，一遇到宏观经济调整，很多项目不得不暂停、放缓，甚至下马，从而造成资金积压。土地闲置、拆迁周转户和拆迁单位不能如期得到妥善安置。同时，大规模城市改造和开发很难给城市经济带来长期稳定的发展。这方面国内外的例子数不胜数。

（二）大规模城市改造常常在规划政策和方法上把问题简单化

城市的社会、经济条件错综复杂，城市改造实际上是社会、经济及物质空间的重新组构。所以，城市改造必然会打破旧的格局，同时产生新的矛盾和问题，其中包括利益分配和社会分化。譬如，老城区常以其丰富的社会邻里结构为各收入阶层的人提供各种生活空间和就业机会，而新的改造工程由于价格高、空间规模大，很难顾及中低收入的阶层和大量与人们日常生活密切相关的小本生意的需求。

简单化还表现在，大拆大建的改造方式通常对建筑环境一刀切，致使很多质量较好和很好的房屋被拆除，造成极大的浪费。

简单化造成的另一个重要问题是使城市生活、环境质量下降，通过房地产开发实现的大规模改造使城市物质环境的营造与直接的用户脱离，为“人”服务的意识淡化，与改造相关的新住宅区服务设施不配套，给居民生活造成极大不便就是一个十分突出的例子。

（三）改造建设盲目性大，造成房产、地产闲置

很多改造项目在利益的驱动下，不顾社会经济发展的实际水平和市场容量，一哄而上，使房地产投资结构和供求结构出现严重的不平衡，造成房产、地产的大量闲置，在我国城市用地和资金都很紧张的形势下，房地产的大量积压实为大忌。

（四）大规模改造不利于公众参与

大规模改造涉及问题多，很难对诸多问题一一进行深入细致的研究，对不同情况的处理也易一刀切。因此，公众参与的范围很有限，也就很难根据不同的社会、经济条件提出不同的方法和答案。

（五）大规模改造对城市规划影响突出

在土地批租和房地开发的大环境下，大规模城市改造已成为城市财政的重要来

源。有的城市主管部门为了吸引投资，无视城市规划的规定和政策，为开发商大开绿灯，使城市规划工作困难重重。这在众多的城市历史保护区及其相关的地带，问题尤为突出。

二、大规模改造在历史保护区方面的局限

我国城市历史文化悠久，“历史文化名城”与“历史文化保护区”是我国城市的重要组成部分。以北京为例，1992 年初国务院批准的北京市总体规划指出北京“是世界著名的古都和现代国际城市”，将北京的历史文化特性视为该城市的四大基本特征之一，同时还在 62km^2 的内城区范围内划定了 25 片历史保护区，并做出了相应的高度控制规划。

随着城市社会经济的发展和产业结构的变化，多数老城区的中心地位仍在加强，并成为房地产开发的焦点。城市越大，这个问题越突出。城市在财政和资金上的短缺造成城市改造受控于房地产市场的局面，而房地产市场在利益的驱动下，绝大部分集中在容积率高、区位优势明显的地段，同时居高不下的房地产价格使得房地产开发多瞄准商业性强、回报率高的潜在市场，这就使城市改造出现了以大规模商业性开发为主的局面。

与大规模改造形成鲜明对比的是，在那些历史保护地段和保护区及其相关的敏感地段和过渡地带，规划高度的限制大大降低了容积率，从而使得房地产开发商对之少有问津。即使偶有开发企图，开发方案也常常以商业开发补住宅改造为借口将商业开发用地容积率尽可能提高，但目前从城市管理方面又无有效的法规、政策和机制保证商业开发与住宅开发的相互弥补(这在发达国家成为 Cross Subsidy，即交叉补贴政策)。因此，常常出现商业开发完、住宅撇下不再干的现象。在国家宏观调控下，资金断缺，大规模改造更是“挑肥拣瘦”，使历史保护地段、保护区及其相关的敏感地段和过渡地带的整治与改造的形势更为严峻。

三、历史文化保护地区改造、整治的迫切性

由于历史的原因，在多数历史保护地段、保护区及其相关的敏感地段和过渡地带都存在大量的危漏房屋和长年失修的建筑。譬如，在北京的国子监保护区、南锣鼓巷四合院平房保护区、钟鼓楼地区及其相关地段的房屋的80%为Ⅲ类平房建筑，这些Ⅲ类平房建筑和相当多的搭建建筑构成了这些地区的主要生活、工作空间和场所，再加上基础设施条件差、人口密度大、整体环境质量的日趋恶化，并严重地影响着其中的一些重要文物古迹，大规模改造在这些地区行不通，那么出路何在呢？

对以上现实问题的思考和对国内外相关理论与实践的研究，我们开始将研究转向小规模改造和整治。

四、历史文化保护区小规模改造、整治的现状

虽然目前在历史文化保护区及其相关的敏感地段、过渡地带没有大规模的开发改造，但作为城市的生活和工作空间及场所，其生命力依然存在，内在的改造和整治的动力从来没有消亡过，随着经济的多元化和部分居民收入的提高，在这些地区出现了一种传统却又有新意的改造方式——小规模改造。在北京，这种小规模改造主要有以下三种方式：

（一）仿古式合院开发改造

同世界许多国家的城市一样，北京的历史保护区已开始成为文化商品的开发对象。目前这种开发的主要方式为高档四合院开发，它主要是通过在现有院落边界范围内完全拆除原有房屋，按意向买主的要求或一般市场要求建造新房，采用传统建筑形式。

时下，这种改造多为本市中小型房地公司操作，销路为海外市场，在北京主要的传统四合院保护区如什刹海地区、国子监地区、景山地区、南锣鼓巷、北锣鼓巷地区

等都有此类开发。

（二）用户自助改造

在北京的平房四合院地区一般都可以发现这种改造的例子，比较突出的是小型的商业改造，如餐馆、店铺等，开发者一般为房产产权人，而且多为自用。这种改造在符合规划管理条件的前提下，最灵活地体现开发者的意图，满足具体使用要求，改造方式的繁简都因开发者的资金和情况而定。这种开发方式因为无中介和开发商的介入，所以一般开发成本较低，因此成为各类小资本经营空间的主要建造和改造方式，此类改造也常见于居住用房，如一些较好的单位宿舍的改造、私房改造等。

（三）搭建

北京老城长期的住房短缺导致了大量的搭建房屋，这种自发的无序的搭建是很多发展中国家城市中常见的现象，据联合国有关资料表明，全世界城市中，约 70% 的建筑是自建的，搭建房屋一方面低水平地维持着居民的居住条件，一方面严重影响着这些地区的整体环境，尤其是文物古迹的保护，火灾隐患也尤为突出。

在全国其他城市，如西安市的大清真寺地区，也出现了不同形式的小规模改造。

五、历史保护区小规模改造、整治的意义

（一）优点

小规模改造、整治最大的特点就是其灵活性。我们知道，老城区及历史文化保护区是长期不断更新发展而成的，英国学者 G. 库伦（G.Gullun，1961）所著的《城市景观》（Townscape）一书，研究和倡导的就是一种自然生长的、随机的城市环境美学。这在我国的传统民居和传统城市街区中处处可见，而实现这种自然生长的、随机的城市环境的基础就是不间断的、适当规模的更新改造。C. 亚历山大（C. Alexander，1975）在其重要著作《俄勒冈实验》中也把小规模改造视为有机的建筑环境的基本条件之一。

小规模改造更新的灵活性的特点在城市环境方面的积极意义还仅仅是一个方面。我们知道，老城区的社会、经济、产权以及环境条件都极为复杂，大规模的改造很难予以区别对待，而且在资金上也不易周转。目前北京城市改造和保护面临的困境恰恰反映了这些问题，吴良镛教授的《菊儿胡同与北京旧城改造》一书对此做了全面的论述，而小规模改造、整治则能因势利导，具体问题具体分析，比较细致妥善地解决甚至避免旧城改造中棘手的拆迁安置、文物和环境保护等问题，菊儿胡同一期工程不过2000平方米左右，它的成功也有力地证明了这一点。

在调查研究中，我们发现小规模改造无论在资金筹措方面，还是在建筑施工方面都有极大的灵活性，与那种我们所习惯的，由大规模改造方式影响形成的僵化的模式很不一样。譬如，几万元的资金对大规模改造可能微不足道，但如果用于小规模改造却可收到较好的环境和社会经济效益。

小规模改造的灵活性使其具有很强的针对性，因此也就更有利于公众参与，而且这种参与可以渗透到建筑环境营造和使用的全过程。如用户对使用功能的要求和建议，对改造进行投资，乃至参加建造或整治劳动。古今中外任何宜人的城市环境都与这种全过程的公众参与分不开，而且这种参与在像我们这样的发展中国家意义就更大。在国外全过程的公众参与也越来越多地引起学术界和政府部门的关注。发达国家的“社区建筑”（Community Architecture）就属此范畴。

就目前我国城市改造的形势看，小规模改造、整治最现实的意义就是它能够灵活地吸引相当数量的小规模资金投入到旧城整治和保护中，以改变大规模改造对历史保护区不屑一顾的尴尬局面，并积极推动旧城保护的进行。

（二）存在问题

无论是仿古合院开发改造、用户自助改造还是搭建都存在一个共同问题，即缺乏政策上积极指导和有效管理，例如仿古合院开发改造的市场规模到底有多大，在今后15年左右能解决多大范围的问题，目前成片开发高档四合院的做法是否在经济上现实，在环境上合理等等。

用户自助改造的突出问题是缺乏社会的关注和支持，虽然规划部门有相关的条例，但在户口冻结的改造地区，很多有热情、有能力改造其现有居住或经营条件的用户，出于对日后改造的担心，而不敢投资进行改造。从而造成很多这类用户“临时凑合”的想法。可见，在历史保护区和其相关地带长期冻结户口，又无具体改造举措的现象实际上是在人为地使其走向衰败，即西方20世纪六七十年代出现的由于规划管理不善而造成的“规划衰败”（Planning Blight）。因此，如何鼓励用户自助改造.使之成为历史保护区和其相关地带整治和改造的积极因素，是目前旧城改造政策和规划管理的重要课题。

搭建房屋的主要问题及矛盾焦点在于其现实性和长期性。毋庸置疑，平房四合院地区的改造将是一项长期的工作，一蹴而就的做法不管在经济、社会还是在环境方面都会造成不良后果。在这方面，无论是外国的经验，还是我们自己的经验，都证明了这一点。那么，这就存在一个如何处理好搭建房屋的问题，现在的搭建自发性很强，管理上是处于“民不告、官不究”的局面，这很不利于相当数量的好的和比较好的四合院的保护，我们要把北京的旧城保护工作做好，就不能回避搭建房屋问题。

六、由小规模城市改造引发的几个理论问题

（一）小规模改造与城市持续发展

早在20世纪70年代初，西方石油危机、经济萧条和环境问题曾引发了很多对战后发展模式的反思和探讨，其中有代表性的就是著名学者E.F.舒马克（E. F. Schumacher，1973）所著《小就是美的——为人经济学》（Small Is Beautiful——Economics As If People Mattered）一书，作者通过自己在印度这样一个发展中国家的长期观察和思考，指出了战后大规模经济发展模式的缺点和局限，提出了“人的尺度的生产方式”（Human Scale of Production）和适宜的技术手段（An Appropriate

Technology）的著名论断，这一思想一直在学术界影响甚广。可以说今天全球持续发展的战略就是以 E.F. 舒马克为代表的理论的延伸和发展。

反映在城市改造方面，大规模改造在经济上的不稳定性、简单化、盲目性等都是与我国政府的 21 世纪持续发展战略相悖的。相反，小规模改造的灵活性却使具有“人的尺度”，更容易与社会、经济、环境等方面的情况相协调，更有利于城市的持续发展。当然，我们提倡小规模改造并不是主张无序的改造，相反是要推动我们的城市建设和规划管理工作提高到一个新水平，促使城市改造遵循社会、经济、环境协调稳定发展的规律进行。

（二）小规模改造与新的城市规划和设计方法

长期以来，我们的规划设计工作的重点是大规模改造和发展，因此形成了一套与之相关的规划设计方法，这主要表现在：（a）规划目标是远期理想的终极状态；（b）规划手段是较细的空间形态，以此控制未来的社会、经济发展；（c）规划内容是以对未来的预测和设想为主，较少反映现实情况，即考虑“理想的”好的方面多，涉及问题的方面少，对现状多采取否定的态度；（d）规划周期长，跨越时间范围大，缺乏对过程的考虑，所以处于相对静止状态。因此，在城市快速发展的形势下，规划管理在理想与现实，目标与过程的矛盾中常感缺乏依据。

在西方发达国家，到 20 世纪 60 年代末，随着人们对大规模城市改造的问题的认识和旧城保护意识的增强，城市规划和设计方法上出现了注重现状问题研究的趋势，人们开始注意历史环境和现实城市环境中有价值的东西，并努力发现问题，以保证在以后的改造发展中保护城市环境中那些好的部分，同时积极改善和整治那些差的部分，使城市环境得到“有机更新”。1968 年英国的《四城保护研究报告》（Four Town Report），就是欧洲在这方面的开山之作，而 1975 年 C. 亚历山大的《俄勒冈实验》则代表了北美在此领域的理论发展。

在我国，进入 20 世纪 80 年代后，随着城市改造和保护的发展，上述领域也开始成为实践和理论关注的重要问题，苏州 51#，52# 街坊整治研究与规划，北京菊儿胡同试验都是结合我国国情对该领域的发展。

近年来，在吴良镛教授的领导下，清华大学建筑与城市研究所旧城研究课题组一直在规划方法上探讨一套新的思路。在与东城区区政府和区规划局密切合作中，先后对南锣鼓巷、景山地区、北锣鼓巷、国子监地区，以及北中轴地区进行了深入细致的研究，并对这些地区的控制性详细规划提出了相应对策，中期成果已多次向市有关部门的领导汇报，并得到积极肯定和好评，目前很多工作正在深化和完善中。

经过几年来的研究和对国内外城市改造的经验教训的思考，从我国城市改造和保护的实际情况出发，在以下几个方面已初步摸索出了一套新的研究和规划方法。

1. 深入、细致的现状调查研究

城市更新和保护涉及社会、经济、文化、政治、法律等多方面的问题，所以在规划研究和政策上应结合理实情况对相关的问题做细致的调查、分析，这应包括以下几个方面：（a）社区环境：其中包括社区的社会组成、邻里结构、社区服务和社会保障；（b）社区经济：其中包括社区人口、家庭收入、劳动就业、社区发展；（c）物质环境：其中包括建筑环境和自然环境质量评价、道路交通、基础设施、房屋质量；（d）房地产所有权和使用权；（e）社区改造的主要途径及其社会、经济动因及问题。

深入、细致的现状调查研究目的，就在于了解和弄懂社区物质环境的主要问题，及其与社区社会、经济情况以及城市管理等方面的关系，使下一步的规划工作有扎实的基础，并依此针对现实矛盾提出以后规划管理中一些措施和政策。

2. 阶段性的方法和“开发单元”的概念

城市建设和发展是一个不间断的过程，“有机更新”的理论就是强调城市改造的过程性和阶段性，而城市旧区复杂的社会、经济、文化、政治、法律等情况，又必然要求城市改造在一定范围内有相对的独立性，我们称之为“开发单元”，小规模改造就是阶段性的方法和“开发单元”概念的最好例证。

目前对小规模改造最常见的异议，就是认为这种方式难以解决老城区的基础设施问题。我们认为这里有一个概念和思想方法的问题，在我国大部分城市基础设施条件较差，多数城市的规划都把现在的城市道路系统和道路红线的控制与远期（如2010年）的基础设施规划结合起来，这样的做法对于近期资金较落实的道路建设是比较有效的，但对远期就会困难重重。北京的情况就很有代表性，我们应该从以下几个方面思考这个问题。

首先，在现实的城市改造中，由于土地使用权和其他复杂的社会经济等问题的制约，在很多情况下，临街改造的项目都很难按拓宽的红线后退。

其次，目前多数城市对未来一二十年的道路交通和市政设施的规划设计都是基于我们现在的情况和社会技术条件进行的。比如，20年后，在交通管理水平提高，人们更自觉地遵守交通规则，市政管线可以采用先进的综合管沟的情况下，六七十米宽的道路建筑红线是否还有意义？我们不能一方面说要把我们的城市建成现代化的城市，一方面却又将我的城市的未来就范于今天的很多可改变的不合理的状况。

再者，用远期规划来要求所有近期改造都达到一二十年的水平是否现实？目前一些危房改造项目之所以难以推动，就是因为基础设施费用太高、一次性投资太大，我们认为，应该在改造利润少的地区，适当地将改造分步实施，改变这些地区出现的因依赖于大规模改造而造成的人为衰败。

这里所提出的阶段性的方法和“开发单元”的概念，就是想在远期规划和近期改造之间开拓一个现实的中间地带，促使我们的城市能够顺应社会、经济、环境协调发展的规律。

3.“自上而下”和“自下而上”的控制性详细规划方法

通常大范围的控制性详细规划由于范围广、问题多而显得复杂，在实际工作中很少对现状条件、问题做深入细致的调查和研究，所以只能宏观概括地提出一些规划要求，可以说是一种“自上而下”的规划过程，仅有这个过程是不能准确把握现实情况的，而且盲目性很大，不易操作；它还需要一个能更准确反映现状的详细规划即“自下而上”的切磋过程及反复。为此，我们提出了“自下而上”的详细规划和“自上而下”的控规相结合的方法。这种规划是在整个城市、区的指导性详细规划的基础上有重点地、分区分片地进行的（如北京的国子监和鼓楼地区等），采用这种方式是先逐一地进行规划后，再把它们反映到总体规划上，并予以协调和综合考虑，使总体控规更结合实际、更完善。

4. 资金流向与建筑环境质量

只要对目前通过房地产市场进行的改造资金流向做一个简单分析，就会发现，一般情况下，真正用于建筑环境的资金仅占全部改造的资金的 50% 左右（在容积率低的地区还要低），其余部分都转为土地费、利税和各种摊派。也就是说，目前通过上地批租和房地产开发进行的大规模城市改造并不能真正把资金有效地投入到城市建筑环境上，它更重要的是一种经营过程。

如果回忆北京最初的四个危房改造试点工程：菊儿胡同、小后仓、德宝和东南园，我们就会发现其资金用于建筑环境的比例远高于现在北京危改工程的情况，我们提倡有序的小规模改造就是希望能通过改变改造方式引导更多有效的资金投入到建筑环境中。

通过持续的多渠道、多项目的小规模投资可更有效地利用资金，改善建筑和城市环境，在对北京内城的实际调查情况就证实了这一点，C. 亚历山大在其《俄勒冈实验》中也对一次性大规模投资的问题和小规模投资的优点做了相关的论述。

（感谢吴良镛先生对本文的酝酿及写作工作予以的大力支持和热心指导）

原文刊载于《城市规划》1996 年第 4 期

城市历史环境保护与整治的梯度方法

董卫

近年来，在一些历史文化名城中出现了不同的“保护”与“改造”的做法，引起业界及公众的讨论或争议。这说明，随着社会经济的发展，城市遗产保护正在向一个新的广度和深度发展。在这个过程中出现了一些观念交锋并不足为怪，但也反映出当前关于遗产保护理论研究方面的不足，需要业界一起努力，以建构起足以满足中国城市化需要的遗产保护理论与方法，并将其融入国际遗产保护理论与方法的总体框架中，形成具有中国特色的文化遗产保护体系。

为便于开展学术方面的讨论，本文采用的“历史环境”，泛指包括历史文化名城在内的各类城市中具有历史文化特征、值得保护的区域。

一、国际历史环境保护理论的当代发展——物质与非物质文化遗产的融合

十余年来，关于遗产保护的国际理论不断发展，其中十分重要的一个就是关于“非物质文化遗产”的概念。1972 年，联合国教科文组织在通过《保护世界文化和自然遗产公约》时，还有一份关于“非物质文化遗产”的提案，这是“非物质文化遗产”一

词较早出现在联合国教科文组织文件中的案例。经过 20 世纪 80 年代的发展，“非物质文化遗产”概念已经越来越多地应用于联合国教科文组织的文件中，1994 年，国际古迹遗址理事会 ICOMOS《关于真实性的奈良文献》将“真实性”这一西方传统概念置于世界文化多样性的框架中予以重新认定，打破了一段时间以来对历史“真实性”的僵化认识与理解，成为遗产保护理论转型的一个重要标志。2003 年，联合国教科文组织通过《保护非物质文化遗产公约》，正式将与传统思想、民间工艺、地方习俗相关的文化遗产纳入国际文化遗产的保护范畴。这为我们全面深入地理解城市文化遗产的保护、传承与利用提供了一种新的视角：对物质文化遗产的保护需要从非物质文化遗产的角度加以重新认识。这种认识方法在 2005 年 ICOMOS《关于历史建筑、古遗址和历史地区周边环境保护的宣言》（简称《西安宣言》）中得到了进一步的明确。该文件阐述了遗产保护与其所处物质及文化环境之间的关联性，认为遗产的保护与其周边环境关系密切，二者构成一个地方性文化整体。这样，“遗产及其环境”就不再只限于物质空间的范畴，它也包含了非物质的文化环境的概念。

在历史环境保护方面，“非物质文化遗产”的概念具有十分重要的意义。它能够帮助我们深入理解空间形态背后的“非物质”影响因素，即物质环境生成的思想与机制，揭示出作为生产者的人与作为社会产品的城市空间之间的互动方式。如果我们能够从这个角度去理解城市背后的问题，就有可能发展出一种具有多样性和地方性的保护模式，真正使保护成为城市发展的一种必要方式而非对立面。

纵观相关国际理论的发展，我们可以发现，人们对于城市文化遗产保护的概念随着城市化进程的发展而发展。在城市化的不同阶段出现了不同的问题及矛盾焦点，也就出现了不同的应对策略。总体来说，“文化遗产”的概念从建筑到城市，从物质环境到文化景观，其范畴在不断扩大的同时，“保护”与“发展”之间的距离也在不断缩小。根据这一发展趋势，我们甚至可以预言，当二者完全融为一体之日，就是城市建设真正达到和谐发展之时。

二、关于城市历史环境保护的一个欧洲案例——走向“遗产－景观－环境”一体化

进入2000年后，在欧洲出现的一个重要城市事件引发了国际性的大讨论，这就是维也纳中央火车站改造建设方案。2001年，维也纳历史城市中心被列入世界遗产名录，此前为改善城市交通设施，满足越来越大的旅游需求量，城市已拟对靠近历史城市中心的中央火车站实施改造并组织了国际建筑设计竞赛，最终由著名建筑师Manfred Ortner事务所提出的一组高层塔楼方案中选。这件事引起了联合国教科文组织UNESCO和国际古迹遗址理事会ICOMOS的注意，遂向维也纳提出交涉并组织召开了一系列国际会议，讨论历史城市保护与新建筑设计的关联性问题。2003年，UNESCO和ICOMOS在维也纳召开专家会议讨论火车站设计方案，专家认定中央火车站高层建筑方案对维也纳历史城市中心的历史景观形成了“威胁”，并提出修改方案的建议，但遭到当地大多数建筑师的抵制。该事件成为一个导火索，引起保护主义者和主张城市创新的规划师、建筑师的广泛关注，开展了一场关于历史遗产保护方法及历史环境中现代建筑设计方法的大争论。多年以后，时任维也纳理工大学建筑学院院长的Klaus Semsroth教授还愤懑地评价道：“ICOMOS对维也纳城市建设的粗暴干涉及所作所为就像是意大利黑手党。”(2009年10月16日在东南大学建筑学院的研讨)

2005年5月12~14日，在联合国教科文组织支持下，世界遗产委员会在维也纳召开“世界遗产与当代建筑”国际会议，会后颁布了一份《保护具有历史意义城市景观的维也纳备忘录》。该《备忘录》将“具有历史意义的城市景观”定义为：“自然和生态环境内任何建筑群、结构和开放空间的整体组合，其中包括考古遗址和古生物遗址。在经过一段时期之后，这些景观构成了人类城市居住环境的一部分，从考古、建筑、史前学、历史、科学、美学、社会文化或生态角度看，景观与城市环境的结合及其价值均得到认可。这些景观是现代社会的雏形，对我们理解当今人类的生活方式具有重要价值。”基于该《备忘录》的基本原则，联合国教科文组织于同年10月10~11日召开的世界遗产公约缔约国大会上通过了《保护历史性城市景观的宣言》，在更高的

层面上强调了作为遗产背景的历史景观的重要性。仅仅一周以后，ICOMOS 在西安召开第 15 届大会并通过了关于保护文化遗产周边环境的《西安宣言》，进一步强调了“环境”与“遗产”的一体化特征。这两份《宣言》分别从历史景观与历史环境的角度充实了遗产的城市意义，强化了遗产的文化内涵，为“遗产 - 景观 - 环境”与历史城市整体的全面融合奠定了理论基础。

近年来，相关国际组织还不断召开会议，探讨落实“遗产 - 景观 - 环境”与历史城市一体化保护的方法和途径。2008 年 10 月，ICOMOS 大会通过《关于场所精神的魁北克宣言》，可以认为是对上述《宣言》的有益补充。《魁北克宣言》通过对传统“场所精神”（Spirit of Place）的阐述，将物质与非物质文化遗产、历史景观与环境价值、地方生活与社会文化等一系列因素有机地结合起来，构成一个基于地方历史与文化精神的动态遗产系统。这就为我们科学、客观地理解遗产在社会发展过程中的传承、变化，以及不同遗产之间的内在关联性提供了积极的视角。

三、历史环境保护的梯度方法——满足“遗产 – 景观 – 环境”保护与发展的需求

关注城市发展差异化的保护思路——在全球化过程中，城市之间的差异化在扩大，历史环境亦如此。“遗产 - 景观 - 环境”一体化的概念就是在不同层面上强化历史环境的地方特征，使物质文化遗产与非物质文化遗产融为一体，并融入城市的各种景观与环境中。因此，应当发展出一种具有广泛覆盖性的、满足不同条件的文化遗产保护方法。也就是说，在历史环境的保护方面，尽管遗产及其环境是同一个整体，应当得到同样的保护与关照，但在具体做法上应当允许存在不同的方法与做法。

结合我国当前历史城市保护的实践，并根据国际历史环境保护理论的发展趋势，本文提出一种分层次、分类型的梯度方法（见表 1）。

在这七个梯度的方法体系中，保存、保护、修复三种方法来自于考古学领域，形

成宏观的“保护”概念的原始的、核心的含义，在实际的遗产保护领域具有广泛的适应性，本文将这三种方法作为一个有机整体，它们共同构成一种严格意义上的保护方法组合，成为城市历史环境保护梯度方法体系中的核心子系统。

“保存”（Preservation）有“防止发生任何变化”的含义，意指将被保护对象发生变化的可能性降至最低。如在医学词汇中，preservation 有“防腐”的意思。在考古学领域，将出土的陶器残片原封不动地保留下来，称之为保存。在城市与建筑领域，保存主要是针对文物古迹、遗址和一部分文物建筑而采取的保护性措施，防止其发生进一步的损害。所使用的方法大都是为了减缓或消除由于自然原因对文物产生的不利影响。“保护”（Conservation）是在对文物“原型”的可识别性的基础上采取相关的保护性措施。在考古学领域，将出土的陶器残片用石膏粘贴起来，使人们能够识别出陶器的原型，称之为保护。我们在博物馆里经常可以看到这种做法，但有两点值得我们注意，其一，这种做法具有“可逆性”，即去掉石膏以后还可以恢复到陶器残片的状态；其二，从陶器残片到陶器“完形”是一个人为的复原过程，依赖于专业知识和经验，所以对复原结果也可能存在不同的学术观点。在城市与建筑层面，“保护”是最容易引起歧义的一个概念，因为它既可以是对各种与历史环境相关的城市发展活动的泛指，也可以是学术性的、对某些既定做法的特指。其实，“保护”（Conservation）的本意就在于通过必要的维护和修缮，再现建筑与历史环境的本来面貌。在严格的意义上，经过这种保护措施处置的建筑只是达到了一种可识别的“原型”状态（至于达到何种“原型”，何人来认同这种“原型”，是另外一个理论话题，本文暂不予讨论），具有基本的结构安全性和环境整体性。而若要使建筑与历史环境达到可以使用或再利用的状态，则还必须经过相关的修复措施。所谓“修复”（Restoration）是恢复原有功能的意思。因此，为满足基本的功能需求而采取的保护性措施称之为“修复”。在考古学领域，修复工作就是使发掘出来的陶器不仅“完形”，而且能够达到再次盛水的状态。在城市与建筑层面，经过修复的传统建筑与街区基本上达到了可以再利用的程度，但还不能也无须完全满足现代生活的所有需求，因为保持建筑与街区的“原型”

状态还是修复工作的大前提。

如果要使保护对象更好地适应于现代社会生活，就必须进入到梯度方法中的第二个层面，即强化使用功能的保护方法系列。

“整修”（Renovation）与“整治”（Rehabilitation）是城市历史环境保护中常用的保护措施，也是“保护”概念在操作层面的所指。实际上整修、整治与严格意义上的保护还是有一定的区别。前者是在保持历史环境基本格局的前提下注重其城市与建筑功能的现代化，而后者更多地关注历史环境原貌的保持，特别是“历史真实性”的保持。因此，我们可以认为，“整修”与“整治”是在遗产保护原则下赋予城市历史环境以现代功能的基本方法。“整修”与“整治”的区别主要表现在所涉及的保护对象的规模方面，整修多指对建筑、建筑群或某一公共空间的保护措施，以提升功能、改善环境为目标；整治更多的是在街坊、街区层面上采取的应对措施，包括道路交通、地下管线、公共服务设施等方面的功能强化。经过“整修”与“整治”的历史环境基本上能够满足现代社会生活的需要，使其能够恢复活力、融入城市的整体性功能体系中。

本梯度方法的第三个层面侧重于对环境景观的改造与治理，以改造与更新为主要手段。

无论在理论上或方法上，长期以来人们都将“改造”（Regeneration）与“更新”（Redevelopment/Renewal）置于保护的对立面，认为以拆除重建为基本手段的城市改造与更新与以保留历史遗存为准则的保护思想之间不存在协调的余地。但是，城市的基本特征就是在不断变化的社会经济条件下加以实时调整，以满足新的使用要求。在许多历史城市中都可以发现，在不同的历史阶段，城市空间与环境为应对外部条件的变化而产生相应的变化，这些变化的叠加就构成了城市历史。为完整体现城市历史环境保护与发展的连续性过程，本文将“改造”与“更新”也纳入到城市遗产保护梯度方法的总体框架中，并将其定义为，为营造整体化的城市历史环境，对其内部与周边环境实施的一种定向处理措施，是为了在新的历史时期使古代城市与建筑的功能得以延续。

在语意学上，“改造”与“更新”都有“重生”、“新生”的意思。在本梯度方法中，

“改造”是对那些与历史氛围不相协调的部分实施的清理与拆除，目的是通过环境治理在历史环境中形成一条较为清晰的、可以为公众所识别的历史空间变迁链条。与此相呼应，“更新”的目的同样是为了提升历史环境的整体品质。与改造所不同的是，更新更加侧重于为满足新的城市功能的需要而在历史环境中建设一些新的公共设施，以缩小历史环境与城市新区之间在功能、环境与景观方面的“代际差别”。这里需要强调的是，城市历史环境中的“改造”与“更新”主要指向于物质环境的品质提升，而绝非企图抹杀城市环境的文化多样性。在许多情况下，强化不同街区之间的文化差异性正是城市多样性的表现，是城市历史环境的魅力所在。另外，本梯度方法中的“改造”与“更新”也只是针对历史环境中的局部地段、局部问题而言的，那种在城市中以新的仿古建筑取代真正历史环境的做法，以及以保护一小块历史环境为诱饵来开发一大片土地的做法都不属于本方法中的“改造”与“更新”范畴，理解这一点尤为重要。

从当前我国城市发展的实践来看，这样一种包括三个层级、七个梯度的历史环境保护方法体系基本上能够满足大部分常规性历史环境的保护目标。据此，我们就能够根据历史环境各个部分不同的保护目标采取不同的对应方法，以最大限度地满足遗产保护和城市发展的目标。另外，这种方法是对国际理论中关于文化景观和历史环境概念的一种呼应，是将普遍性的国际理论应用于特殊性的中国实践的一种尝试。对于历史环境的核心部分，可采用严格意义上的保护措施；对于大量性传统民居、公共空间和文化景观，可采用强化使用功能的保护方法；对一些基础设施、周边地段和重要节点，则可采用改造更新的方法。总之，对待复杂历史环境的保护，应当采取综合性、多样性的手段来应对，形成问题束与方法群之间的交叉互动关系及多元解决方案。

但是，就历史环境保护而言，目前矛盾的焦点并不在于对保护概念的理解上，而是在保护概念的应用方面。目前许多法律、法规、条例已经形成了较为完整的历史环境保护体系，但对历史环境周边用地，对于城市中不同历史环境之间的关联性还缺乏具有针对性的理论与方法，仍然需要我们认真研究。

城市历史环境保护梯度方法列表

表 1

<table>
<tr><th>范畴</th><th>梯度</th><th>目标</th><th>方法（建筑层面）</th><th>方法（街区层面）</th><th>特征</th></tr>
<tr><td rowspan="3">严格意义上的保护</td><td>保存 Preservation</td><td>主要针对遗址、遗迹类的文化遗产</td><td>维护其原有状态，只是开展一些最低程度的保护措施(如加固、支护)，保持其在修复前后原有结构、形态的可识别性</td><td>同左</td><td>保存的意义在于为未来保留历史遗迹的原有状态，即使在修复后也应尽量维持修复前的残破感。不追求遗址在修复后的“完形”状态</td></tr>
<tr><td>保护 Conservation</td><td>主要针对重要文物及历史建筑，以及街区中的重要地段</td><td>在保持原有结构、形态的原则下进行必要的修缮以保证建筑的安全性和完整性</td><td>在保持街区原有空间结构、肌理的原则下进行必要的修缮以保证街区完整性，需增加一些必要的基础设施</td><td>建筑及街区应能满足最低使用要求，但无须满足全部现代生活要求</td></tr>
<tr><td>修复 Restoration</td><td>主要针对一部分文物及历史建筑，一些重要的传统建筑和建筑群，历史文化街区中的重要地段</td><td>在保持原有格局不变的原则下进行维修与维护，恢复原有功能</td><td>在保持原有空间结构、肌理的原则下改善环境与基础设施，强化使用功能</td><td>在“保护”层次的基础上进一步提升空间品质，修复节点空间，整合环境景观</td></tr>
<tr><td rowspan="2">强化使用功能的保护</td><td>整修 Renovation</td><td>主要针对历史文化街区及历史城区中大量性的传统建筑</td><td>在保持历史格局与形态不变的前提下进行全面维修与必要的功能提升，以满足现代生活的需求</td><td rowspan="2">使街区达到基本满足现代生活需求的水准。如开辟必要的小型停车场、设置公共服务设施，增加采暖与污水处理设备等</td><td rowspan="2">对街区中的大量性传统民居实施维修与整治，梳理街巷系统，开辟公共空间，改善街区环境，梳理文化景观，形成相对完整的街区空间体系</td></tr>
<tr><td>整治 Rehabilitation</td><td>主要针对历史文化街区及历史城区，历史景观及历史环境</td><td>根据新的功能需求增加必要的设施，以及为此所做的改变</td></tr>
<tr><td rowspan="2">注重环境景观的措施</td><td>改造 Regeneration</td><td rowspan="2">主要针对建筑及历史文化街区历史环境与文化景观</td><td colspan="2">对历史环境中的一些新建筑及街区中与历史景观不相符的部分实施改造，力图形成较为完整的历史氛围</td><td>在历史文化街区范围内的改造措施应以强化真实历史环境为度，不应成为塑造“想象”的“历史景观”的理由</td></tr>
<tr><td>更新 Redevelopment/ Renewal</td><td colspan="2">在历史环境中建造新的建筑、设施与景观，形成“新旧混合”的功能群及其环境意象</td><td>通过新的空间要素的加入强化历史环境中的时代特征</td></tr>
</table>

原文刊载于：《北京规划建设》2012 年第 6 期

哪些古建筑需要保护
——选择保存古建筑的条件

罗哲文

一、古建筑需要经过鉴别和选择，妥善地加以保护、保存

建筑具有物质资料和上层建筑两方面的作用。我们所要保护、保存的主要是作为上层建筑意识形态方面作用的古建筑。因此，不是说所有的古建筑都需要保存，而是要经过鉴别和选择。一切的文物也都是一样。古物或旧物，一般说来可能具有作为文物保存的价值，但不是所有的旧物都要作为文物保存。在没有经过鉴别之前，古物一般都应该加以保护，否则就可能把有价值的文物毁坏了。新中国成立后就有不少从废、旧物资或等待处理的文物中检选出一、二级珍贵文物的例子。经过鉴别、选择，没有价值的旧物即可以作为“非文物”不予保护，当作旧物利用了。已经选择作为文物保存的就需要把它们作为文物保护单位或博物馆藏品加以特意地保护，防止人为和自然的破坏。当然，一些已经选定的文物保护单位或博物馆藏品，个别的也还会有变化，根据具体情况提高或降低价值。

古建筑也是一样，不是每一座都需要作为文物保存，而是需要经过鉴别、选择。举一个例子来说，全国的古桥有几十万座、几百万座，但不是每一座桥梁都要作为文

物来保护。只是选择其中的一部分作为文物保存罢了。

从建国三十年来的古建筑保护的实际工作中可以看出，在建国初期，由于许多古建筑没有经过鉴别、评价，这时期需要保护的范围就要广一些，以免有价值的古建筑遭到破坏。随着国民经济建设有计划的发展，对古建筑进行了全面的调查与评价，选择了一大批需要保护、保存的古建筑作为“文物保护单位”重点加以保护。经过这一次选择之后，使许多重要的古建筑加强了保护，改善了保管条件，特别重要的古建筑还设立了博物馆（院）、保管所、研究所，并由人民政府拨款维修。经过维修整理之后，不少的重要古建筑已向国内外开放。但是不能说尚未公布为“文物保护单位”的古建筑就不保护了，因为调查可能还有遗漏，有些古建筑的价值尚待加以研究揭示，把它们补充在作为文物保存的古建筑名单之内。与此相反，由于对某一古建筑评价的改变或是其他的原因（如自然或人为的毁坏），使这一座古建筑丧失了原来的价值，也可以降低其保护级别或是撤销保护，但这种情况一般来说是极为个别的现象。

这样经过多次的普查和复查，反复鉴别和选择，逐步地基本做到把应该保护、保存的古建筑保护起来。

但是从长远的眼光看来，这个选择过程永远也不会完结，因为有些古建筑的价值还会被新的科学方法所揭示。又有许多新的建筑经过时间和历史赋予的内容而变成为具有保存价值的文物建筑。这正是社会主义文物保护事业所要注意的问题。

二、重点保护、重点保存的原则

古建筑在经过普查、复查，予以评价、鉴别，选择其中有作为文物保存价值的，分批、分期列为“文物保护单位”，予以重点保存和保护。这是新中国成立后广大文物工作者在党的领导下，在参考国外经验并从实践中总结出的一条重要原则。同时还按照古建筑价值的大小，分为全国重点和省（自治区、市）、县三级公布“文物保护单位”，分级管理，使许多有价值的古建筑都得到了妥善的保护。

重点保存和重点保护这一原则，本是一个客观规律，但是在过去漫长的岁月中没有认识它。因此，也不可能去运用它，但客观上它却是存在的。我们试从历史文献记载和现存的古建筑实物分析，可以看出历史上的古建筑也都是重点保护和重点保存下来的。有以下两方面：

（一）人为方面的重点保护

在两千多年漫长的封建社会中，封建帝王和封建统治、剥削阶级对为他们所服务和享用的建筑物都是重点予以保护的。为封建帝王和各级官吏服务和享用的宫殿、苑囿、衙署、园林、城垣、陵墓等等，谁也不敢破坏，劳动人民根本不能举步。偶有不慎，即将问罪甚至于斩。为他们进行思想统治的坛庙、道观、佛寺等等，也都是重点保护的对象，许多佛寺、道观都是帝王敕建，在寺内立下了刻上“圣旨”的石碑，任何人等不得破坏，有一个突出的例子就是山东曲阜孔庙两千多年来除了农民起义之外，它一直受到历代王朝的重点保护，不受改朝换代的影响。这是因为孔丘的学说和思想对每个封建王朝的统治都是有利的。

我们现在保存下来的许多大型古建筑群和重要单体建筑物，如北京故宫、天坛、北海、颐和园、十三陵，河北清东陵、清西陵、避暑山庄、外八庙，正定隆兴寺，山东曲阜孔庙、孔府、孔林，泰安岱庙，山西五台显通寺、塔院寺等等，都是过去封建统治阶级加以特殊保护才留下来的。

由于封建统治阶级只是从他们当时的利害关系、政治需要出发，保护的重点时常有变化。每一个时期有一个时期的重点，比如某一个朝代需要利用哪一种宗教为其统治服务，就重点保护那一个宗教的寺观，对其他宗教的寺庙不仅不保护，还下令破坏。佛教史上的“三武”之灾，就不知毁去了许多古老的佛寺建筑。明朝灭掉元朝的时候，元大都主要的宫殿——大内、隆福、兴圣三宫，本来在改朝换代中并未损坏，但是出于政治上的需要，特别命令工部郎中萧洵有计划地加以毁掉。使这座具有高度建筑艺术价值的宫殿群完全消失。金代统治者派人拆毁了宋徽宗经营多年、凝聚着多少劳动工匠们血汗、智慧的园林杰作——“万岁山艮岳”。如此等等，不胜枚举。因此，统治、剥削阶级重点保护的绝不是古建筑本身，而是保护为他们统治、剥削服务的工具，与我们今天所说的重点保护完全有本质上的区别。

（二） 自然方面的重点保存

古建筑的保存，与自然的条件有很大的关系。和北京周口店北京猿人山洞同时存在的猿人居处不知有多少处，与西安半坡村原始社会新石器时代遗址同时存在的原始社会村落也不知有多少处，它们大多已经毁坏了。与山东长清郭氏墓石祠、四川汉阙同时存在的汉代建筑数以千万计，与赵州桥、佛光寺、南禅、独乐寺、应县木塔等等同时存在的古建筑不知有多少，但是它们都被时代的洪流，自然力的摧折而消失了。现在还能保存下来的许多古建筑，已经是历尽沧桑，经过自然的淘汰重点保存下来的了。它们之所以能够保存下来，大约有以下几个条件：

1. 建筑材料的坚固

建筑物的材料坚固与否，同它们能够抵抗自然侵蚀的能力有很大的关系。如像砖、石建筑，较之木构建筑所能抵抗风雨、水火的侵袭能力要大得多，所以保存的时间较长久。现存的汉、晋、南北朝、隋、唐时期的古建筑大都是砖石的，木构建筑则很少。

2. 建筑结构的合理、牢固

一个建筑物的结构合理与否，同建筑物的能否长期保存有密切的关系。用同样建筑材料建造起来的建筑，如果结构合理就能较久的保存，如果结构不合理，新建起来的房屋就可能有危险，当然也就不能长久保存了。现存的古建筑中，能够长期保存下来的，其结构都是合乎力学的原理的。

3. 施工精密

建筑材料虽好，结构也合理，但是施工不好，这座建筑物也不能保存长久。现存的宫殿、坛庙、寺观等较之一般民居建筑保存得长久，与建筑物的施工精密有很大的关系。

4. 自然环境较好

一座古建筑能否较长久的保存，除了本身的材料、结构、施工等的好坏之外，自然环境也起很大的作用。如像气候潮湿的地区，一般木结构保存的时间就短，就是铜、铁也会生锈。如果气候干燥，同样的建筑也就保存得较为长久。其他，如像风力、地震等，也都影响到建筑物的寿命。

总之，各种自然力量时时都在对每座古建筑的寿命起着考验的作用，对它进行着选择。把经得起考验的选择，保存下来。所以我们可以说，过去保存下来的古建筑，不管从人为的或自然的选择，都是重点保护与重点保存的。这是一个客观存在的规律，但是过去人们还没有很好地认识它，更不会去掌握它。

（三）重点保护、重点保存，是社会主义有计划保护古建筑的正确方针

社会主义的文物保护事业与其他各项建设一样，是要有计划地进行。不仅要认识到重点保护、重点保存这一客观的规律，而且还要运用这一规律去进行工作。把具有以上所说的四种价值的古建筑保护起来、保存下去，使之为今天的社会主义建设和明天的共产主义服务。

重点保护、重点保存，不仅是客观的规律、历史的必然，而且也是现实的必须。因为科学在发展，技术在进步，新的建设在增加，旧建设大部分要被新建筑所代替。从前人所选择的村镇、城市、居民点，大都是水源、物产、交通等条件优越的地点，也正是今天进行建设的好地方，因此不能不拆除旧建筑，重建新建筑。历史上的任何朝代都是这样的，但是我们今天与过去任何时代的情况所不同的是，我们是自觉地、有计划、有目的地去保护古建筑，有规划的去建设城市、村镇、居民点和其他各项建设事业。完全有可能，而且必须有选择、有计划地把具有历史、艺术、科学研究、参观游览等价值的古建筑保护下来。

新中国成立后，在文物、古建筑保护工作中，敬爱的周恩来总理亲自进行实地勘查、研究之后所决定的保存北京北海团城，保留建国门古天文台，迁移中南海云绘楼和东、西长安街牌楼，拆除东、西四牌楼，为解决文物保存和解决城市交通问题树立了典范。同时也体现了古建筑重点保护、重点保存的原则。

三、古与近的数量问题

古建筑保存的数量和其他一切文物一样，年代愈早的数量愈少。“物以稀为贵”，常常是人把它形象化地说明早期古建筑的重要性的理由。这的确是很重要的一个方面，但“古”并不是唯一的理由，还是要从建筑物的多方面去分析它们的价值。

古建筑的数量不仅是由于年代久远易于损毁，所以早期的数量很少，而且从社会发展的规律来看也是愈近期的数量越多，呈现出一个金字塔的形状。这是由于历史越久远，社会生产力和科学技术水平越落后，生活也较简单，因而建筑物的种类也少、数量也少。比如说，在原始社会的初期，只有利用自然稍作加工的山洞穴居或树居，末期才出现了茅屋。到了奴隶社会、封建社会，建筑物的种类和数量就大大的丰富起来了。就是在封建社会的前期，也还是较后期为少的。例如佛寺建筑是在汉明帝时（公元 1 世纪）产生的，塔这种类型此时才开始出现，伊斯兰建筑是唐朝以后才有的；考棚、科场等是唐代以后有了科举制度才有的；戏台是宋末和金代才有的。其他各种生产用的作坊、厂房、生活用的住宅等等，都是随着生产、生活的发展需要而不断增添种类和数量。在选择保存古建筑的时候，除了珍视那些稀有的早期建筑物外，还必须有目的地去选择内容丰富的为数较多的近代古建筑，予以保护、保存。不要使之在多少年以后，在我们这一时期阶段所保存的古建筑，形成某些方面的空乏或空缺。例如天主教堂这一类建筑曾经在中国近代历史上曾经盛嚣一时的，如果不有计划去选择几处保护，将来就可能没有了，成为一个空缺。

总的说来，我们保存的古建筑数量应该是“古”少“近”多。但绝不能把“少”误以为不要或不重视，这只是从数量上的比较而言。有的时候，由于愈古的东西愈少，“古”恰是要加以选择保存的重要因素。假如我们现在发现了一座唐代的三间小庙，与明、清时期的一座五间大殿相比较取舍时，我们就宁可选择保存这座三间唐代小庙而舍去五间大殿。因为明、清的五间大殿还很多，而唐代的三间小庙已不可多得了。

四、关于古建筑的年代问题

当人们参观一座庙宇、一组园林、一个古塔的时候，首先要问：这个古建筑是什么时候修建的。文物、考古工作者和建筑史研究者在调查古建筑时，首先就是要判断这座古建筑的年代。这是因为古建筑的诸种价值都要通过建筑物所建造的年代才能起作用。如果一座古建筑脱离了它所产生的社会经济基础、政治背景、科学技术水平，那么这一座古建筑就不能起到它作为文物的作用，只能当作物质资料来利用了。例如西安半坡村的建筑遗址，如果不是在五、六千年前所建造的，那就没有什么价值可言。但是当肯定了它是五、六千年前原始社会末期所建筑的，它的价值就大了。因为它和同时出土的其他文物标本一起，能说明我国新石器时代氏族社会的情况，说明这一时期的生产发展水平、生活居住情况等等。如果将古建筑作为爱国主义教育、阶级对比教育等，脱离了它所产生的时代和相连的事件，那就不能说明什么；将古建筑作为历史科学研究的实物例证，如果没有具体的年代或一定的时代，就没有证据的价值。因此，我们在评价一座古建筑和鉴别、选择、保存古建筑的时候，首先必须鉴定它的年代。

关于古建筑的年代鉴别问题，是一个学术和技术问题，需要做认真的调查研究、分析比较，并且还要学习一些专门的古建筑知识。但是并不困难，只要认真做工作，古建筑的年代即可鉴别出来。古建筑的年代鉴别，较之其他传世文物有比较有利的一面，因为古建筑的形式与结构都真实反映了建造当时的时代风格。在旧社会没有人把古建筑当古董玩，也没有人制造古建筑这样的假古董。鉴别古建筑的年代，主要从两方面去着手：一是从文献记载上去查考，文献记载包括历史文献、碑文，建筑物本身的题字、铭刻、游记、诗文等等；二是从古建筑实物本身进行分析。古建筑的平面布局、结构方法、艺术造型、附属艺术，如像彩画、壁画、砖雕、石雕、木刻、塑像、铸制艺术等等，每一个时代都有它的特有风格。这种时代风格是建筑发展的客观规律。按照这种时代风格去判断古建筑的大体年代，再结合历史文献的记载，即可断定古建筑的具体年代了。

古建筑的年代鉴别问题比较具体，还需要做许多的实际工作，在这里不能作深入的讨论。这里只是提出在评价古建筑、选择需要保护的古建筑时，它们的具体年代（或是相对年代）是很重要的因素。鉴别年代也并不困难，只要认真做了工作就可以鉴别的。

五、选择作为文物保存的古建筑的条件

我们既然是有目的、有计划地去鉴别、选择那些有保存价值的古建筑来作为文物保护保存，就需要选择那些具有能够更好地发挥作用的条件的古建筑。选择的条件主要有以下几点：

（一）典型代表的实物

现存的古、旧建筑中，有绝大多数是相同的。如像城里的四合院、乡村的民居以及各种庙宇、寺观，其数量之多难以统计。但是它们的建筑布局、材料、结构、艺术造型等，大多是相同的，全部保存下来没有必要，也没有可能。因此，我们只能选择其中具有典型代表意义的，作为古建筑文物加以保护保存。以下几种典型代表的实物需要加以考虑：

1. 建筑类型的典型代表实物

我国古代建筑的类型非常丰富，有住宅、工场、作坊、桥梁、堰坝、城池、关塞、宫殿、园林、坛庙、佛寺、道观、清真寺、书院、考棚、戏台、坊、表等等。这些古建筑类型，从各种不同的角度反映了我国古代的社会生产、生活、政治、经济的面貌和科学技术的情况。有的建筑类型保存得不多，如像考棚，反映我国科举制度的情况，现在只有河北正定等地很少的一、两处，是应当都加以保存的。有的类型数量很多，只能从其中选择一部分保存较好的典型代表实物，予以保护、保存，如桥梁、民居等。

2．民族和地区的典型代表实物

我国是一个多民族统一的国家，疆域辽阔，地形复杂。每个民族和不同地区的古建筑都有它们不同的布局、结构和艺术风格，对于研究我国多民族国家的历史和文化艺术是重要的实物例证。因此，在选择作为文物保护的古建筑时，应当注意具有民族特点和不同地区特点的典型的代表实物。

3. 建筑材料和结构方面的典型代表实物

我国古代建筑工匠们运用了各种建筑材料来修建起丰富多彩的建筑物，并且因材施用，创造出不同的结构方法，对于研究建筑材料和建筑技术的发展是重要的实物例证。在建筑材料方面有用砖、瓦、木、石、竹子、铜、铁、琉璃等等建成的古建筑。在结构上有木骨架的抬梁式、穿斗式，有框架结构、荷重墙、不荷重墙、砖石发券、叠澁，铜铁铸制等等。在平面形式上有方形、长方形、棱形、多边形、圆形、半圆形、日形、月形、波浪形以及各种形状组合的复杂平面。屋顶有庑殿、歇山、悬山、硬山、攒尖、卷棚、平顶、盝顶、勾连搭以及多种形式组合的屋顶。在选择作为文物保存的古建筑时，各种建筑形式、结构和材料都应当考虑。

4. 建筑艺术装饰方面的典型代表实物

我国古代建筑的装饰艺术非常丰富，如像建筑彩画、砖石雕刻、木雕、泥塑、壁画、琉璃瓦兽、面饰、镶嵌等等。每个装饰艺术都有它们技术、艺术的特点。在选择作为文物保存的古建筑时，要注意这些装饰艺术和附属艺术的实物。

5. 时代的典型代表实物

我国古建筑每个历史时代都有着不同的发展和变化，有着明显的时代风格和特点。如像宋代建筑与唐代不同，元代建筑与宋代不同，明、清建筑与元代又不同。在选择的时候，应注意时代的典型代表实物。

什么是典型代表实物呢？大约有如下几点。

第一，典型代表的古建筑要有概括性。我国古建筑不是机械化施工，不可能如像工业产品那样一丝一毫不差。但是它们有许多共同之处，如像四合院住宅，总是由大门、正门、二门（垂花门）、北房、耳房、东西房等所组成。有许多庙宇、古塔都是由当时的官府将样式发到州、县建造的。又如彩画也有一定的谱子，各种艺术构件也有许多共同点。我们所要选择的典型代表实物就是要寻找能够概括多座建筑共同性的实物。它所能概括的共同性越多、概括的范围越大，它的典型代表性就越强，它作为研究问题例证就更有力。

第二，选作典型代表的古建筑要保存得比较完整。比如说有许多座喇嘛式塔，时代、形制都差不多，但是有的已经失去了塔刹，有的须弥座已残；又如有几座形制相同、时代相当的石桥，有的栏杆已缺，有的雕饰已无，我们在选择的时候就要选择那些保存完整的作为文物保存。

第三，要选择那些设计完善、规制完备的实物。比如有许多座寺庙，时代都相同，但是有的在设计或建造时就不完善，或是缺少钟鼓楼，或是缺少藏经楼，或是缺少天王殿；又如文庙有的缺泮池，有的或少棂星门，我们在选择的时候就应当选择那些设计完善、规制完备的，方能更好的说明问题。

这里所说的要求概括性强、设计完善、规制完备、保存完整，指的是有许多座相同的古建筑时从中挑选。但如果已经保存不多或是只存一座的时候，就没有选择的余地，纵或残缺也需要保存了。

（二）早期遗物和孤例、特例

在选择作为文物保存的古建筑的时候，对于年代越是久远的，越是要注意。因为早期古建筑遗物已经稀少了，如果被漏掉或被破坏，就不容易再得了。比如汉代的石阙，在个别的省份还保存了十来座，但是全国已经不多了，因此都应把它们保存下来。

还有孤例，也是在我们选择保存古建筑时应当注意的。孤例有建筑类型的孤例、建筑材料的孤例、建筑结构的孤例、时代的孤例、艺术形式的孤例。它们产生的原因，一种是原来就只有这一处，为了特殊用途而设计建造的，其建筑布局、造型、艺术等与一般建筑不同，如像唐朝武则天时所建造的天堂、天枢，其形式结构都是特殊设计的，并无二处，是为孤例或特例，如果存在，则应加选作保存的。另一种孤例则是本来有许多座相同的建筑，由于被人为或自然的摧毁而仅存一座，成为孤例了。这样便没有选择的余地了，因此，凡属孤例的建筑都要注意保存。

一些古建筑中的孤例有时还可以转化。由于我国历史悠久，疆土辽阔，有些类型或结构上的孤例目前尚未发现，或是经普查和复查之后可能发现同样的实物，就不是孤例了。如花塔这种类型，在新中国成立前，河北正定的广惠寺花塔被称之为“海内孤例”，山西五台佛光寺也被称之为唐代木构的孤例，但在新中国成立后经过普查、复查，又发现了七、八个花塔，唐代的木构也发现了几处，于是孤例就不孤了。这就要按照它们保存的情况分别等级予以保护、保存。

（三）在建筑史上有创造、发明的古建筑

在我国建筑史上，每一个时期都有新的发展、改进或发明、创造。古代建筑工匠们大胆地突破了原来的旧规范，以满足发展着的生产、生活的需要，在建筑设计、施工上有所发明、有所创造、有所前进。我们在选择作为文物保存的古建筑时，要特别注意这方面的古建筑实物。如像打破原来规划布局的实物，在建筑结构设计上有改进与创造发明的实物，采用新发明的建筑材料的实物，新创造的建筑类型，新创造的建筑装饰的实物等等。举几个例子：如塔这种建筑类型，是汉代随着佛教传入我国之后，建筑工匠们在我国古代建筑传统的基础上创造出的一种新建筑类型。最初创造出的塔，在建筑结构、造型、艺术装饰等上面可能还不成功，甚至有很多缺点，但是因为它有划阶段的意义，是有重大的价值的，可惜现在已无实物了，如果有汉代塔的话，虽不完备、完整，都应重点保存的。又如无梁殿这种结构，是元、明时期工匠们为了使重要殿阁更能长久保存，以砖、石发券代替木构殿阁的创造，同时也推动了砖结构的发展，是应该选择保存的一种实物。又如琉璃砖、瓦这种建筑材料，是我国建筑材料工业史上的重大发明，对于早期使用琉璃瓦的建筑物，也应注意选择保存。

在建筑发展史上的重大改进或创造发明，是推动建筑发展的重要因素，它们同时也反映生产力发展的水平，反映社会生活的变化。把它们作为历史发展、科学进步的实物例证，激励人们在科学技术上大胆革新创造，所起的作用更大。这种在建筑史上有重大改革创新或发明的建筑实物，应当注意选择加以保护、保存，以为例证。

（四）与重大的科学发明或科学上的重大成就有关的古建筑

有些古建筑，它们本身在建筑技术、艺术各方面的价值并不大，但它与其他的科学技术的成就有密切关系。如像北京建国门观象台，在建筑工程上只不过是一个普通的砖砌城台而已，建筑艺术上也无什么特殊之处，但是它在天文史上的意义却十分重大，因此，这个城台就必须重点保存了。

（五）大型古建筑群

在我国古建筑中，有许多大型建筑群，它们虽然年代比较晚，在工程技术方面也没有特别突出的地方，但是它们还保持着完整的布局，建筑物也较多。这种大型建筑组群往往与风景名胜地区相结合，其建筑物还可作为游览参观、文化活动的场所。

（六）点缀风景名胜的古建筑

有许多古建筑它们本身已成了风景名胜区的重要组成部分，这种建筑往往历代重修，已非原貌，作为历史科学的例证已失去了许多价值，但是它们已成了该名胜风景区不可缺少的一部分了。如像杭州西湖的保俶塔现在保存的虽已不是五代原物，而是近代重修了，但它是西湖的重要标志之一；湖南岳阳楼虽为清代重修，但它与洞庭波光、芙蓉国景密切结合在一起；许许多多在风景名胜区的古建筑都有这样的情况，我们在保护古建筑的时候，这也是应当加以考虑的。

（七）阶级关系对比和反面教材的建筑物

建筑艺术作为上层建筑，还反映历史上阶级斗争的情况，是旧社会阶级关系的实物例证。在山西洪洞县有一个明代监狱，确是苏三冤狱之处，还有当时的档案可查。可惜在林彪、四人帮极左思潮的影响下被拆毁了。如果还有这样的典型实物，也是应予以选择的。其他如像地主庄园以及其中的劳动人民住处，也应选择一些加以保存。

以上所谈的在选择作为文物保护、保存的古建筑时，要注意的七个方面，彼此之间都有密切的联系。有的在一个古建筑身上同时具备了几个条件，有的则只具备一两个条件。只要具备了一个条件的，都可以作为选择的对象。至于具体到选择某一个建筑时，还需作科学的调查研究、分析类比，才能确定下来。

在这里还必须说明的是，选择古建筑公布为“文物保护单位”，是一种保护的形式，那些尚未公布为文物保护单位的古建筑，只要具有历史、艺术和科学价值的都要加以保护。其中有许多还将陆续公布为“文物保护单位”。绝不能说尚未公布为“文物保护单位”的古建筑就没有价值了，或是不保护了。目前还要大声疾呼，加强古建筑的保护；经过普查、复查，尽快把那些具有历史、艺术、科学价值的古建筑公布为各级“文物保护单位”，妥善加以保护。

原文刊载于《建筑历史与理论》1980 年第 2 辑，收录于《罗哲文历史文化名城与古建筑保护文集》，中国建筑工业出版社，2003

乡土建筑保护十议

陈志华

一

“建筑是石头的史书”！

文物建筑有多方面的价值，功能的、科学的、艺术的等等，而最基本的价值是它的历史认识价值。建筑是历史信息的重要载体，是历史的实物见证。保护古建筑遗产，第一个意义，就是保护历史信息。这是文物建筑保护整个理论体系的核心，全部保护工作的原则和方法论都建立在这个根本性的价值观的基础之上，受它的制约。这个价值观也把文物建筑保护和那种情切切、意绵绵吊古怀旧的文化心态划清了界限，而把文物保护工作建立在向前看的科学的历史观之上。正像考古学家和人类学家珍爱周口店的那一块头盖骨，不是希望中国人再过茹毛饮血的生活，而是为了更好地认识人类自己，为了发展。

一个国家，一个民族，它的历史极其复杂多样，它应该小心翼翼加以保护的文物建筑，应该和它的历史的丰富性和多样性相应，尽可能全面地以实物见证它的历史。

国家的文物建筑保护单位的总和，应该力求包括所有不同时代、不同地区的不同类型、不同型制、不同样式、不同风格的建筑，形成一个完整的大系统。这当然很困难，也许根本办不到，但政府和文物工作者不能没有这种认识、理想和抱负，有了这样的认识，才会有方向、有追求，才会有一个合理的工作计划，向这个目标越走越近，哪怕向前迈一步也好。否则，我们可能会在某一个类型的建筑中投入了很多力量，而忽略了别的也许更有价值的，也就是历史信息量更多、更独特、更深刻的古建筑，导致难以挽回的损失。

要达到这个目标，首先要文物工作者克服我国文化传统中长期占主导地位的士大夫文物价值观，那种文物价值观只着眼于上层社会的文化遗存，而忽视平民的、农村的、下层社会的文化遗存；只重视古老的、在某个朝代之前的，而忽视稍稍晚近一些的；只重视艺术水平高的，而忽视日常使用的；只重视名家制作或名人拥有过的，而忽视普通人制作和为普通人使用的；只重视材质贵重的，而忽视寻常材质的，等等，用这种文物价值观来做文物建筑保护工作，就会把我们的文物建筑工作搞得很狭窄、很片面。为了在文物建筑保护工作中克服这种长期占据主导地位的士大夫的文物价值观，必须放宽眼界，走向广阔的中华大地，尤其是作为整个农业文明时代的中心——农村，去彻底认识古建筑的多样性和丰富性，认识古建筑的系统性存在，认识古建筑对社会历史多方面的价值，以及它们对我们民族生存和发展过程的实证作用，建立起一种科学的、全面的文物建筑价值观，进而有选择地保存古建筑中最有典型意义的部分，来建设一个由文物建筑形成的历史信息的大体系。建设这个文物建筑大体系，要采取两种基本的工作方式，一种是从个体建筑着手，一种是从多种建筑的有机综合体着手，两种方式互相补充。

第一，从个体建筑来说，一套完备的文物建筑，应该包含政治史、经济史、社会史、文化史、宗教史、教育史、科技史、军事史、建筑史等等人们活动的所有各领域的见证。在每一个领域里，文物建筑都应该是系统化的。下一个层面，像经济史这个最大的领域里，应该有农业和家庭副业、作坊手工业（烧瓷、造纸等）、渔业、商业、服务业、工业、矿业、仓储、金融、交通运输、水利等等的建筑和工程这些次级领域的子系统。它们还可以做更具体的区分，例如交通运输，就会有驿道、驿站、邮亭、桥梁、船埠、水陆码头、旅店、货栈、轿行、骡马店和近代的车站、编组站、仓库、机场、轮船码头等等。当然还可以再进一步细分，例如桥梁，以结构分就有拱桥、梁桥、板凳桥、悬索桥等等许多种类。

有些领域比较简单，如教育史，至少也包括学塾、义塾、文馆、儒学、书院、聚贤馆、贡院、考棚、国子监、进士牌楼、科名桅杆和近代的小学、中学、大学、教会学校、欧美留学同学会等等。古代的文庙、文昌阁、魁星楼、文笔、文峰塔、尊经阁、藏书楼和刻版印书的作坊、书店以及近代的出版社、印刷厂之类也可以归入这个领域。

每一种建筑类型，又可以有地域性的差别，民族的差别，时代性的差别，还有社会功能、材质、结构、形制和艺术风格等等方面的差别。例如牌坊，在性质上分，有旌表性的，如贞节、节孝、节烈、义行等等；有仕进性的，如状元、进士、世科和少量举人牌坊等等；有标志性的，如村口、路口、桥头、墓道口等等。牌坊还有石构的、木构的和砖构的，在形式和风格上都不相同；它们还有不同的形制，如门楼式的、冲天式的、四面式的。它们又有一些变化，如牌楼式的进士第大门，镶在住宅墙面的贞节坊等等。

各种类型不同层次的建筑，不可能位于一个比较接近的地区范围内，有些甚至能相距很远，尤其是皇家和黎民百姓的，甚至不同民族的建筑可能相距更远。因此，它们的系统性比较松散，不大容易被一般人完整地认识，但文物建筑体系里不可不包含从这种单体建筑着眼的系统。

第二，多种建筑的综合体包括城市、乡镇和村子这样的建筑聚落。这个综合体内包含着许多类型的建筑，它们服务于政治生活、经济生活、社会生活、文化生活、宗教生活和日常生活。每一个聚落都是一种多方面的、完整的建筑综合体，一种生活信息的库藏。从信息的丰富性、生动性和有机性来说，聚落是在某个层次上、某种类型上、某个地区里最全面的、最生活化的、最真实的历史见证。它们是最有价值的文物建筑综合体。因此保护文物建筑，最主要的是保护整个古聚落。

在我国大部分地区，在农业文明时代，一座古城，一处古村，往往就是一个某种层次上的生活圈、经济圈和文化圈，或者，是某种层次上的生活圈、经济圈或文化圈的中心。因此，一座古聚落绝不是一群古建筑简单的偶然的集合体，它是由和聚落的生存、发展息息相关的各种古建筑形成的有机的整体，一个有一定的结构性的整体，一个与各方面生活相适应的完整的系统。个别的古建筑好比文字，古聚落则是一篇文章。聚落的古建筑系统和聚落中生活的各个方面相对应，生活有多复杂，它就有多复杂。它又记录着聚落的历史，历史有多丰富，它就有多丰富。一滴水珠能反映整个太阳，一个聚落就是社会的水滴；一个分子保持着某种物质全部的物理和化学特性，一个聚落就是社会的分子。聚落是历史最有生命力的见证单元。所以，我们说，一个聚落是一座博物馆，一座图书库。它是历史文化信息的宝藏。

每一座古建筑，只有在聚落的建筑系统里才能获得它们完全的价值，这价值远大于它们被分离出来作为孤立的个体所具有的价值。因为，它们的某些价值存在于它们和聚落整体以及和其他古建筑的相互联系之中。它们产生的原因，它们的社会功能，它们的形制，它们的位置，它们的艺术表现力，都和聚落的形成过程、社会结构、经济活动、文化特质以及自然环境等等各方面息息相关，脱离了聚落的整体，个别的古建筑就会失去许多意义，它们就不可能被充分理解，它们的认识价值就会大大降低。反过来，每一座建筑都是一座聚落的系统性元素，具有系统功能，因此它也是聚落的一个功能性元素。聚落失去了一座或者一部分个体建筑，它有机的系统性就会遭到或轻或重的破坏，同样，它作为历史的物证的功能就会降低甚至破坏。

因此，一个国家，一种文明，主要以各种聚落来形成它的文物建筑大体系，历史信息大体系，是最理想的。当然，聚落也有极其多样的类型性，要慎重选择不同类型的聚落，要克服传统观念的束缚，着眼于国家历史文化的整体。

二

乡土建筑保护的战略性指导思想，是以保护聚落整体也就是完整的古村镇为基本方法。这是保护乡土建筑所携带的历史文化信息的最有效的方法。只有在聚落整体保护已经不可能的情况下，才不得已只保护几片有价值的建筑群，几座单体建筑物，甚至只保护几件牛腿，几只窗扇，几个吻兽。

然而，要全面地、系统地见证我们民族农业文明的历史，个别村落的无序堆积还是不行的，作为文物单位的乡土聚落必须形成一个体系，由各种类型的有代表性的村落有机地组织起来。因此必须经过仔细的筛选。筛选的目的主要是保证文物保护村落体系的完备。而筛选，当然又要从有组织、有计划、有专业人员参加的普查、评价下手。

筛选的角度，是由乡土聚落本身的类型决定的。先弄清乡土聚落有多少基本的类型和各个类型的本质特征，才能确定哪些村落是某地区、某种类型性的最典型的代表。这就要用比较的方法：选择一个比较因子，这因子必须是可比的，是本质的，是普遍的。区分乡土聚落的类型，可以从不同的角度下手，也就是从不同的因子着眼。有人用村落的结构布局形态分类，如梳形的、篦形的、棋盘形的、条形的，块状的等等；有人用地理条件分类，如山地的、水边的、平原的等等；有人用它们主要的建筑的特点分类，如窑洞村、围龙屋村、吊脚楼村、垛木屋村等等。这些分类方法都是有意义的，但它们都不是基本的，因为它们所着眼的因子都不是本质的。应该有更本质的分类。

既然作为文物单位的村落的主要价值是它们所蕴含的历史、文化信息，在于它们是我们民族在农业文明时代的历史见证、文化载体，而且，我们追求的理想目标是文物村落的整体形成一个完整的、全面的系统，能够反映农业社会的各个领域和各种状态，那么，我们选取文物村落的角度、标准，当然首先是它们在这个信息系统中的地位和作用。因此，我们对乡土聚落分类的第一位的根据是它们的经济、社会、文化内涵。

例如：从经济类型上看，乡土聚落有纯农业的、农业兼林业的、农业兼手工业的、以手工业为主的、兼作地区性商业中心的、作为一定范围内的物资集散地的、作为水旱码头的、从事矿冶业的等等，甚至还有作为军事要塞和地方行政长官驻地的。往下还可以细分，例如，纯农业村，有种粮食的，有种靛、麻、茶、蔗等经济作物的，有养蚕的，有捕鱼的，还可以计入经营林业和畜牧业的；手工业村，有烧瓷烧缸的，有造纸的，有纺织的，有制染料的；矿冶村有采岩盐的，有采煤的，有冶铁的，有炼硫磺的，等等。还有一些从事特种行业的，如行船的，赶骆驼的，祖传行医的，刻版印书的，绘年画的，剪纸的；甚至还有看风水的，编宗谱的，玩皮影的，演傩戏的，练武术的，等等。

从社会类型上看，有以一个大姓为主的或者甚至单姓的血缘村落，有杂姓混居的村落，有移民的村落，有戍兵解甲归田后留居的村落，有驿站递铺转化的村落，有佃仆村落，有妇女作为贸通天下的商人家属受到严重约束的村落和妇女参加生产劳动有独立地位的客家村落，等等。

从地理特点看，有南方湿热地区的，有北方干寒地区的；有山区的，有江湖之间的，有黄土高原上的，有水网地带的，有交通线上的，有极偏僻闭塞的等等。

还有一些村落，是由民俗性的地方神祇的崇祀活动而兴起的；有些村落曾经科甲连登，有些村落却是千年白丁；有些村落有大量高堂华屋，有些村落则是以窑洞或者竹楼为主要建筑类型的等等。它们的个体和整体特色都很鲜明。

各个民族又有他们自己文化特色很鲜明的村落。村落的所有这些社会的、经济的、历史的、地理的、民族的、文化的等等性质，重叠交错地反映在几乎每一座乡土聚落的身上，形成它们极为复杂的类型性。例如，有南方稻作区水网地带以中小型内院式住宅为主的血缘村落，有黄土高原上以窑洞为主要建筑形制的挖煤烧缸外销的杂姓村落，有华南侨乡由大家族聚居的大型围屋形成的布局松散的血缘村落，等等。

在深入的普查的基础上，这个目录可以很细很长。这些村落，在选址、整体结构布局、宗教和崇祀建筑类型、公用建筑种类、建筑形制和风格、家具、陈设、装饰等各方面都有自己相当明显的特点。它们不能互相替代，它们和传统的非物质文化在一起却能非常生动、直观、深入、真实地见证我们国家复杂的文化和历史。

因此，在确定乡土聚落的文物价值的时候，千万要防止唯美、唯精、唯贵、唯高、唯古的传统士大夫的观念。例如，浙江省温州市瓯海区有一个泽雅镇，村村都造手工纸，作坊沿山路绵延二三十里不断，作坊的一切设施和操作方式都和明末宋应星在《天工开物》中所绘的一致。而且有一个村子还保存着一方南宋时候的记事石碑，可以确证其中有些造纸作坊至少有八九百年的历史了。虽然它们的外表是粗糙而简陋的，但造纸是中国的四大发明之一，我们岂可以不保护这个极为难得的作坊村落群呢？

三

乡土环境、乡土社会和乡土历史是很复杂的，乡土聚落之间发生着各种各样的关系，它们从来并不孤立地存在着。在某些情况下，尤其在非纯农业聚落之间存在着经济上、文化上特别密切的互补和互动关系，可以称为一个完整的聚落群。因此，虽然主要以个别聚落的保护作为乡土建筑保护的基本方法，但仍然要注意到有保护聚落群的必要和机会。

这种聚落群可能是网络状布局的，可能是线形布局的，也可能是团块状布局的。网络状布局的，大多以一个在经济上起带动作用的村镇为中心，向外辐射。例如，山西省临县的碛口镇是黄河秦晋大峡谷中最大、最重要的码头和渡口，主要由晋中移民开发的内蒙古河套地区和陕北三边地区的粮食、食油、畜产品、草药和池盐经船筏运输到这里上岸，再用骆驼和骡子转运到晋中盆地进而分到京、津、豫、鲁、冀各地。它是距晋中盆地最近的黄河码头，是晋中商帮开发经营大西北最便捷、最重要的水陆运输关节点。镇的西部，沿黄河有大量的粮、油、盐等的仓库，镇的东部集中着骡马店和骆驼店，还有蹄铁铺和干粮店。在这东西两部之间，集中了大量的批发店、银楼、饭馆、零售店等等为外来客商服务的行业。镇上还有七座比较大的庙宇，它们有戏台，长年演出以娱乐客商。围绕着碛口，在一个相当大的范围里，有许多村子，它们的存在和发展都和碛口有十分密切的关系。没有碛口镇，这些村子在荒僻的吕梁山里也就无以为生。碛口镇和这些村子“相依为命”，形成极有特色的乡土村镇群。它们的状况至今保存良好，是一个极难得、极宝贵的网络状古村镇群的标本。

线形布局的古聚落群多在水陆交通线两侧，沿河或沿路。这样的例子之一在浙江省江山市和福建省浦城县之间的仙霞古道上。仙霞古道是沟通浙江和福建两省最重要的咽喉要道，连接钱塘江和闽江。它北起江山市钱塘江上游须江的最后一个通航站清湖镇。用船舶南运的货物到这里起岸，清湖镇有十几个专业码头和大批过载店、货栈、客店、餐馆、茶座等等。从清湖镇起，沿翻越仙霞岭和枫岭的山路把货物挑到浦城再上船经闽江直下福州。反向的货流也同样发达。在山路的中途，过四重仙霞关和一重枫岭关，关墙壁立，十分险峻。关口曾经有居民点，古时可能有兵营。中途的峡口和廿八都都是商业大镇，有以经营各种货物为主的街市和货栈；沿路还有产瓷器的、产日用粗陶器的、产茶叶的、产蚕丝的等等专业村，都借古道把产品运往市场。甚至还有一个贺村，是牛市场，江西、福建的牛贩子把牛赶到这里来卖，浙江的牛贩子则把牛从这里卖向钱塘江下游各地。仙霞古道沿路古村镇的历史文化遗存丰富，建筑质量大多是上乘的。它们的兴旺由于这条仙霞古道，它们的经济活动促进了古道的繁荣，互相依靠，形成一个线形的聚落群。

这些成组成群的村镇都是有特殊的价值的乡土建筑遗产，当然应该用比较大的力度来保护。从把保护完整的聚落作为乡土建筑保护的基本方式，扩大到在特种条件下保护聚落群，这是一个理想的方案。虽然在我们当前社会的认识水平和管理体制下，实现的难度很大，但我们总要树立一个理想、一个目标，努力去做，哪怕实现很小一部分也好。

和保护聚落群相反，如果一个古村镇的整体性已经遭到了根本的破坏，但是余下的几部分古建筑群或者几座古建筑仍然保存着有意义的历史文化信息，就应该把这残存的几部分古建筑群或这几座建筑保护下来。

已经严重损毁而失去了整体性而且不可能修复的个别乡土建筑，则应将它有特殊历史文化痕迹的、艺术性比较高、风格或技术上有特点的个别构件甚至构件的局部收集起来，妥善保存。数量比较多的话，可以建立一座陈列馆，如果政府部门没有力量去做，可以鼓励民间去做。现在有一些文物贩卖商在做这件工作，牛腿、华板和格子门窗等等都是他们致力于收购贩卖的，而政府的文物管理部门却还无力去做这件事，有时候还对文物贩卖商的活动有点限制。其实，只要禁止他们从完好的建筑物上收购精致的构件就可以了，不应该反对他们收购城乡改建拆迁工程残存下来的建筑零件。至于从完好存在的建筑物上拆下构件来卖，主要的责任在房产主，不在收购人。文物贩卖商的收购是功大于过的。近20年来我们城乡的改建拆迁规模很大，20世纪80年代和90年代初，拆下来的柱子、梁、檩、枋和整个楼梯段都卖出好价钱，而精雕细刻的装饰构件只用来烧火、垫泥坑等等。文物贩卖商动手抢救了它们，他们早于政府文物主管部门认识这些建筑构件的价值；政府部门到现在还没有收集它们的打算，更没有行动。文物贩卖商当然要卖出他们的收购品，经过买卖，这些零散构件就会成为收藏品，不再有当柴烧的厄运。如果鼓励、引导他们设立陈列馆，也是有可能的。不要排斥他们，歧视他们，要认识他们活动的价值，设法发挥他们的作用。

四

保护作为文物的古村落，所遵从的总原则和方法论与保护个体文物建筑应该是一样的，这就是：最低程度干预，可识别性、可读性和可逆性，只是在具体操作的层面上有所区别。

这总原则就是力争完整地保护住文物多方面综合的价值，就是保护它们的科学价值、审美价值、情感价值、借鉴价值、使用价值等等。但在这些价值之上，或者说作为这些价值的基础的最根本性的价值是：文物，包括个体建筑和古村落整体，携带着丰富的历史信息，它们是历史的实物见证。正因为如此，要保护文物的价值，首先要保护历史信息的原真性。失去了原真性，文物其他各方面的价值大多会失去依托。

因此，保护文物村落的第一原则还是保护它的原生态。凡是有损于古村落原生态的措施都要尽量避免、减少。说到文物建筑和文物村落的原生态，就有一个怎样确认的问题。国际上的一般理解，原生态就是对文物建筑和文物村落采取有计划的整体保护时它们的状态。换一句说法，就是从它们诞生时起直到采取有计划的整体保护时止它们所获得的历史信息的总和。因此，已有的增添（Patina）不能去掉，已有的缺失（Lacuna）不能补上。但这种理解在实施的时候会有一些困难，于是，稍后就在“历史信息”几个字之前加上“有价值的”一个定语。这个定语给了保护工作一些灵活性，因此，虽然它引出了评价问题，增加了工作的复杂性，却受到文保工作者的普遍欢迎，因为它赋予文物保护工作更多的学术内容和创造性。同时，因为仍然要坚持科学的方法论原则，所以并没有妨害文物保护工作严肃的科学性。至于中国的乡土聚落保护，可以把它们“历史”的下限定到20世纪中期的“土地改革”运动。因为土地改革彻底改变了中国农村的生产关系和历史发展模式，也改变了村落的经济结构和实体结构，村落发生了“断裂”性的变化。而且，乡土建筑的类型、形制、材料、结构、形式也从这时候起开始发生了根本性的变化。当然，这个历史下限并不是机械的、千篇一律的，还要考虑到一些“有意义”的现象。

为了尽可能完整地保护古村落的原生态，就必须保护古村落的整体，也就是保护历史信息的完整性和系统性，这是第二个原则。

古村落是一个由各类建筑有机构成的大系统，一个有一定结构的有机整体，这便是古村落在漫长的历史过程中形成的原生态。这个整体，是和农村社会生活的系统性整体相对应的。正是这个整体，才赋予古村落历史信息的真实性，以及由此而来的丰富性、多样性和系统性，这是任何一座单幢建筑都不可能担当的。如果这个系统的整体性被破坏了，古村落的历史信息就零散了，就会失去一大部分历史的真实性。因此，在文保村落中，一般不应该再划分重点建筑和非重点建筑。例如住宅，不能只重视和保护雕梁画栋、琐窗网户的大宅，而轻视甚至放弃简陋的小房子，因为，既有大宅院，也有小房子，才是生活的真实。评价村落中的古建筑是否重要，主要看它在历史信息系统中的地位和作用，不能把它孤立地评价，或者只从某一个片面如古老、美观、高档、精致等去评价。有些简陋的小房子，孤立地看，可能是“没有价值”的，但是，把它放到聚落中去，它可能大大提高聚落的系统完整性，从而更多地显示出聚落的价值和它本身的特殊价值。在一座宗祠巍峨、住宅精美的农业村落里，一座铁匠铺是矮小、狭窄、简陋的，但没有铁匠铺就没有锄头、镰刀、犁铧，也就没有了农业，村落就存在不下去。同样的，还有篾竹店、油坊、水碓、靛池、碾坊、路亭、枯童塔等等。它们都是农耕时代生活、生产所必需的，对于后人理解那个时代的农村是必不可少的实物见证。因此，决不可以看不起它们，以为它们今天已经没有用处，把它们拆除。其实，没有了它们，关于过去农业村落的存在形态的信息就是不完整的，因而就是不够很真实的。

浙江省江山市和福建省浦城县之间有一道仙霞关和一道枫林关，历史可以上溯到唐代，曾是很重要的关防。两道城关内外还有过三等游击将军衙门、练兵场和同知衙门。紧贴关口内侧有过小小的居民点，那里是平时挑担脚夫打尖或住宿的地方，可能还会有戍兵营房的遗迹。但是，前些年为了修缮关卡，竟把居民点拆得片瓦不剩，衙门和练兵场也都任其坍塌甚至占作新房基地。只剩下光秃秃的城墙，这算什么关防遗址呢？

同样，如果只保存“正宗的”、堂皇的佛寺道观，而没有痘花娘娘、黑虎将军、蝗蚜老爷、狐仙大帝、临水夫人等等民间神灵的简陋的“淫祠杂庙”，农村的崇祀观念和社会生活也就被歪曲了，中国文化史的一个重要方面也就得不到真实的见证。

我国的建筑刊物中，经常可以读到关于历史文化名城或历史文化街区的保护规划，里面说：某城、某区、某街上的几幢“精美”、“壮观”的老房子要修缮保留，其余几幢“没有价值”的老房子则应该拆除，另建仿古式样的新房。这哪里是保护历史文化名城或街区！本来，即使保护单幢文物建筑，也应该同时保护它一定范围里的原生态环境，何况保护的题目是历史文化城区或古村落整体。这些保护规划的作者对古建筑的评价仅仅是功能的或审美的，不是首先全面地考量它们的历史文化价值，对文物建筑保护来说，是文不对题的外行话，他们的文物建筑价值观根本错了，实践的危害很大。

历史信息只有真假之分，没有精华和糟粕之分。生活中曾是负面的东西，如有些作为水旱码头或集贸中心的村落里有过的花茶店、妓院、赌场、大烟馆，作为“行业”，它们应该铲除，但它们的建筑应该保存，作为历史的见证。不可以“净化”历史，精华与糟粕共存，这才是历史的真面目。至于节孝牌坊，根本就不是糟粕。一个妇女，不到三十岁便守了寡，她含辛茹苦几十年，对上侍奉年迈的公婆，对下抚养幼小的子女，尽了她对家庭的责任，也稳定了社会。一座牌坊，是对她的苦难生活的安慰，对她的德行的永久纪念和表彰，她理应得到。如果因为节孝牌坊包含着制度性的负面意义而把它们拆除，那是对历史、对社会、对人性的无知。“礼教吃人”，被吃的人是无辜的。历史的制度性残酷不能否定她们的品德，她们是牺牲者。即使到了现在，也并不鼓吹凡寡妇一律都要改嫁。丢下老人和孩子去再婚，未必是应有的“新”道德。家庭是社会的单元，社会的稳定需要家庭的稳定，至少目前还是如此。20世纪50年代，曾经大肆批判过岳飞、文天祥和史可法这些英雄人物，说他们只忠于一朝一姓，而妨碍了中华民族的大融合过程。方孝孺尤其被指斥得一钱不值。这些粗野的批判和否定“节妇”应得的尊敬是一样的。

一些比较大的或商业比较繁华的村镇，会有巡检衙门（乡政府、警察局）、厘金局（税务局）、商会、水龙会等机构的建筑，这些也是应该保护的，它们大多数现在已经改变了用途，但应该维持原来的空间格局和外观，并挂牌说明，不要因为政治原因而“抹去”它们中的某些部分。

第三个原则是，不但要保护乡土聚落的各类建筑，也要保护聚落里的各种公用的生活设施和生产设施。例如池塘、沟渠、水井、石磨、杵臼、油榨、拴马桩、桥梁、堤坝、道路，等等。公用的生产和生活设施，都是一定历史条件下，一定技术水平上，人们为生存和发展所做的多方面努力的见证，是人们生存斗争、文化追求和劳动创造的表征和成果。它们比建筑更能表现人们生活和生产的多方面性和多样性。简陋的茅厕、畜栏、猪圈不再使用，但可以清清爽爽地留下几个标本，教后人知道先祖们生活状态的某些方面。这有点展陈的意思，但毕竟不是虚假的，完全去掉才是虚假的。当生活发生了不可停顿更不可逆转的变化的时候，展陈也是保存历史信息的一种方法，犹如博物馆。不要完全否定“博物馆式保存”，它有时也是很必要的。

第四个原则是，还要收集和保护各种日常的和劳动的器物、用具。器物、用具的意义和生活、生产设施一样能够反映乡土生活的细节，更能表现乡民的智慧和技巧。各种竹木器具、棉麻织物、铜铁家什和陶瓷用品，有些家常日用，有些礼神敬祖，有些用于婚丧嫁娶，有些用于生产劳动，只要我们摆脱千百年来占统治地位甚至垄断地位的士大夫审美观和价值观，就能发现和欣赏它们的美，它们的巧，更能认识它们所蕴含的关于乡土生活的各个方面。人是依据美的规律进行创造的，扁担、箩筐、料槽、火笼、木盆、蓑衣、水桶和儿童用品，如浙江省永嘉县的“鹅兜”、山西省离石市农村的柳编用具、江西省乐安县篾编的针线筐箩等等，都是手工艺的精品。

第五个原则是，要细心地发现和保护乡土建筑上的细节和历史痕迹。建筑是生活的环境和舞台，生活有粗放的一面，也有细致的一面，它们都会在各种建筑上留下痕迹。往往是这些细节和痕迹最能表现乡土生活的温馨的人情味，也是这些痕迹最能表现生活的艰辛和困苦。这些细节需要文物工作者深入地了解当地的文化传统，了解居民的生活，用心去体验，才能发现，才能懂得它们的意义。例如，四川的场镇上往往有不少茶馆酒店，每逢集市日，必定高朋满座。茶馆和酒店都是一两间店面，并没有明显的不同。但是，它们间却有一个极人性化的细节区别：茶馆有门槛而酒店没有，为的是赶集的汉子三杯老酒下肚难免醉眼蒙胧，所以酒店不设门槛，避免他们绊跤。场镇上的店铺一到天擦黑都要上排板门，但草药店必有一块门板上开一个小小的高窗，不论夜深几更，急需买药的人都可以敲开这扇窗子，递进药方和钱，拿回方药。浙江省兰溪市的长乐村，有一座分祠（当地称“厅”）叫滋树堂，它所有的柱子都是用很夸张的歪七扭八的木料做的，这大概是为了形象地模仿天然树林，造成树木茁壮地、顽强地在山上生长的形态，以象征这个房派子弟的活力，与堂号相应。同时，也就充分表现了大木匠师出色的技艺。这些特色，在保护乡土建筑的时候，是必须细心地护持下去的。所有这些细节和历史痕迹都有认识价值，而且往往极为生动有说服力，无可替代，应该小心地保存它们。

第六个原则是尽可能地保护文物村落的原生态环境。文物村落的环境，是它的原生态的一部分，是它的生存状态的一部分。在农耕文明时代，山、水、田野、林木密切地关系着村落的结构布局以及居民的生产和生活。每个村落的“始迁祖”在选址定居的时候，都考虑过这里自然环境对子孙的生存和发展的利弊。定居之后，子子孙孙又不断地加工改造着环境。长期下来，环境和村落交互影响，在更高的层次上成为稳定的一体。这个经过选择和加工改造的环境，包含着农耕文明大量的历史信息。

这种应该予以保护的环境包括一定范围里的农田、山林、水体、道路、桥梁、埠头、水利设施，还有一些建筑物、构筑物，如零散的住宅、庙宇、路亭、坟地等等。这里也包括一些风水术上的东西。风水术是迷信，但它是存在过的历史事实，对古村落的建设有过影响。要保存文峰塔、砚池、明堂和水口建筑群等等。徽州一带的水口建筑群有“五生”，即风雨桥、文昌阁、文笔、水碓和长明灯，这个建筑群蕴含着很丰富、很深刻的文化内涵，没有了水口建筑群就失去了很大一部分关于村民的生活和理想的见证。此外，还要尽可能地保护村落外围的“八景”、“十景”等等，它们一般都有诗文阐述它们的环境和意蕴，很深刻地反映农耕文明时代农民的生活理想和审美意识。

第七个原则是保护一个文物村落，就要保护它的一切可以收集到的文字史料和口传史料，把它们展览出来，最好是编纂村志正式出版。

文字史料包括宗谱、碑刻、文书、契约、书信、笔记等等，也包括书画、匾额、楹联和祖宗像之类。口传史料则更广泛，可以包括神话、传说、迷信、故事、歌谣、谚语等等在内。乡土文化是民俗文化，民俗文化里就会有不少的“无稽之谈”。民间流传的“无稽之谈”也自有它的历史文化价值。这些史料除了本身的价值外，还有助于解读古村落，解读古村落和社会生活的关系；所以，这些史料对制定文物村落的保护规划有很重要的意义，在制定保护规划之前应该深入地了解它们，使乡土建筑融进乡土文化的整体当中去。浙江省温州市瓯海区的泽雅镇有许多村落生产土纸，直到如今。但已做过的保护规划，主要着眼于风景秀丽的段落，而没有把有一块南宋石碑的村子作为首要的保护对象，这是一个重要的失误。

第八个原则，村落，作为居住环境，和它共生的还有很多其他物质性和非物质性的东西，都应该广泛收集保存。还有一些民俗，如傩戏、皮影、过年、送灶、生老火、四时八节、泼铁花和祭祖、娶亲、嫁女、丧葬、扫墓等等，首先要有文字和形象的记录，其次要适当保存一些有可能保存的民俗。

还应该保存一些特殊手工艺，如绣花、剪纸、香袋、面虎、年画、神像等等民间文化创作。更要保存一些传统的手工业生产，如酿酒、榨油、养蚕缫丝、纺纱织布、印染等等。希望这些不要被完全遗忘。

这些物质性和非物质性的东西大多数和建筑的使用、装饰等密切相关，建筑和它们在一起，才能形成一个完整的有生活内容的村落，才能接近构成农耕文明社会的全貌。

在适当的情况下，可以由一些志愿者熟悉传统的生活形态，包括民俗、礼俗、手艺等等，以便在特定的节日或某种情况下表演，有些国家把这种“保存”方式叫作“民俗生态保存”。所以要用这种多少有点虚假的方式保存它们，是因为生活总是在越来越快的变化之中，变化就是生活本身，生活的变化是不可以阻挡的，我们不可能把古老的生活都保存下去，都保存反倒是不真实的了。因此，不少情况下，我们只能满足于展陈和表演，这是世界各国常用的方式。它是“博物馆式保护”的一个内容。如果万幸，生活的发展并不排斥这些内容的某些部分，那当然求之不得，要力争把它们保存下去。

五

要做好乡土聚落的保护工作，先要做好它的保护规划，要做好保护规划，先要做好对它的研究。只有研究充分了，才能把保护规划做好。为了保护它的历史信息的真实性，首先就要认识这个聚落真实的历史和文化，包括生产、生活和民俗。为了保护它的整体性，就要认识这个村落的整体布局结构，它的各个部分在整体中的作用和它们互相间的内在关系，等等。

研究应该是全面的，要深入认识聚落的发展过程、地理环境、社会结构、生产经济、文化特点、生活习俗等等，发现它们在聚落选址、聚落布局、建筑类型、建筑形制、工匠传承、建造方法和技术、建筑艺术、构筑物类型和设置、劳动和生活用具等等各方面的表现。进一步则要深入到聚落的神韵，也便是居民的精神气质里去。

宗法制度稳固完备的血缘村落和杂姓的宗族关系薄弱的村落在许多方面都不一样。农业村落和手工业村落也不一样。有过境交通的和僻处山野的，黄土高原上的和河网地带的，林区的和基岩裸露区的，科名很盛的和不通诗书的，妇女脱离生产劳动的和妇女成为劳动主力的，种茶的和养鸭的，等等，他们的聚落、房屋以及其他各个物质的和非物质的遗存方面都会有所不同。

对聚落的研究不能仅仅是静态的，还要了解它们的历史，不同的历史也会反映在村子的整体和个别建筑物上，尤其反映在它的精神气质上。建筑的装饰题材也多用琴棋书画、文房四宝之类。在清代，江西省乐安县流坑村人甚至不许在村里建商店而把自己经营的商店建到邻村去，到民国年间才允许在五六十米宽的龙湖对岸建商店和作坊，形成了简陋的“朝朝街”。虽然抛却了书卷而经商致富却还矜持地咬嚼着几百年前的文风和科名，然而它在大环境变化之后终于没落，留下一个死气沉沉的古村。

浙江省兰溪市的诸葛村，和流坑村同在明、清两代因经商而致富，村子的建筑规模和人口也和流坑相当，但是，诸葛村从来不曾在文学科名上有过多少成绩，先世务农，后来以贩药兴家。因此它的聚落和建筑就和流坑的明显不同。它先沿贴村而过的大路开设了许多店铺和茶馆，形成早期的商业街。太平天国军队烧毁了这条商业街之后，村人们又在村子北部形成了新的商业中心，并且做起了房地产生意，招纳外地的商人和手工业者前来经营，心态很开放。这个商业中心终于大大繁荣起来，和村子原来的以丞相祠堂和大公堂为标志的老中心相抗衡。老中心和它周围叫“村上”，由宗族管理；新中心和它周围叫“街上”，由商会管理。连新年舞龙灯，上元搭鳌山都各自分开举办，并且相互竞赛。农业村落向商业村落过渡了，血缘村落向业缘村落过渡了。村民的意识也和流坑村不一样，在“重修族谱序”里大反“士农工商”以商为末业的传统思想，颇得意于诸葛族人的长袖善舞，自称“商战之雄”。村中住宅，并不追求翰墨气，更无从谈官气。宅门额头没有文绉绉的字牌，堂屋里很少有堂号匾。门联虽然有写得很雅致的，但更多而且更有性格的是直抒商人心气的，如“春到百花香满地，财来万事喜临门”，“户纳东西南北财，门迎春夏秋冬福”。家家大门扇门钹下方还必贴一对金银纸剪的元宝。建筑的装饰题材虽然也有一般传统的八仙、福禄寿禧、琴棋书画，更多的却是“古老钱”“聚宝盆”“蝙蝠衔钱”“刘海戏金蟾（钱）”“招财进宝童子”之类。到20世纪20年代，诸葛村在商业区的北侧又发展了新的丝绸业、制糖业、糕点业等等手工业，还利用旧军阀部队丢下的器材设置了发电机和电话总机。街上亮起了电灯，少数人家装了电话。20世纪30年代，商会买了两台唧筒灭火机，设立了永安会，俗称“水龙会”，甚至发行了硬币。这个村子始终充满了活力。

两个明、清时期以商业致富的村落，因为前期历史不同而走着大不相同的道路，终致诸葛村不停向前发展，流坑村停滞不前甚至破落。

这样的动态研究，看似和文物保护无关，其实很有关系，因为历史文化信息在聚落整体和各类建筑上都有反映。既然保护文物的第一目的是保护它们所携带的历史文化信息，那么，深入地认识和理解这些信息便是必要的。否则会视而不见，歪曲或遗失了一部分信息，文物的价值也就会受到损失。

文物建筑保护的基本意义在于保护历史和文化的实物见证。历史和文化中充满了感情，创造者和保卫者的感情，妻儿老小的感情，青灯黄卷寒窗苦读的学子的感情和胼手胝足汗洒黄土的劳动者的感情。清爽雅致、精雕细刻的村屋是祖辈的智慧和辛劳，矮檐破墙是祖辈的苦难和挣扎；灿烂明丽的未来是过去历史养育出来的，人不能对历史没有感情。文物所蕴含的历史文化信息应该是全面的，不但应该有认识的价值，也应该有磨砺和提升人们精神的情感力量。

为保护而做的聚落研究还应该深入到当年社会结构的领域，例如宗法制度不但反映在某个聚落整体结构、聚落与环境的关系以及聚落中各种建筑物的形制等等方面，而且也进一步深入到聚落的神韵气质上。

一个聚落有一个聚落的神韵和气质。保护聚落，最上品的成功是不仅仅保护住了它们的“硬件”，而且也保护住了它们的神韵和气质，要做到这一点，必须先感受到、理解到它们。这些当然要体现在保护规划里，但它们不仅仅是制定保护规划时的事，而且要贯彻到经常的管理工作中去。这要求细心和耐性，而且要求有正确全面的文物建筑保护理念，起码是不以追求经济利益为主要目标。把书韵文质、诗情画意的江南小镇“包装”、“打造”、“开发”成了喧闹杂乱甚至恶俗的市场街，即使建筑都完整存在着，也说不上是做好了保护工作，只能说是一种急功近利的破坏。文物建筑保护，不仅仅是保护那些柱子梁枋、砖头瓦片，更要保护的是历史文化信息，而历史文化是不能没有精神和灵魂的，也不能没有感情！

以上说的是做好乡土聚落保护工作必须先做好保护规划，要做好保护规划必须先做好研究，要做好研究必先树立对乡土聚落的全面价值观。还有一句话，就是乡土聚落的保护规划要实用、简明而且低成本，不要为了没有实际用处的花拳绣腿而付出高昂的代价。现在已经有一些很有价值的村落因为没有钱做规划而放弃申报为文物保护单位，这是民族的损失，非常可惜。希望“有资质”做保护规划的单位以抢救我们共同的文化遗产为主要追求，而不要片面追求经济效益。热爱民族的文化遗产，对保护它们具有使命感和责任心，这是文物保护工作者真正重要的“资质”。

六

保护了作为文物的乡土聚落，就要合理地利用它们，也就是充分开发它们的价值。

乡土聚落的合理利用，最基本、最重要的就是争取村民们，至少不太小的一部分，能在那里继续安居乐业。这就要努力设法在文物保护的前提下提高古聚落和老住宅的居住舒适度。

保护作为文物的乡土聚落，不强求从古村中迁出大量原住户，也不强求留住大量原住户，最理想的状态是保留适当数量的村民继续住在村里。但是，古村落和古住宅的现状，大多使用质量不高。村子里公用设施如上水的供应和下水、污水的排出很差，商业服务业不足，医疗卫生水平低，村子不能进机动车，没有防、救火灾的设施，等等。住宅没有现代化的卫生设施，没有燃气，室内天然照明不足、通风不良，防火防震能力较低，等等。这些问题都应该有比较大的、比较好的改进才能留住一定数量的村民。

提高乡土聚落内生活的安全、方便和舒适，主要依靠完善和改进公共工程和设施，包括供水、排水和排污工程，防汛、防灾工程，古村镇内外的交通设施，能源和照明设施，医疗卫生设施，教育和文化设施，娱乐休闲设施和商业、服务业设施等等。并且适度地谨慎地改善古老住宅的个体。

由于这些改变都是不可避免的，于是就有人怀疑整体地保护乡土聚落的可能性。他们认为，一旦把聚落定为文物保护单位，那就对它不能有丝毫的变动，甚至不能在墙上钉一枚钉子，一变动就不是“文物”了。而不做丝毫变动，对于有不少人生活于其中的村落是绝对不可能的，他们因而反对把整体的乡土聚落定为文物保护单位，主张只保护聚落中的“古建筑群”或者只保护个体古建筑，甚至只保护古建筑的外墙而改建院内的建筑。对于聚落整体，他们提出了一个保护其“风貌”的说法。然而“质之不存，神将焉附”？所谓“风貌保护”是个没有也不可能有科学界定的提法。

保护文物建筑和建筑群的原真性和完整性是文物保护的首要的、基本的原则，这一点决不能动摇，不能含糊。否则保护工作就失去了意义。在保护工作中，应该千方百计地实现这个原则，不允许敷衍，这要求的是文物保护工作者的科学态度和对文化事业的忠诚。严格地遵守这个原则，目的是为了最好地保护文物建筑，不是设置在某些情况下不能解决的难题，使人无从下手，直至把文物建筑活活憋死。

对文物建筑的“动手动脚”，大体说来有两种情况，一种是为了修缮或加固，一种是为了使用。就修缮和加固来说，必要的时候，不但允许在文物建筑上钉钉子，甚至可能要打铁箍，加支撑，更甚而至于要换掉构件。而且，不论中外，在文物建筑保护上都难免遇到一种“死马当活马医”的情况，也就是在一定历史条件下“万不得已”的情况。例如，在欧洲，有不少地震区，那里的一米多厚的砖墙有些已经酥裂了无数乱七八糟的细缝，朝不保夕，而且在当前的技术水平下，并没有什么确实可靠的临时性措施可以保证它不塌，唯一可行的办法就是在墙体上打许多不同方向的洞，塞进钢筋，用高压泵注进环氧树脂去。树脂并非永久性材料，而且这做法又并不可逆。但是，目前也只能如此了，人们并没有超出现实条件的才能。

还有一种情况，例如，意大利有些府邸和修道院，内院式的，四周环廊内侧的墙上布满了壁画。这些壁画难以抵抗紫外线的作用，甚至连风雨都难以抵抗。于是，有些府邸和修道院就用能阻隔紫外线的玻璃把环廊的发券封闭起来。内院的面貌被改变了。但这也是无可奈何的措施，不能指责。

办事理性而谨慎的德国人，对文物保护提出了他们的便于操作的一些意见，其中就有一条是把古建筑物所用的基本材料分为三类：永久性的，即砖、石；半永久性的，即木材、夯土；非永久性的，即抹灰、粉刷、油漆等等。根据这三类材料的物理性能和当前的科学技术能力，对它们提出不同程度的保护要求。对砖、石的很严格，对粉刷之类就允许更新。这是很实事求是的主张，已经被欧洲各国在实际工作中采纳。我们国家建筑的主体结构多数是木材的，也就是半永久性的，在实际工作中难免和砖石的有一点差别，但不能要求因此修改文物建筑保护的基本原则。这就好比医学的最高原则是保护人们完全的健康，但必要的时候医生还得亲自动手锯掉病人一条腿，割掉半块肝，而医生并不因此反对医学的最高原则，更不会为了捍卫基本原则而不锯腿、不割肝，眼看着病人死亡。

至于为了使用而改动一点文物建筑个体的原状，也是不可避免的。例如，要允许装设上下水和排污系统，配置现代化的卫生设备、采暖设备、照明设备、厨房设备，增加室内的天然照明度，改善室内通风，对室内墙面、地面和顶棚进行必要的装修，调整楼梯的坡度和宽度，安装为新功能所必须的各种管线，以及配备新家具、用具和消防设备等等。

这种性质和程度的改变在全世界都在实行着。北京故宫，也装了避雷设备、消防设备、取暖设备、照明设备、监视设备，也造了些公共厕所之类的小建筑，至于建筑的用途，当然更是完全改变了。类似的改变在凡尔赛宫、鲁佛尔宫、梵蒂冈宫、白金汉宫、冬宫也都有了。罗马的圣彼得教堂和一些文艺复兴时代的府邸甚至都安装了电梯。府邸当然都少不了安装现代化的卫浴设备，否则总统府和外国大使馆怎么能设在那些府邸里？

作为《威尼斯宪章》重要理论贡献的几个文物建筑保护重要原则，如“最低程度干预”“可识别性”“可读性”和“可逆性”，其实它们的前提是已经承认了改变的不可避免性，如果一点都不许改变，这几条原则就是无的放矢了。只要严格地遵守这些原则，那么，一定限度的改变就不是十分可怕的。尤其重要的是实行“最低程度干预”和“可逆性”原则，它们保证即使犯了错误，那错误也不会很大，而且还有改正的可能。澳门的市中心有一幢卢家大屋，是完全中国传统的老房子，修缮之后，改做公共活动场所，它新装的现代化厕所，完全可以很快便拆除而对原建筑毫发无损，有这样的设计，就可以比较放心了。

因此，我们仍然承认，保持原真性和完整性是文物建筑保护的第一原则，它不因为对建筑不得已的适度改变而失去意义。弄清楚了这些，我们便能明白，建筑个体的保护要求严格的原真性和完整性，不打折扣，乡土聚落的保护也如此，原则上并没有什么可以退缩的理由。

为改善乡土聚落的功能质量而不得不在村中增加的新设施如医疗站、文化馆、幼儿园、养老院、网吧、小餐馆、小商店等等，要尽量利用村中原有的古建筑。必须新造建筑物和构筑物的话，要求位置隐蔽、体量小、形式简单朴素，不可扰乱文物聚落原生态的格局、轮廓和色彩。它们应该和原有的古建筑和谐，但不可完全仿古，以免真假不分，也不可移植外地的建筑形式和风格，以免扰乱了文化生态，更不可追求高档和豪华。

作为文物保护单位的乡土聚落中的住宅，可以增加现代化的设备，可以做室内装修，但应尽可能不改变住宅的外貌和院落内的面貌。要在可允许的程度里做到这一点并不十分困难，有些村落里已经有不少古住宅做到了，连一些黄土高原上的窑洞里都有了现代化的卫生间和厨房，效果很好。如果有统一的规划，有真正理解文物建筑保护原理的建筑师来协助，效果应该会更好。不过，千万不要忘记在村子里保留一两座丝毫不改变原状的典型老房子，作为历史的标本。比较难的是改变燃料结构和污水排除，尤其是后者，但这两点和聚落是不是整体保护并没有关系。相反，一个乡土聚落成了文物保护单位，有了点财政补助，有了点旅游收入，统一排污的可能性就大了。考虑到这方面科技的进步，用上生物降解，困难会很快解决。

完整地保护一个作为文物的乡土聚落，已经有了成功的实例，其中有几个历时十余年，到了现在，可以说已经进入平稳发展阶段，如浙江省兰溪市诸葛村，武义县俞源村，江西省乐安县流坑村，山西省阳城县郭峪村、介休市张壁村，等等。

但是，作为文物单位的聚落和建筑，在保护它们真实性的前提下，允许改动的幅度毕竟是不大的，不可能长久满足居民生活发展的需要，这就要为它们中的大部分另辟新区。

乡土聚落的整体保护有很大的意义，尤其在我们这个2000年农业文明的国家，我们应该花大力气和大代价去实现它。我们的责任在把这项工作创造性地向前推进，而不是放弃努力，见难而退，把可以在一定程度上成功的事业向后拉扯。

七

作为文物保护单位的乡土聚落，它的第一个“合理利用”是让村民们安居乐业。第二个“合理利用”便是发挥它的认识、教育价值，对大多数人来说，这价值主要通过旅游来实现。作为文物保护单位的村落，应该组织力量，挖掘整理，利用本村的历史文化资源，设置陈列室、编写书籍、培训讲解员，用各种恰当的方式，使旅游者不仅享受休闲、放松和适当的耳目口腹之娱，还能在轻松愉快的状态下增长知识，提高修养并受到生动的人格教育。这些乡土历史文化知识也能对专业的人文历史学者有所帮助，甚至可能是很大的帮助。把这件工作做好，文物保护村落的价值才能更充分地发挥，对国家民族做出更大的贡献。

不论中外、不论古今，有识之士都主张把旅游当作一种修养、学习活动。所谓“读万卷书，行万里路”，行路是和读书同等重要的。在万里之行里，固然要看高山大川，沙漠海洋，但更多的，无疑应该是看历史文化遗存，所以，文物建筑无疑是一种极有价值的教育资源，这便是它们一种重要的“用”处。于是，我们就应该理解，保护文物建筑正是利用文物建筑的前提。

1985 年，在瑞士的巴塞尔城开了西方世界第一次旅游业者和文物保护工作者的国际会议，会议的最后一天，几家旅游业托拉斯的代表在大会上表示，完全接受文物保护工作者的批评，要立即着手把旅游业从经济活动转变为文化活动。我国的旅游业，兴起的时候是为了“拉动内需”，起点就过时了，片面了。年轻人东跑西跑，吃吃玩玩，“累得要死”！ 2006 年仲夏，一个高级旅游部门总结旅游者的要求是“吃住行游购娱”，旅游业者的任务就是为他们的这六项要求服务，从中大笔赚钱。旅游业继续被当作纯粹的经济活动。

于是，我们不止一次在严肃的会议上听到某些长官的高论，说：只有能发展旅游赚钱的文物聚落才有价值，不能发展旅游赚钱的便没有价值，它们价值的大小决定于它们的经济收益。有些长官在听到有人向他建议保护他的辖区里某个极有价值的村落的时候，头也不回地问：“我们有利可图吗？”稍稍含蓄一点的，则问：“它有没有发展前途？”因为长官自己的“前途”只决定于他的“政绩”，“政绩”的决定性因素就是经济效益，就是那个“利”。而且这效益必须在他短短的五年任期内见效才有利于他的升级，所以必须“立竿见影”。至于历史文化价值，提都不值一提。

古建筑和乡土建筑，是可以用来发展旅游的，是能通过旅游给一些地方以经济收入的，这笔钱对维修文物建筑和聚落，提升它们的功能质量，改善住户的生活状态都十分重要。但是，必须明确的是，旅游业依靠的是古建筑和乡土聚落的本身蕴含着的文化历史价值，不是反过来由旅游业“赋予”古建筑和乡土建筑以某种可以大把赚钱的价值。从文物保护的初衷来说，吸引旅游者是发扬文物固有的文化历史价值的一种活动。

旅游者通过参观乡土聚落，开阔眼界，增长知识，陶冶情操，深化对祖国乡土的爱，也在这个过程中了解了国情、民情，在旅游中大大丰富了知识，涵养了感情，也能培育出一种气概。为什么我们的旅游业者只盘算着吃喝玩乐？只盘算着多多益善地用文物赚钱？甚至为了赚钱，不惜破坏文物建筑和聚落？

古村落的旅游，依托于古村落的历史文化价值，因此，保护文物村落是第一位的，旅游业的主要意义是在保护的前提下发扬它们的价值，赚钱是次一位的，这个关系决不可以错位。有人说：应该提“保护、利用和开发并举”，或者提“文化搭台、经济唱戏”，发展经济是目的，而保护文化不过是手段。这是极其有害的提法，它模糊了文物价值的本质意义，必将导致短期行为，损害文物的真正价值。因此就出现了不少地方旅游业一发展，作为文物的古村落就遭殃的情况。

旅游对文保村落的破坏，常见以下情况。第一是花钱去“打造”、“包装”和“提高”古村落。例如，给古村落造琉璃牌楼，台阁式村门，“四门塔”，“五凤楼”，八角亭子，风雨桥，画廊、苏式园林、灯窗云墙等等，甚至大造十几米高的城墙，墙上布满巍峨的凤楼龙阁。或者在维修中提高建筑档次，原来是硬山顶的，改成歇山，再安上斗栱；原来是黏土瓦的，改成琉璃瓦；原来是素木的，涂上红漆；把侗族的风雨桥和鼓楼造到苗寨里去，破坏了村落的文化生态等等，以求华丽“高级”。就绿化来说，近年来爱在乡土聚落里里外外种洋草皮、栽绿篱和昂贵而且老也长不大的笔柏，其实，农村最好的绿化是林木，是豆棚瓜架、萝卜白菜，也不可能有什么奇花异草能比连天的油菜花更美。

“打造”和“包装”造成了古村落的城市化、异质化和非本土化，严重破坏了古村落固有的乡土本色，这就是造假，以致破坏了它们的文物价值。古村落的价值恰恰在于它们的土里土气，古色古香，原汁原味。

第二是一开发旅游就瞎忙着造许多旅游设施，弄来大量的钱投入。2001 年，随着旅游热的兴起，各地流行一个口号，就是旅游开发要“高起点、高标准、大投入、大手笔”，根本不做认真的可行性研究，纷纷一哄而上，在村口甚至村里，造现代化的宾馆、餐厅、歌舞厅、“明清商业一条街”之类。山西省竟有一个小小的村子异想天开打算造什么全景电影院。甚至某大学给一座连喝水都困难的黄土塬上的村子做的规划里要利用窑坑涝池搞“水上乐园”。等而下之，蓄意大造假古董，把本来很有价值的古聚落弄得面目全非，那也已经有了实例。其实农村旅游的趣味就包括吃农家饭、睡农家床。许多旅游设施可以利用原有的农舍，只要花很少钱，稍事整理，舒适程度就能达到大部分旅游者可以接受的水平。

第三是一些作为文物的农业聚落开展旅游业之后，村子里出现了“全民经商”的现象，店铺鳞次，货摊栉比，叫卖吆喝，杂乱喧嚣。一些过去以宁静雅致的书卷气闻名的江南村落竟成了闹市，满眼幌子、招牌和广告。一些少数民族的村落丧尽了自己淳朴的特色。这现象的产生也导源于既不明白文物的价值，也不明白旅游的意义，以至于把文物聚落搞得形神俱失，有一些已经难以恢复。

这问题也和旅游业收益的分配机制不合理有关。开展旅游业的村子，可以试用合作化的方式，统筹统管，统收统得益，还允许村民自由参股分红，以致店招、广告和其他招徕顾客的东西和手段都可不要，避免乱糟糟各家各户一哄而上，各人管各人腰包。在西方，旅游收入主要是政府从旅游业收取捐税，或者发彩票，然后根据通盘规划用于文物保护和公益事业，那就便于避免各自恶性经营。

第四是实施所谓“市场导向”，为迎合一部分低水平的旅游者宣扬风水迷信，伪造村史，歪曲古村落的文化内涵，以“推销”文物聚落，或者叫作把文物聚落“推向市场”。最常见的是编造阴阳八卦、太极星象、七星八斗之类的风水瞎话，或者毫无根据地附会历史上著名人物著名事件等，还有什么“十八层地狱”“金瓶梅文化”之类的“演示”，把应该属于文化教育事业的旅游业变成了宣传谬说，旅游者“行万里路”不但学不到真正的知识，反而上当受骗。浙江省一位市级领导在省级的会议上介绍“开发旅游市场”的经验说，开发旅游，就要“虚中生实，无中生有”。这种欺骗性的做法在短期内，在小范围内可能有经济效益，但它却是和旅游的真正目的完全背道而驰的，万一真的推广开去，会降低我们民族的文化素质。

第五是为了在短时间里尽多地赚钱，完全不顾文物村落的合理旅游容量和极限旅游容量，抱着“多多益善”的态度，来者不拒，甚至采取“扩容措施”，在村中开辟“广场”，拆除“瓶颈”建筑和古老构筑物，把旅游汽车一直引进村中心，等等。以致村落里人潮汹涌，扰攘不堪，不再是村民安居乐业的家园，而成了游客的天下，结果摧残了文物村落应有的氛围，损害了村民的居住质量。而始作俑者以经济效益上升而赢得了“政绩”之后，升了官，一走了之。

村落旅游必须严格限定容量，不能无条件地追求“利益的最大化”。资本追求利益的最大化，是有前提条件的，那便是“在社会公共利益的限制下”。至于文物村落的旅游，这限制便具体化为村落的原真性保护和居民的安宁不得破坏。

总之，要全面理解旅游业，要把它主要当作文化事业来办，让旅游者在文保村落中得到文化上的提高、知识上的充实、情操上的陶冶和审美的享受，并且懂得要爱护文化遗产的道理，也学到古建筑保护的原理和基本的方法论原则。所以旅游不仅在西方被看作一种文化教育活动，东方的日本，也把它叫作青年人的“修学游”。这是一件影响到整个民族的素质的事情。不要只想赚钱，一个国家，经济落后是比较容易克服的，克服文化的落后就艰难得多了。而文化恰是一个民族、一个国家、一个时代的生命力表征。

在正常健康的体制下，文物保护部门对旅游业，还有房地产业，是起着制约作用的。我们目前却相反，在许多地方，旅游业吞并了文物管理工作，房地产业压倒了文物保护，竟至于把文物保护单位交给承包商去“经营”。一个有5000年文明史的大国，是不是可以把文物保护工作做得更稳妥一些。

在文物保护和旅游业的关系上，还有一个很普遍又很严重的错误，这就是，认为旅游业“养活”了文物保护事业，旅游业是赚钱的，文物保护事业是赔钱的。这种观念完全颠倒了是非黑白。事实是，无论中外，旅游业有一大半是依托于文物建筑古迹的。所以，旅游业理所应当地要反哺给文物部门一笔足够的钱用来维修保护文物建筑古迹。旅游业必须服从于文物保护事业的需要。否则便是自绝后路。

欧洲的旅游和它们的文物保护工作近来也同时很大程度地转向了乡村。这是因为:第一，乡土性历史文化遗产的价值得到了越来越深的认识和重视；第二，城市的旅游容量已经几乎饱和，而乡村的旅游容量还有余力；第三，城市的文物保护已经做了许多工作，而乡村里的还差得很远。在欧洲一些国家，为了补救过去100多年的疏忽，正开展着乡土聚落的复原工作。

回顾我们国内十年来的旅游活动情况，可以明晰地看到，也由初期的涌向大城市逐渐转为走出城市，走进乡村甚至开始对蛮荒地区发生了兴趣。这个变化轨迹明显和国际的趋势相合，因为这是个合乎逻辑、合乎人性的变化。这种趋势所反映的文化潮流是，有一部分旅游者到农村去，除了欣欣向荣的新农村之外，也乐于看一看保存下来的古老的农村，以增加历史知识。陕西省佳县，在十分荒野而贫穷的党家山村，黄土沟壑里有两户人家，他们和一些美国人有约，每年夏季，都有四五批美国人来住些日子，这活动已经持续了好多年了。

八

在我国，为了完整地保护一个作为文物的聚落，在绝大多数情况下，必须为这个聚落开辟一个新区。这是因为，第一，大约有半个多世纪，农村的建设几乎停顿，农村人口却增加到大约三倍。村落原有的住宅数量严重不足，需要新建，而近年来的大量新建筑，又由于土地管理的失误和没有规划而十分混乱，应该做很大程度的调整。第二，古村的老建筑基础质量差，虽然可以改进，毕竟有一定程度的限制，难以满足有些村民追求更高的居住水平的愿望。事实上，从20世纪90年代以来，短短十几年时间，从浙江到四川，不少农村的住房建筑已经“更新换代”了好几次，现在有些农民新宅的规模甚至超过了大城市的新别墅。这些新建筑，不但个体的空间布局、体形结构、材料质地和色彩与古村里的老屋完全不同，而且房屋的相互关系造成的群体形态也和古村完全不同，因此，古村落不论怎么“打造”，都根本不可能容纳它们，倒不如坚守着古村落的历史文化价值不放，不在古村老区内紧追乡村一波又一波的大变化，到头来反而彻底毁灭了古村落。第三，农村原来的商业、服务业很不发达，公共设施很差，需要相当数量的补充，如学校、卫生站、文化活动站、图书馆等等。第四，为了充分发挥文物聚落文化教育等的多方面价值，应该开展旅游业，而旅游业需要一些相应的设施，如陈列馆、餐馆、商店、茶座甚至旅店。这些项目的一部分可以利用原聚落中的旧房屋，但绝大部分不可能也不应该放在文物聚落里，否则便无法保持文物聚落的原真性。由于这些原因，所以，不可避免地需要另辟新区来容纳新的建设。

关于聚落，大型的如城市，小型的如农村，它们的保护常常遇到一种“理论”的侵害，这就是，为了保持它们的生命力，就必须“既要保护它，又要发展它”。近来甚至提出了“开发式保护”的策略。

这个两难命题，就是“既要马儿跑，又要马儿不吃草”的翻版，是不可能解决的。

保护，就是要维持原状；发展，就是要改变原状。一个要维持，一个要改变，两者不能“既要、又要”地兼容，这是个简单的逻辑问题，常识性的。现在社会各界有识之士大都已经认识到，“梁思成/陈占祥方案”，即为了保护“世界城市规划的无比杰作”老北京城，把新北京建在古北京城墙范围之外，是一个合理的方案。那样就可能做到“既保护了古城，又发展了新城”，两不干扰，两不误。“梁陈方案”的基本思路，就是认为在古城内“既保护、又发展”是办不到的。这个认识，是一二百年来世界各国保护古城的经验教训的总结。凡是古城保护得好的，都是另辟新区去发展，如罗马、巴黎、伯尔尼、威尼斯等等。凡是在古城范围内发展的，古城都遭到致命的破坏，如雅典、日内瓦，还有伦敦的一部分，等等。

半个多世纪以来，中国的古城保护和建设的实践也都证实了这个情况。“梁陈方案”被否定之后，北京古城就不可收拾地破坏下去，“势如破竹”，谁也抵挡不住。苏州、成都、福州、南京，这些100多座挂了牌子的所谓历史文化名城，现在“发展”得还剩下什么？所以，中外的经验教训，都已经证明，一旦决定在古城范围内发展，就等于宣布古城不再受保护。那个“既要保护，又要发展”的语式，完全是不切实际的虚构，是个典型的折中主义语式，不区分本质和非本质、主要和次要，只会起混淆思想的作用。至于“开发式的保护”、“微循环发展”、“有机更新”，或者如他们提出的另一个说法，“使传统和现代融合”，那被开发了的，被发展了的，被更新了的，被融合了的，原有的历史文化信息全部失去了，还是真正的文物吗？那种理论，就是以“开发”作为最终的目标，而“保护”只是空话。

古城如此，文物村落的保护与发展尤其如此，因为古村落的基础设施很差，需要补充的项目比较多，而村落的面积又小，原生态很脆弱，插进新建筑，只要一座两座便没有了缓冲余地。所以，保护乡土聚落，只能另辟新区，采取“既要保护旧区，又要发展新区”的方式。发展是绝对不能反对的，但发展并不需要以毁灭历史文化珍品为代价。历史文化珍品并不是只供少数闲人看看的，它们能给所有人以勇气和智慧，只要我们能认识到这一点，加以利用和引导。

新区的选址和范围应该在村落的总体规划中确定；和老村子之间要有一个适当的距离，设置隔离带，不要破坏一定范围内的老村环境原状。但要与老村有很方便的联系，让老村居民能充分利用新区的各种设施，如医院、学校、文化站、商店等，使老村居民的生活质量大大提高。新区建设之前要做好详细规划，规划要有前瞻性，和城乡关系的变化、和生活的发展、和农村经济结构改造联系起来。设施要完善，使它对老村居民有吸引力。而且，根据生活的必然逻辑和近年国内外的实际情况，老的文物村落的旅游将会很快发展起来，这浪潮挡都挡不住，为了减轻旅游对文物村落的压力，最好的办法，一是增加文物保护村落的数量，二是利用新区，从这两方面来分流古村的旅游负担。在条件合适的地方，在新区里应该考虑旅游和度假设施，除了住宿和饮食之外，可以办植物园、小动物园、鸟乐园、花卉园、观光农业等。总之，理想目标是打开眼界，看向未来，使新区成为一个21世纪的新村，也值得游览。

古村老区中一部分人口迁向城市和新区之后，要求在古村老区造新房子的压力便会减少，有利于文物古村的保护，但是，有些古村老区可能因此逐渐有一定程度的“空心化”，生气淡薄，这也是无可奈何的事。国内外都有些专家反对文物古村的空心化，提倡“古城复活”，但办法不多。意大利的威尼斯、西耶纳、奥维埃多和前南斯拉夫的杜勃洛夫尼克等等著名的保护得很严格又相当成功的古城，早就趋向“空心化”了。20世纪中叶，欧洲有许多城市努力要重新激活居民的“正常生活状态”，但收效甚微。可以设想，一旦真的激活了，它们也就面目全非了，失去了保护的意义。很可能，作为文物保护单位的城市和农村的生气将由以求知修学为主的旅游活动来弥补。这就是说文物村落的居住功能减弱了，但它的文化教育功能却大大加强了。所以说，保护其实是另一种利用的开始。文物建筑和聚落不会因保护而“走向死亡”，它是永恒的。

将来充满了日常生活“精气神”的是新区，发展的生命力在新区。当作为保护单位的村落成为旅游热点的时候，为了旅游而设的商业、服务业、交通枢纽等等却应该在新区。老区主要是观光的，新区主要是服务的，因而也是赚钱的。新区赚观光者的钱，而观光者主要是为老区而来的。这是新区和老区的相互依存关系之一。

为保护古村落而另建新区，首先就面临一个拨地的问题。《土地管理法》上没有给作为文物保护单位的古村落的新建区留下活路，这是它的失误。在建设新农村的风潮里，不少地方为了保护耕地，制定了一些政策，如“一户一宅，建新拆旧”和“旧宅还土”等等。这些政策也没有考虑到乡土文物建筑保护。

但只要地方领导有认识、有决心，拨地问题还是可以解决的。好在要保护的古村落很少，占用基本农田的数量总的说来也极为有限。2007年3月18日《新京报》A02版的“视点”栏上说全国有380万个自然村，可见作为文物保护的村落所占百分比很少。而且，有规划地建设新区，肯定会比现在这样各家各户乱建新房子更节约土地，尤其是节约基本农田，何况还能提高新建筑的居住水平。

有些地区，农村的新房屋现在已经大大超过实际需要，闲置着，再过几年，由于人口向城市流动，由于生育降低，农村将会有更多的闲置房屋。所以，新建房子的审批，应该从实际需要出发，掌握得严格一点，以免日后“新房子”成了农村的包袱。

九

当前我们所能找到的最接近完整的古村落，难免有一些重要的建筑物已被拆除，或者自然坍毁，如果把这些村落列为文物保护单位，则拆除和坍毁了的建筑物怎么办，这个问题常常困扰着文物保护工作者。

这个问题既牵涉到文物保护的基本理论，也关系到许多现实的问题和感情问题。可以说，这是一个世界性的难题，矛盾重重。文物的主要价值存在于它的原生态中，因此失去了的文物建筑不可重建，重建的建筑不能算文物。但是，事实上，许多国家都有重建古建筑的事。这主要发生在20世纪两次世界大战的重灾区：法国、德国、俄罗斯和波兰。因为，这些国家，如果不适当重建一部分被战火摧毁的古建筑，那么，它们的古建筑就太少了。没有古建筑，就没有了最重要的历史文化标志，一个国家没有这样的历史文化标志，尽管可能在经济上和科技上很发达，也显得浅薄，不大文明，很不体面。这种情况是一个有点儿自尊的民族不能忍受的。至于俄罗斯和波兰，它们历尽艰险，以英勇的奋斗、巨大的牺牲，终于打败了侵略者，他们以重建被侵略者破坏了的古建筑来纪念这场胜利，庆祝民族的复兴。所以，古建筑的重建就带有很浓厚的感情色彩。《实施世界文化遗产公约操作指南》（1987年6月，UNESCO）里说：“在火灾、地震或战争的灾害性破坏之后，有可能需要用新材料重建历史性建筑和历史性市中心。”一律排斥重建也会造成另一种损失。

当然，复建应该是有根据的、极其严格、极其认真细致的。德国德累斯顿歌剧院和俄国圣彼得堡的彼得保罗教堂的重建，事前搜集资料就用了十几年。资料里不但有旧测绘图，旧照片和各种文字记载，还包括从世界各地找来的游记和老写生画，连小学生的速写作业也不放过。为了实证原来各部分的颜色和材料，那些指甲大的墙皮碎片、砌体的砂浆块和烧焦的木头也都仔细收集起来。德累斯顿歌剧院甚至专门造了个复建资料博物馆，彼得保罗教堂里也辟了个复建资料陈列室。

这两项重建都很无奈，ICOMOS 曾经在已成废墟而正在慎重复建的德累斯顿开过一次国际会议，通过的决议是强烈谴责侵略战争，呼吁和平，并没有反对复建。与会的专家们充满了同情地认为，被战争破坏的古建筑的重建，是各个国家自己的事，并且对德国人的严肃认真表示了敬意。这种极其严格、极其慎重的重建并不足以动摇文物保护的基本理论和基本价值观。基本理论说的是常态，是理想，而战争造成的破坏却是非常态，重建是无可奈何。重建品，不论多么认真，毕竟不是原物，“文物一旦失去便永远失去，不可再生”，仍然是颠扑不破的真理。不过，虽然价值相差很大，但也不能说经过严格考证的复建建筑没有一点原物所含有的历史信息，这正是重建的主要理由之一。在有些情况下，特别是建筑群中，曾有某种建筑的存在就是一个重要的历史信息。一幢建筑的存亡可能关系到整个建筑群甚至整个城市的价值，所以，意大利威尼斯圣马可广场上的大钟塔在 20 世纪初年倒塌之后还是根据一套测绘图重建了。

说回到我国的乡土聚落保护上来。半个世纪以来，尤其是 20 世纪 50 年代初的土地改革、六七十年代的“文化大革命”和 90 年代以后的新时期，古老乡村遭受的破坏很大，甚至远远超过了八年抗日战争和三年内战的破坏，有不少重要的古建筑物被拆毁了。这种社会大动乱、大变化情况下的破坏，也是一种非常态。那么，在被正式认定为文物保护单位的村落里，可不可以适当地重建一些被拆毁的重要古建筑呢？

考虑这个问题，应该有四个前提：第一，这村子是不是在失去的古建筑未予重建的情况下被认定为文物保护单位的。如果是的，那就是说，村落的未遭破坏的部分已经具备了作为文物的价值，并不有待于那些古建筑的重建。这样，可以重建一些被毁的古建筑。第二，重建的古建筑应该是对于文物村落的完整性有比较重大、比较明显的意义的，也就是对完成这个聚落的一个特征、一项内涵、一种品格、一桩历史事件，起着点睛作用的。例如一座文昌阁、一座水口庙、一座节孝牌坊或者一座水碓，小到一座长明灯架，它们代表着聚落中乡土建筑的一种类型，反映乡土社会生活的一个方面，一种文化素质。第三，重建部分，对古村落来说，只能占很小的比例。不过相当于一座作为文物的大庙配上一根缺失的柱子或两个牛腿，至多相当于重建一间耳房。它的作用仅仅是有条件地补充古聚落整体的历史信息。第四，对失去的古建筑的位置、式样、大小、材质、色彩，能够获得详细的可靠的资料。

这样的重建应该经过十分慎重的考证、有充分根据，决不能臆测，不能无中生有，要紧的是，千万不可以不负责任地造假古董。近半个世纪的破坏，目前还有可能找到当年见到过原物的人，甚至亲自参与拆毁它们的人，要请他们来论证。要把所有搜集到的原始证据和访问记录整理好，保存好，展览出来。

复建品虽然要尽可能真实地再现原物，但又必须有“可识别性”和“历史的可读性”，它们可以借助建筑物的细节，也可以使用文字说明。法国卢昂市的主教堂，在第二次世界大战中被彻底炸毁，战后重建恢复。重建后的每一棵柱子的全部石材都在图中一块一块地标明是原来的还是后配的，这张图就挂在每棵柱子上。墙垣和其他部位的也一样。每一个看到这座主教堂的人，都会产生各自丰富的联想，对战争的、对建设的、对科学精神的，都很有意义。

也有人说，过了100年，这些重建的也是文物了。这一点，由100年后的人去确定好了。即使成了文物，它的文化内涵，它的意义和价值也是和原物不同的。其实，从文物保护的立场来看，并不关心重建的建筑日后能不能成为文物，什么时候能成为文物，而是要严防重建的建筑会歪曲和淆乱原来的文物建筑的历史信息和意义。要正确理解文物保护工作，就得有一股求真求实的一根筋较劲到底的科学精神。

和古建筑的缺失相关，近年一些本来可以被认定为文物保护单位的村子，也难免会有一些新房子插了进来。这些房子是不是要拆除？一般说来，是应该拆除的。对于大多数文保村落来说，它们的价值在于见证中国农业文明时代的历史。因此它们的保护范围应该有一个历史阶段的下限，最适当的就是20世纪50年代初的土地改革。这个下限既是中国农村聚落历史文化内涵发生大变化的起点，也是建筑类型、建筑形制、建筑材料和结构发生大变化的起点。所以，作为乡土建筑保护基本方法的聚落整体保护，不妨把重点定在土地改革之前的形态。不过不能死板地一律如此办理，而要按个案一个一个地研究决定。有些土改后建造的房子和道路、桥梁等工程，并不破坏原来的聚落形态，有利于改善一些村民的生活，而且本身也可以反映这个村落一定时期的某些有意义的历史情况，可以保存下来，不必强求村落全部建筑的统一和纯粹。中国建筑“千年一律”，从唐代到民国初年，大模样没有变化，因此我们十分习惯于村落建筑的统一和纯粹，但也不必因此坚持排除一切驳杂和变化。不过，土地改革后建造的建筑如果价值不大而又杂乱，适当时候可以拆除，不必花力气去保护它们。

在多数情况下，拆除并不急于实施。先集中力量抢救个别濒危的老房子，再普遍维修整顿，待老房子和老区修缮得有了模样，那时再考虑处理土地改革之后，尤其是20世纪90年代之后造的对古村落的整体性有破坏作用的房子。这样做，可以减少文物保护工作对村民生活的扰动。

和上述问题类似的，是有些古建筑单体中掺杂了一些近期的维修、扩建或“美化”而增添的部分。这些部分一般不多也不大而又杂乱，是否拆除而恢复原状，可以按个案处理。

十

以完整的村落为对象的乡土建筑保护，近年来在全国各地都有发展，但仍旧有困难。这些困难，常见的归纳是，“发展与保护的矛盾”。和这个困难相关的问题，一个个提了出来，例如没有经费、没有土地、没有技术等等，乍一看都难办得很。其实，经费、土地和技术，在乡土村落保护方面，现在并不是真正难以克服的困难，有些情况下并不是当前立刻就必须面对的困难。何况作为文物应该加以保护使它长存下去的村子，只是精选出来的极少数。造成困难的，归根到底还是基本的对乡土建筑遗产的价值和对文物保护的意义的理解问题，以及对文物建筑保护的方法论原则的认识问题，在当今的体制下，这些问题尤其在各级掌大权的人身上。

作为文物的村落选出来之后，首先是停止和禁止破坏它们和它们一定范围内的环境的原状，其次是抢救一些危房或濒危的各种公共工程，再次是改变燃料结构和配备防火设备。这些困难，其实并不严重，现在，沼气、罐装燃气和自来水管网在很多地区的农村里已经都有了，使用范围正在迅速扩大；抢救危房的工程量也不大，少数无人居住的房屋，如果在穷困地区，用些临时措施——如铺一块塑料薄膜抗一下漏雨，挖一条小沟排出渍水，支几根杉槁扶一下倾斜的柱子，也还可以维持一二十年，这些其实都可以由村民自己弄弄就行。村民们和基层干部们往往有一种误解，以为一旦村子成为文物保护单位，政府就要马上拨一笔大款子来改善、提高村子居住质量，帮他们开展旅游，立马可以赚钱，发财致富。所以，如果政府给钱不如想象的那样又快又多，就大呼小叫，本来自己能做的事也都撂下不做了。如果村里有好的“当家人”，能算能干，事情其实并不那么严重。

当前对保护一些有较大价值的古村落最大的威胁主要来自村民迫切需要造新房子。其实这威胁也不难化解，只要及时开辟新区便可以了。开辟新区，最难的是申请土地。《土地管理法》里没有给文物建筑保护留下口子，这本来是它的失误，好在只要地方长官认真办事，这个困难也可以化解。事实上是，多年来农村人口猛增，近年经济状况有所进步，在传统观念推动下，有些省份农村里新房子已经大量建造起来，其中有不少占地超过了标准，三四口人住四五百平方米的楼房，多少房间都空着。三层楼、四层楼，那砖头不也是好土地里取土烧的？如果作为文物保护单位的村落，及时把全村需要增建的新房子集中到新区里，做好规划，控制住新宅规模，所占用的土地肯定比目前的乱建要节约许多，新区的结构布局和上下水等公用设施也会比当前那种乱建要好许多。

农村人口目前正在明显地逐年减少。有进城的原因，近年来我国农村人口占全国人口比例每年降低1%以上，而且国家未来的政策必将更有利于农民在城里定居，这浪潮会越来越旺；农村人口减少也有少生的原因，如2006年以前，浙江省武义县每年平均出生5000婴儿，2006年只生了2700。目前农村大兴土木造新楼，已经有不少仅仅是因为传统的观念：男子汉为人一生，不起造一幢房子，就枉来世上走一遭，会被乡邻们笑话。儿子在外面定居了，做父亲的还要在乡里给他造房子，否则便枉为人父。但随着农村人口的减少和传统习惯的淡化，农村造房子的浪潮就会逐渐减弱。

那么，乡土建筑的保护，真正的困难在哪里呢？

首先，在我们国家文化传统的缺陷和片面；其次，在我们国家当前一些制度的缺陷和片面。这两个方面其实是互相渗透，纠结在一起的。我们这个国家的文化传统很狭隘，眼界很窄，尤其严重的是没有真正的科学精神，凡事不习惯于追究“为什么”，以“不求甚解”为“洒脱”，而“洒脱”又被认为是知识分子的“高格调”，所以几千年来没有形成任何一个方面的系统性、本质性、可以称为科学的认识。由于思想在空间和时间两方面都很狭窄，就文物保护来说，不能理解或者懒于理解文物建筑的历史价值和世界价值，当然不可能形成或者接受对文物建筑保护的科学认识。有些人，包括一些在文物建筑保护方面很活跃的人，连世界上100多年来已经很成熟了的文物建筑保护科学都不在意，因为他们或者不知道有这样一种科学，或者不以为需要这样一种科学。偶然听到一些国际上公认的文物建筑保护的基本理念和方法论原则，就把它们的严格性比做“大猫钻大洞，小猫钻小洞”的“笑话”。我们的建筑界，到现在还有人在鼓吹一些说不清、道不明的“新观念”，如“风貌保护”、“肌理保护”、“有机更新”和“微循环改造”之类。这些口号都没有严谨的界定，也不可能有严谨的界定。因为它们的共同特点是缺乏逻辑性，和“既要保护，又要发展”一样。“更新”和“改造”根本是和“保护”背道而驰的。至于“风貌保护”，从来不见有明确的理论解释，其实，他们根本不可能提出合理的解释。“风貌”是非物质的，它是某种物质存在形式属性，“质之不存，貌将焉附”？有了文物建筑，才有文物建筑的风貌，没有了文物建筑，就没有了文物建筑的风貌。回避保护文物建筑和文保村落的物质实体，而张扬“风貌保护”，自以为进退两宜，实际上是既没有可操作性，也没有可凭依的原则，完全背离了科学思维的逻辑。所谓“风貌保护”，看提倡者的“创作”，无非是在现代建筑上装饰一些仿古的零件，像北京南池子的“保护”那样，文物的基本价值一点都没有，连假古董都谈不上，这跟“文物建筑保护”有哪点儿沾边呢？倒和“夺回古城风貌”有点儿靠谱。这一派人里，有人直率地说出了他们的必然结论：“造假古董也是文物保护。”这话自相矛盾：既然假古董随时可造，文物保护这件事便被彻底消解了，还要说什么文物保护呢？他们的又一个说法是“塑造历史文化名城”。历史文化名城岂是塑造得出来的，塑造出来的又岂能是历史文化名城。这种思维的混乱在实践上的结果非常有害，那便是一方面放手拆毁真正的古建筑，一方面建造四不像的假古董，而美其名曰保护了古城的风貌，实际是历史信息一点儿也不剩。古老北京城的破坏，每轮总是有这类“理论”为借口的，有北京城为榜样，古村古镇还有什么好说的。

我国的文化传统中又一个弱点便是缺乏世界的、历史的眼光，以致现在一些人不能意识到我们文化遗产的世界历史意义，因此也不能意识到保护我们的文化遗产是对世界的责任，一种历史使命，从而也不能从世界的和历史的经验中汲取智慧和勇气。曾经有几十年之久，世界的和历史的眼光遭到小农意识的批评，“写文章从外国说到中国，从古代说到当今”，被当作知识分子“最没有知识”的证据。从而把知识分子侏儒化，窒息了民族的生机。几千年传统的小农意识至今还没有能彻底克服，我们的一些文物保护工作者，遇到了困难，不是迎上前去积极地克服它们，而是消极地呼吁降低保护工作的标准，为“退却”辩护。我们总是强调中国建筑的特色是全用木结构，木材不结实耐久，所以不应该遵循欧洲人那么严格的建筑文物保护原则。且不细说这些情况并不合于世界建筑的实际，只请那些文物建筑保护工作者想一想，既然认为中国建筑的特点是全用木结构，并且因此而造成保护工作的困难，为什么不下大力气去发展木材的保护科学呢？倒是“以石头为主要建筑材料”的外国，在这些科学上获得了成就，还带动了一系列的产业。

我们一些文物保护工作者，缺乏那种一丝不苟的、细致深入的工作作风，粗枝大叶，凑凑合合，以为“差不多”就可以了。四川省江安县有一座作为省级文物单位的宗祠，直到大修完毕，主事者还不知道两厢本来是几开间的，简单在前端结束了事。也不知道戏台两侧几间倒座的墙上挑出来的木构件是干什么用的。工程完毕了，地上还丢着些精雕细刻的老构件垫路。其实仅仅一墙之隔的院子里，两位老人家从小就惯于爬墙过去看戏，详详细细知道宗祠的一切。向他们求教，就能明白所有的问题。

狭隘的、肤浅的功利主义在我国的文化传统中很强劲。“亚圣”孟子说，“王，何必曰利”，正是因为梁惠王一见他的面就问“何以利吾国”。梁惠王是当权者，孟轲不过是个书生而已。“书生之见”，几千年来都是贬义的。而和当权者相应和的则有如太史公所写的“天下熙熙，皆为利来；天下攘攘，皆为利往”的人民群众。“上下交征利”，又缺乏科学精神，这样的小农意识一直传统下来，以致有一些当今地方领导人第一关注的是要在自己短短几年的任期里能出“政绩”，出了政绩能升官，而政绩的评定标准目前主要的还是“经济指标”，就是“利”。一些建筑师和工程技术人员希望有项目可以得实惠：有些地方领导人就伙同他们出项目；百姓则盼着吃祖宗饭，村子一经审定为文物保护单位，就恨不得马上“有利可图”：上有政府给钱，下有游客给钱。有些村子，评定为保护单位之前倒好好的，定为文物单位之后却因为没有人出钱出力修缮而败坏了。本来一向可以自己修缮的房子，换几块瓦片，挖一条水沟，也都向“上级”伸手，以致年复一年，把房子拖得破败不堪了。短期里没有利的事，上上下下都没有积极性去做。什么文化、历史、科学价值，正是我们民族传统中不占地位的弱项，那是“脱离实际”的玩意儿，已经批判过几十年了，早就“批倒批臭”。

如果文物村落保护能在短期内有利可图，则各种人等就各按自己的利之所在，一哄而上。眼睛盯着的是利，于是，就往往干出有损于文物的原真性和完整性的事来。最不费劲而又立竿见影的生财之道就是“开发”旅游业，于是便忙于“打造”“包装”“提高”“推销”作为文物保护单位的村落，把村落弄得面目全非，失去了文物作为文化历史信息载体的本质价值。在各种有关人士心里，旅游业的全部工作就是侍候旅客的“吃、住、行、游、购、娱”，而根本没有意识到应该利用古村落向旅游者提供真实的历史文化知识，提高国民的素质。相反，为了吸引游客，不但在建筑和村落的形体和内涵上大造其假，甚至还要编造出杜撰的、迷信有害的“故事”来。危害最大的，造成无法挽回的损失的是为了吸引游客，去“提高档次”，“丰富景观”，造“辉煌”的假古董，为给它们腾地而拆除一些历经沧桑保存下来的古老建筑，真古董。这些人里，至少有一部分人的动机是可疑的，因为有一句几乎人人尽知的话：“要想富，上项目。”

文物村落的保护工作常常遇到的一种困难是村、乡、镇的党政干部或者企图从中谋利，一时看不到有利可图，便消极怠工，转而抢先开餐馆之类从旅游业里挣大钱，或者当了“钉子户”，自己的洋式楼房不但不遵规划拆改，反而加层、提高“档次”，以求拿到更多的拆迁补偿。这些都是腐败，但很有“力量”。

于是，就要转到当今我国的政府体制问题。我国的各级行政管理体制，是建立在一个决定性假设之上的，这便是，各级党政的“一把手”都是全知全能的。不论什么问题，都要由他们决定，以他们的是非为是非，只要他们一“拍板”，那就是结论，不必也不能再怀疑、再讨论了。这些“一把手”大概绝不可能都是古建筑和古村落保护的内行，他们或许连最基本的文物建筑和村落的科学的价值观都不知道，因此，他们的“拍板”会是什么样子便可以明白了。那些乱拆乱建对古村落大肆破坏的错事，往往是经过某一级的“一把手”拍板的。即使他们能不计个人得失，也很难指望他们的决策都是正确的，因为，清正廉洁、一心为公的领导人是可能有的，而全知全能的领导人却是不可能有的。

最近的这类例子之一，便发生在山西省临县的碛口镇，这是一个把主要由山西移民开发的黄河河套地区和三边地区跟晋商老家及总部所在的晋中盆地连通起来的枢纽，是清代晋商经营活动的最佳见证，目前几乎是唯一的见证，而且保存得很完整，历史信息十分丰富。但是，在它申报第六批国家级文物保护单位而且已经得知初步通过了评审之后，“不知为什么”，虽经多次劝阻，县里有关长官坚持在五里长街中段拆除了两排古老的窑洞铺面房，辟建了一个广场，在广场中间造了一座十多米高的“四门塔”。在正式公布碛口为国保单位之后五个月，这项工程仍然没有按《文物保护法》

上报国家文物局，更没有停止。经过一些人的举报，各方面提出了批评，一位长官来到碛口看了看，说：“这挺好嘛，没有什么不好。”于是，这件严重破坏国家文物的事情便平息了。

另一个例子是浙江省温州市的一座明代抗御倭寇侵掠的永昌堡。这是唯一的一座民间自建的堡垒。在被批准为第五批国家文物保护单位之后，市里的官儿大大有了积极性，亲自撰写了一篇“保护”的口诀，头四句大致意思是“完全拆光，彻底重建，明清风格，原汁原味”，最后两句则是“市场操作，两年完成”。幸亏他很快便调走了，这个宏大的计划才没有实施，真是侥幸。

重功利而轻历史、文化、科学，是我们国家的这个传统在当今政府体制问题上的又一个表现，文物保护部门在各个级别上都很薄弱。国务院有一个文物局，职权和人员都很有限。有些省里还能有个小小的文物局设在文化厅里，到了县里，便大多把文物工作放在“广、电、文、卫”局或者“文、教、体、卫”局里，往往连一位分管文物的副局长都没有，只有一位副局长被要求“关心一下”文物工作。有些县的这种局里，负责做文物保护工作的一两个人，还经常被抽调去打不相干的杂，没有多少时间认真了解一下文物工作，至于系统学习文物保护的基本理论和知识，就很少有这样的幸运了。更糟糕的是有些县里把文物交给旅游局管，在当前，这差不多是叫黄鼠狼养鸡！

不讲科学、不重历史和文化的思想传统造成的又一个失误，是迟迟没有认识文物建筑和文物村落的保护是一门独立的、内容丰富而复杂的专业，需要由经过专门培养的专家来主持这项工作，而政府负责组织工作和后勤支持。现在似乎作家、画家和什么样的文化人都能在文物建筑保护工作里有很重要的甚至决定性的发言权，可以直接出主意“拍板”。至于建筑师，那就被认为是当然的文物建筑保护专家了，他们自己更认为如此。其实，一些先进的国家，几十年前大学里早就设立了文物建筑保护专业，建筑师也要经过专门的培训考取负责文物建筑保护的资质证书，才能从事文物建筑保护工作。中国的未经专门培训的建筑师，大多有很顽固的职业习惯，好从形式美观、品相完整或功能完善等角度来评价古建筑和古村落。他们惯于创作，好以自己的创作来“改造”“提高”“完善”那些“破破烂烂的”古建筑和古村落。他们中有不少人并不了解甚至不以为有必要去了解世界上早已很成熟了的文物保护的基本理念、价值观和方法论原则。因此，他们常常以“有创造性”的“发展”规划和设计破坏了作为文物的古村落，甚至生造出“开发性保护”这样的“思路”来，成为急功近利的地方长官们的帮手。

建筑事业的一位领导人甚至在“历史文化名城、名镇、名村”的保护严重失败的情况下，煞有介事地说：“保护不是目的，利用才是目的。”他属下一位研究院的所长著文响应，说“历史文化名城”之类保护的失败是因为“重保轻用”，他举出的两个“成功”的例子竟是人们普遍认为“开发”得面目全非的城镇。他们所说的“用”，无疑就是用文物建筑和历史文化名城、镇赚钱。这两位学历和地位都不低的建筑界官员，甚至不懂得，人们从文物建筑获得审美享受、增长历史文化知识、受到人格教育，这就是包括“历史文化名城”在内的文物建筑的“用”，最主要、最有价值的用，远远大于靠它们挣几个钱的用！

虽然说了这许多现状下可能有的困难，但非常明白，只要地方长官们立得正，一有见识，便是有世界的、历史的眼光；二有魄力，便是胸襟开阔，不以个人的进退利钝为意；三有科学精神，能审时度势，尊重知识；四有民主作风，不独断专行，这些困难都是可能减轻的。至于更大范围、更高层次的问题，例如文物保护行业的专业化和管理机构的专业化，行政权力的约束，腐败行为的克服等等，那就得再耐心等待了。

事情正在起变化，所说的各种不利于文物建筑和文物村落保护的困难正在被克服。我们当前的重要任务是促进事情更快地向好处变化，而促进的第一步正是认识这些困难，不掩饰，不回避，努力去认识它们。

2007 年 4 月 17 日晚改定

原文刊载于《文物建筑保护文集》，江西教育出版社，2008

后工业时代中国产业类历史建筑遗产保护性再利用

王建国　蒋楠

一、研究的必要性

人们普遍相信，工业化是经济增长的基础，工业技术的发展以及更进一步的工业哲学知识体系的建立是人类社会进步的先决条件。1973 年第一次石油危机爆发，使得这一信念产生动摇；进入 20 世纪 90 年代，更是进入了一个被迅速成长的信息社会、国际交流与全球经济深深影响的新纪元，同时，可持续发展由于全球性的环境持续恶化而逐渐成为人类看待世界的基本共识。概括地讲，从当前的发展趋势看，21 世纪初的世界正在“从工业化时代走向信息时代，从工业社会走向后工业社会，从城市化走向城市世纪”。

这样的时代背景直接引发了后工业社会迅速崛起，而工业社会则日益衰退，出现了一些学者所描述的“逆工业化”(Deindustrialization) 现象。首先，随着世界经济一体化进程和产业结构调整，城市中的传统制造业比重日趋下降，新兴产业逐渐取代传统的产业门类，制造业、运输业与仓储业持续衰退。金融、贸易、科技、信息与文化等方面的功能日趋成为城市、特别是大都市的主要职能。其次，随着生产技术、运输方式和生活、工作方式的转变，城市局部地区的建筑、环境以及基础设施条件相对滞后与老化，出现功能性的衰退。再者，在城市发展过程中，由于城市用地的扩展，导致原先位于城市边缘区的产业类用地被逐渐包围于城市的内部，造成对城市环境的污染；同时，由于土地区位价值的变化还造成级差地租现象。表现为城市用地在经济和环境方面的不合理性。

上述种种因素导致城市结构和布局的调整以及城市功能质量提升的需求，大量的城市旧区地段面临更新改造，而其中产业用地往往是更新改造的主要对象。一座座高大的水塔、冶炼炉和厂房是在先前产业革命升腾时期的蒸汽动力中拔地而起，而今天这些建构筑物却正被人们所废弃。在 20 世纪 90 年代城市更新中，西方一些城市产生了许多有缺陷的城市内部空间，使人们重新开始理解产业类历史建筑及地段的意义，工业时代的文明遗存——产业类历史建筑及地段究竟何去何从，成为建筑学术界关注和研究的热点。1996 年巴塞罗那国际建协（UIA）第 19 届大会提出城市“模糊地段”(Terrain Vague) 概念，就明确包含诸如工业、铁路、码头等城市中被废弃的地段，指出此类地段需要保护、管理与再生。

近半个世纪来，对产业类历史建筑的再利用在欧美等发达国家中越来越受到普遍的重视，影响范围波及全球。事实上，这些产业废弃景观中的产业建筑不仅有其珍贵的历史价值需要挖掘研究，而且还具有显著的改造再利用的现实价值。作为物质载体，产业历史建筑及地段见证了人类社会工业文明发展的历史进程，对其的关注反映出城市发展模式在后工业化时代的辩证回归。建筑的“保护性改造再利用”也给我们提供了具有文化、经济与生态价值的思路。事实上，对待产业类历史建筑的方式是文明的一种度量。

我国产业建筑遗产拥有丰富的空间形态类型，各个历史时期的产业建筑及空间特色亦具显著的多样性，具有重要的遗产价值和文化意义。如见证南京近代工业化进程的金陵制造局，广州市位于珠江畔的五仙门（电力公司）发电厂，记载上海百年产业兴衰的苏州河沿岸产业类历史建筑及地段等。

进入20世纪90年代，中国城市进入一个以更新再开发为主的发展阶段，兴建于20世纪初和中期的传统产业逐渐衰退。在此过程中，产业类历史建筑与地段暴露出生境破坏、环境污染及一系列社会问题。同时，城市社会经济也正处在产业布局、类型、结构的重构和转型阶段，“退二进三”、“退二优三”正成为许多城市的建设，特别是旧城更新改造过程中的主题，而旧城更新改造的主要对象就是大量的产业类历史建筑与地段。仅以上海为例，根据1997年《上海市土地利用总体规划》，上海今后城市更新的重点主要是中心城区66.2km^{2}的工业用地置换，至2010年，中心城区内保留和发展1/3无污染的城市型工业及高新技术产业，1/3的工厂就地改为第三产业用地，1/3的工厂通过置换向近郊或远郊的工业集中点转移。再如南京晨光机械厂(场地为原金陵制造局)和下关电厂等地段都面临着紧迫的保护和改造的任务。

然而在此过程中，城市中相当多的产业类历史建筑及地段正面临着拆毁废弃和改造再利用两种不同的命运。而在实施案例中前者情况比较普遍，中国产业遗产正经受着历史上最严重的破坏和毁灭，以极快的速度消逝，包括自然损毁与人们基于急功近利思想的建设开发性破坏，如著名的沈阳铁西区产业类历史建筑在近年商住开发中几乎被完全清除，而类似情况在其他城市也非常普遍。

可见，产业类历史建筑及地段保护性改造再利用(Adaptive Reuse)已成为世界建筑学科所关注、特别是我国城市建设中一个不得不面临的迫切需要解决的问题，亟待开展抢救性专题研究。

二、研究的科学意义

产业类历史建筑的定义和理解有广义和狭义之分，广义的产业类历史建筑及相关的“产业景观”与建筑学、产业考古学、人文地理学中的文化景观(Cultural Landscape)和生产景观(Landscape of Production)相关，具有景观规划、考古保存、生产技术、社会变迁、经济发展、建筑遗产评估和保护等不同方面的内容。

本文界定的“产业类历史建筑及地段”(Historic Industrial Building and Site) 概念系指工业革命后出现的用于工业、仓储、交通运输业的，具有公认历史文化和改造再利用意义的建筑及其所在的城市地区，即狭义的产业景观，并非泛指所有历史上留下来的产业建筑。这些建筑或地区多以城市中的河道、铁路、道路作为纽带，相互关联，相互影响，并形成一种独特的城市文化景观——产业景观 (Industrial Landscape)。对其研究具有以下意义：

1. 建筑学方面：产业建筑中的标准化、功能效率优先的导向体现了现代建筑的本质理念——即工业社会经济背景下建筑的抽象性和还原性。其“形式追随功能”及符合工业生产的几何美学、逻辑性和建构性成为影响建筑表现的支配性法则，这些法则直到今天仍然具有重要的意义和现实价值。

2. 资源和经济方面：通常建筑的物质寿命总是比其功能寿命长，尤其是产业类建筑，往往可在其物质寿命之内经历多次使用功能的变更。由于产业类建筑特定的使用功能和空间要求，在建造时往往采用当时比较先进的建筑技术，大都结构坚固、建筑内部空间与其功能并非严格的对应关系，一些生产厂房、综合仓库等大空间建筑在改造上具有很大的使用灵活性，提供了多种利用的可能。而且，有些生产设备和厂房体量巨大。结构复杂，其拆除反而要付出比改造利用更大的成本。

从建筑的城市区位和土地价值来看，保留一些优秀产业历史建筑使我们可以继续使用旧城区的基础设施，且有助于促进以产业遗址为主题的观光旅游业——这也是欧洲发展最快的经济领域之一。

3. 社会发展方面：城市中各个时期、各种类型建筑的总和构成了城市丰富的人文景观和特定的场所内涵，与其他类型的历史建筑比较，产业类历史建筑同样是城市文明进程的见证者。这些遗留物正是“城市博物馆”关于工业化时代的最好展品。如格罗皮乌斯 (Walter Gropius) 和梅耶 (Adolf Meyer)1911 年设计的法古斯鞋楦厂就是在欧洲第一个完全采用钢筋混凝土结构和玻璃幕墙的建筑物，具有重要的建筑史学价值。

4. 环境方面：改造再利用的开发方式相比推倒重来，可减少大量的建筑垃圾及其对城市环境的污染，同时减轻了在施工过程中对城市交通、能源（用水和耗电等）的压力，符合可持续发展的要求。

5. 景观地标方面：一些巨硕高耸的产业建筑，特别是坐落在城市滨水或毗邻公共空间的产业建筑、往往具有一定的方位地标作用，其中很多还是所在城市的特征性地标，是人们从景观层面认知城市的重要构成要素。

三、国内外研究现状及分析

欧美等发达国家对产业类历史建筑保护性再利用的研究始于 20 世纪 50 年代。1955 年，英国伯明翰大学 M · 里克斯 (Michael Rix) 发表名为“产业考古学”的文章，呼吁各界应即刻保存英国工业革命时期的机械与纪念物。该文从“考古”的角度，强调产业空间即将面临的湮灭威胁与保存价值，引起英国学术界与民间的讨论，促使英国政府制定调查、纪录、计划与相关保存政策。1969 年美国制定《历史性的美国工程纪录法案》。20 世纪 70 年代初，一些西方的学者和政府机构开始明确将这些地区认定为“历史地段”(Heritage Site)，并把一部分 20 世纪初的城市工业区规定为历史遗产；1973 年，英国产业考古学会成立；同年，在世界最早的铁桥所在地铁桥谷博物馆举行第一届产业纪念物保护国际会议，其后成立了专门的国际产业遗产保护组织（The International Committee for the Conservation of the Industrial Heritage，TICCIH），并设立了专门的产业考古奖 (1997)；20 世纪 80 年代随着许多城市对这些地区、地段改造和更新、开发实践，该研究领域引起了更多的关注，城市传统工业类建筑和遗址已被认作是城市的一种特殊景观——“产业景观”(Industrial Landscape)；荷兰在 1986 年开始调查和整理 1850 年到 1945 年间的产业遗产基础资料；法国 1986 年开始制定搜集文献史料及建档的长期计划；日本在 1980 年末期开始关心“文化财富”中属于生产设施方面的工厂与建筑保存，着手进行普查。2002 年柏林国际建协第 21 届大会将大会主题定为“资源建筑”(Resource Architecture)，并引介了鲁尔工业区再生等一系列产业建筑改造的成功案例，进一步使产业建筑历史地段保护、改造与再生事业引发全世界建筑同行的关注。

随着信息社会的到来，城市的居住和工作正逐渐互相融合。诚如冯 · 格康先生所言，“这一切对新千年的建筑意味着是一个根本的变迁……”。应对这样的空间需求变迁，“那些在后工业时代改造后的旧厂房却以其高大的空间和充裕的面积为正在形成的新型生活方式提供理想的场所”，而以往人们的居住、工作、休闲、购物、学习均是在具有不同功能类型指向的建筑中进行的。[①]

相比而言，包括中国在内的亚洲地区较为逊色。目前，欧洲的世界遗产名录上不仅有教堂等古老建筑，而且包括了工业文明遗迹，其中仅采矿区就有三个，分别位于比利时、德国和瑞典。中国被列入世界遗产名录的亚洲遗产项目大多是考古遗址、宗教神庙、帝王墓葬和皇家园林等。亚洲国际古迹遗址理事会官员李惠恩在中国苏州举行的第 28 届世界遗产委员会会议上说：“千百年来，亚洲各国在文化传承与产业发展过程中相互影响，创造了众多悠久而宝贵的财富。然而，随着工业化进程，很多传统的生产方式正在退出历史舞台。”李惠恩强调：“拓展遗产保护的范围远比简单增加遗产数量更为重要，因为前者更有益于实现世界遗产保护的均衡性、完整性和代表性原则。”国家文物局局长单霁翔也指出，中国重视世界遗产在品类上的不平衡问题，关注工业产业、科技、民族、民俗类文化遗产和各种自然遗产，不断完善和丰富世界遗产名录。[②]

我国对此领域的研究大致出现在 20 世纪 90 年代中后期，主要包括城市政府所直接关注的城市滨水区改造开发研究，此类项目多采取“自上而下”的整体运作方式，如许多城市传统的滨水码头区、工业区和仓储用地的改造和一些有识之士、特别是艺术界专业人士对传统产业建筑改造再利用的关注等两个方面所开展的研究。近年在该领域已经陆续发表了一些研究论著，如“城市产业类历史建筑及地段的改造再利用”(王建国、戎俊强，2001)，Conservation and Adaptive-reuse of Historic Industrial Heritage in China(Jianguo Wang，2005)，“东方的塞纳左岸——苏州河沿岸的艺术仓库”(韩好齐、张松，2004)，“上海近代优秀产业建筑保护价值分析”(张辉，钱锋，2000)，“旧建筑，新生命——建筑再利用思与行”(鲍家声，龚蓉芬，1999)等。有些专项研究也在开展，如笔者主持开展的唐山焦化厂和粮库地段的改造再利用可行性研究，韩好齐、张松等完成的苏州河沿岸仓库区的调查研究等。

但总体看，人们在遗产保护中普遍比较关注的还是那些正统的，象征权力和高尚艺术的历史建筑，工业社会和技术的表现曾一度被认为是文明，而不是文化。而产业建筑在所有的历史文化遗产中属于比较弱势和边缘的一类，倒闭和废弃的厂房更是被人们看作是经济衰退的标志，因而使它们常常成为城市更新改造中被首先考虑清除的对象。同时，产业建筑的舒适性标准及配套设施一般较低，而且常常还存在不同程度的损坏甚至环境污染，有时保护再利用的成本包含了一般开发商不愿承担的先期维修和环境治理投入。

总之，我国目前的产业建筑遗产的理论基础研究和实践还刚刚起步，已有的研究成果尚不足以满足我国正在成为城市更新改造热点的产业类历史建筑及地段保护性改造再利用的社会需求和实践技术支持的要求，亟待通过理论和方法的总结和实践的进一步提高。

四、来自案例研究和应用的经验

从世界范围看，欧洲和北美产业建筑遗产和地段保护实践已经成为城市再开发中一项带有普遍性的工作，总体看开展得比较成熟，并积累丰富的经验。继英国铁桥谷(Ironbridge Gorge，1986)后，目前已有10余处被批准列入世界文化遗产名录。

实践方面则实施完成了包括德国鲁尔区的IBA计划(1989~1999)，瑞士温特图尔苏尔泽工业区和苏黎世工业区改造、英国伦敦码头区 (Dockland)、美国纽约 SOHO 区、Gentry 公园、日本横滨 MM21 地区、加拿大温哥华的格兰维尔岛 (Granville Island) 等。著名建筑师赫佐格和德姆龙设计完成的英国泰晤士河畔的热电厂厂房改造、福斯特等完成的德国埃森关税联盟 12 号煤矿厂房改造则为建筑层面的保护和再利用积累了成功的经验。

根据笔者的观点，按照空间规模尺度，实施案例大致分为三类：一类是带有地区复兴和社会转型意义的大规模产业区更新改造及其适应性再利用，如城市规划中明确的工业片区、区域性资源型工矿区；第二种类是依托于特定资源和生产运输条件的产业建筑地段，如城市滨水工业仓储区和水陆转运码头区等；第三类是一些具有特定历史价值或建筑学意义的产业类建、构筑物及其周边地段。

第一类以德国鲁尔工业区改造再生为代表，第二类以伦敦码头区、鹿特丹港区、苏黎世工业区、上海苏州河沿岸滨水区、唐山南湖煤矿塌陷区等整治改造案例为代表；第三类则多见于以建筑物保护改造和再利用的实施案例。在许多案例中，这三个层次是互相关联的，建筑学一般更加关注后两个层次的研究。

以下以瑞士相关案例为对象，稍加展开相关的讨论。苏黎世传统工业区改造一例堪称成功典范。该工业区最初形成于 18 世纪末，从 20 世纪 90 年代末，苏黎世政府开始寻求针对该工业区的有效改造途径，1998 年政府组织了由政府、土地业主、规划师以及相关专业学者参加的合作，并在 2000 年底提出了概念性的空间发展规划，同时对相关的基础设施、交通系统和开发经济运作进行了详细的研究。2001 年政府规划管理部门正式批准实施了详细规划方案。该规划充分利用产业结构调整机会，利用地区自身的有利条件和潜力，如地块比较大且完整，地价便宜，一些建筑空间再利用潜力大，建筑质量上乘等，为城市创造出一种新的、富有活力的发展空间。方案更新和新建了一系列的住宅以及相应的配套服务设施，通过更新利用旧工业建筑，为城市提供商业、娱乐、办公、餐饮等公共建筑的功能，进而为该地区重新建立城市生活和社区功能奠定基础。

该地段改造计划中最典型的建筑案例是一个造船厂(Theaterzentrtrum Schiffbau, Orter+orter2000)的适应性再利用。在结构和外墙装饰风格基本保持的前提下，设计师通过插入式(Infill)手法，在原有大空间中增加了一些二次空间和作为公共建筑所必要的配套(厕所、坡道、疏散楼梯等)，现已改造成一个剧场、一个电影放映场，一个具有另类气氛的酒吧咖啡，空旷的大厅则是艺术，特别是前卫艺术展览的合适场所。另一部分现状工业建筑，则被改造成影视建筑，并通过水平方向延展的加层(公寓功能)处理(Appartment Steinfels Heeinrichstrasse)，形成基地内一组整合的巨构建筑。目前，该建筑已经列入苏黎世建筑指引名单。当然，并不是所有建筑都原封不动留下来，部分还是要拆除，而场地则因为土地的廉价而易于被投资者接受用来进行开发，新科技开发区、Ibis和Nouvel两个世界连锁的酒店都建在了这块用地上。笔者曾经两次考察该工业区。迄2005年底，船厂建筑周边环境已经有了很大改善，原先在建的酒店和利用工业建筑改造的一处大型商业综合体已经基本建成，加之原先改造和加建的影剧院、展览、酒吧、餐饮设施，这一地区改造很好地结合了城市生活功能需要，建筑尺度掌握得当，人气与日俱增。

瑞士首都的Tobler巧克力工厂厂房改造成伯尔尼大学图书馆(Unitobler)则是建筑层面另一产业遗产的保护成功案例。Tobler原是瑞士最著名的巧克力品牌之一，该工厂毗邻伯尔尼大学位于市区的老校园。1982年，当区(Canton)政府决定买下该工厂时，当时伯尔尼大学已经在城市外围地区置地扩建，准备搬迁一些系科，且新校园规划设计工作已经基本完成。但经过校方一些有识之士的争取，最终放弃了原先的校园规划，而是将工厂改造成充满艺术氛围的大学新家。

历史上Tobler工厂曾经历过多次适应性改造和扩建。这次改造包括了改、扩和加建部分新建筑三部分内容，显然这与处理一个单一性质的设计问题有很大不同。改造基本保留了老建筑原先的立面，适当出新，并增加了新功能使用所要求的局部要素，如钢结构的消防疏散楼梯、门厅入口、雨篷等。增建主要包括在其原先建筑围合的内院空间，通过增加全新的钢结构系统，为学校提供了一个设施完善的校级图书馆，另外在外部新建了一个会堂建筑综合体。虽然伯尔尼没有像瑞士其他著名工业城市如温特图尔和巴登那样的具有震撼力的工业建筑，但伯尔尼是在瑞士最早认识到工业建筑和地段保护的价值，并直接运用在该项目上的。这一改造还对周围社区环境产生了积极影响，充分体现了对现有建筑进行功能转变和适应性改造并使其重新融入城市的意义。

当然，并非所有相关案例开展都会像想象的那样顺利，如努维尔参加的瑞士温特图尔工业区改造规划设计，虽然获得头奖，但因方案与土地使用产权等产生矛盾，结果业主只能重新组织规划并按照新的规划设计方案实施。

国内相关实践个案近年也有所启动并取得一定成效，如笔者等完成的广州五仙门电厂、唐山焦化厂、上海世博会规划设计中江南造船厂地段等产业建筑和地段保护再利用研究；俞孔坚等完成的广东中山岐江船厂改造；常青等完成的数项涉及工业遗产的保护实验个案；鲍家声等完成的原南京工艺铝制品厂多层厂房改造；崔恺等完成的北京外研社二期厂房改造；张永和等完成的北京远洋艺术中心以及“798”工厂改造等案例。唐山利用煤矿塌陷区改造利用而成的“南湖公园”获得联合国迪拜人居环境奖，登琨艳完成的上海苏州河畔旧仓库改造获得了亚洲遗产保护奖，增进了人们对产业建筑文化价值及其再利用意义的认识。

五、结语

产业类历史建筑曾经是城市的重要组成部分，其中不少建筑还是一定时期建筑技术发展的典型代表。在中国城市旧城更新改造已经将产业建筑及地段作为主要对象的今天，产业建筑遗产保护和再利用的意义和价值仍然尚未形成社会性的普遍共识，界定和分类标准尚未建立，既往的相关研究与规划设计经验尚多见于比较分散的个案，且深度和广度与发达国家和我国现实需求尚存一定距离。

因此，在以往的规划和建筑学体系中尚缺乏有针对性的理论、方法和技术应对手段的前提下，对产业类历史建筑保护的国际经验进行系统而有明确针对性的研究总结，在概念、意义与内涵等方面加以廓清和论证其保护和改造再利用的基本原理、应用方法与实用技术；同时，在中国特定的城市化历史背景下，构筑产业类历史建筑及地段保护性改造再利用的理论架构，经由实践层面的物质性实证研究，提出具有技术针对性的改造设计方法无疑具有重要的理论意义和极富现实价值的应用前景。

对于这样一个复杂的命题，仅依靠建筑学和城市规划专业的研究是远远不够的。政治因素、社会因素、经济因素和运作的实施可行性，包括对于先前场地的环境整治、合适项目的选择、政府部门的远见、社会各界的关注和公众参与、投入和产出的综合平衡等在产业建筑和地段的适应性再利用中往往起到非常关键的作用。

注释:

① 冯 · 格康 . 建筑和可持续性 [J]. 世界建筑 , 2000(4): 23~24。

② 参见 http://www.sina.com.cn 有关苏州世界遗产大会有关报道。

原文刊载于《建筑学报》2006 年第 8 期

第三章
学术论争

关于北京城墙存废问题的讨论

梁思成

北京成为新中国的新首都了。新首都的都市计划即将开始，古老的城墙应该如何处理，很自然地成了许多人所关心的问题。处理的途径不外拆除和保存两种。城墙的存废在现代的北京都市计划里，在市容上，在交通上，在城市的发展上，会产生什么影响，确是一个重要的问题，应该慎重的研讨，得到正确的了解，然后才能在原则上得到正确的结论。

有些人主张拆除城墙，理由是：城墙是古代防御的工事，现在已失去了功用，它已尽了它的历史任务了；城墙是封建帝王的遗迹；城墙阻碍交通，限制或阻碍城市的发展；拆了城墙可以取得许多砖，可以取得地皮，利用为公路。简单地说，意思是：留之无用，且有弊害，拆之不但不可惜，且有薄利可图。

但是，从不主张拆除城墙的人的论点上说，这种看法是有偏见的，片面的，狭隘的，也缺乏实际的计算的；由全面城市计划的观点看来，都是知其一不知其二的，见树不见林的。

先说它的有利的现代作用。自从十八、十九世纪以来，欧美的大都市因为工商业无计划，无秩序，无限制的发展，城市本身也跟着演成了野草蔓延式的滋长状态。工业，商业，住宅起先便都混杂在市中心，到市中心逐渐地密集起来时，住宅区便向四郊展开。因此工商业随着又向外移。到了四郊又渐形密集时，居民则又向外迁移，工商业又追踪而去。结果，市区被密集的建筑物重重包围。在伦敦、纽约等市中心区居住的人，要坐三刻钟乃至一小时以上的地道车才能达到郊野。市内之枯燥嘈杂，既不适于居住，也不适于工作，游息的空地都被密集的建筑物和街市所侵占，人民无处游息，各种行动都忍受交通的拥挤和困难。所以现代的都市计划，为市民身心两方面的健康，为解除无限制蔓延的密集，便设法采取了将城市划分为若干较小的区域的办法。小区域之间要用一个园林地带来隔离。这种分区法的目的在使居民能在本区内有工作的方便，每日经常和必要的行动距离合理化，交通方便及安全化；同时使居民很容易接触附近郊野田园之乐，在大自然里休息；而对于行政管理方面，也易于掌握。北京在二十年后，人口可能增加到四百万人以上，分区方法是必须采用的。靠近城墙内外的区域，这城墙正可负起它新的任务。利用它为这种现代的区间的隔离物是很方便的。

这里主张拆除的人会说：隔离固然是隔离了，但是你们所要的园林地带在哪里？而且隔离了交通也就被阻梗了。

主张保存的人说：城墙外面有一道护城河，河与墙之间有一带相当宽的地，现在城东、南、北三面，这地带上都筑了环城铁路。环城铁路因为太近城墙，阻碍城门口的交通，应该拆除向较远的地方展移。拆除后的地带，同护城河一起，可以做成极好的“绿带”公园。护城河在明正统年间，曾经“两涯甃以砖石”，将来也可以如此做。将来引导永定河水一部分流入护城河的计划成功之后，河内可以放舟钓鱼，冬天又是一个很好的溜冰场。不唯如此，城墙上面，平均宽度约十公尺以上，可以砌花池，栽植丁香，蔷薇一类的灌木，或铺些草地，种植草花，再安放些园椅。夏季黄昏，可供数十万人的纳凉游息。秋高气爽的时节，登高远眺，俯视全城，西北苍苍的西山，东南无际的平原，居住于城市的人民可以这样接近大自然，胸襟壮阔。还有城楼角楼等可以辟为陈列馆，阅览室，茶点铺。这样一带环城的文娱圈，环城立体公园，是全世界独一无二的。北京城内本来很缺乏公园空地，新中国成立后皇宫禁地都是人民大众工作与休息的地方；清明前后几个周末，郊外颐和园一天的门票曾达到八九万张的纪录，正表示北京的市民如何迫切的需要假日休息的公园。古老的城墙正在等候着负起新的任务，它很方便地在城的四面，等候着为人民服务，休息他们的疲劳筋骨，培养他们的优美情绪，以民族文物及自然景色来丰富他们的生活。

不唯如此，假使国防上有必需时，城墙上面即可利用为良好的高射炮阵地。古代防御的工事在现代还能够再尽一次历史任务！

这里主张拆除者说，它是否阻碍交通呢？

主张保存者回答说：这问题只在选择适当地点，多开几个城门，便可解决的。而且现代在道路系统的设计上，我们要控制车流，不使它像洪水一般的到处“泛滥”，而要引导它汇集在几条干道上，以联系各区间的来往。我们正可利用适当位置的城门来完成这控制车流的任务。

但是主张拆除的人强调着说：这城墙是封建社会统治者保卫他们的势力的遗迹呀，我们这时代既已用不着，理应拆除它的了。

回答是：这是偏差幼稚的看法。故宫不是帝王的宫殿吗？它今天是人民的博物院。天安门不是皇宫的大门吗？中华人民共和国的诞生就是在天安门上由毛主席昭告全世界的。我们不要忘记，这一切建筑体形的遗物都是古代多少劳动人民创造出来的杰作，虽然曾经为帝王服务，被统治者所专有，今天已属于人民大众，是我们大家的民族纪念文物了。

同样的，北京的城墙也正是几十万劳动人民辛苦事迹所遗留下的纪念物。历史的条件产生了它，它在各时代中形成并执行了任务，它是我们人民所承继来的北京发展史在体形上的遗产。它那凸字形特殊形式的平面就是北京变迁发展史的一部分说明，各时代人民辛勤创造的史实，反映着北京的长成和文化上的进展。我们要记着，从前历史上易朝换代是一个统治者代替了另一个统治者，但一切主要的生产技术及文明的，艺术的创造，却总是从人民手中出来的；为生活便利和安心工作的城市工程也不是例外。

简略说来，1234 年元人的统治阶级灭了金人的统治阶级之后，焚毁了比今天北京小得多的中都（在今城西南）。到1267年，元世祖以中都东北郊琼华岛离宫（今北海）为他威权统治的基础核心，古今最美的皇宫之一，外面四围另筑了一周规模极大的，近乎正方形的大城；现在内城的东西两面就仍然是元代旧的城墙部位，北面在现在的北面城墙之北五里之处（土城至今尚存），南面则在今长安街线上。当时城的东南角就是现在尚存的，郭守敬所创建的观象台地点。那时所要的是强调皇宫的威仪，“面朝背市”的制度，即宫在南端，市在宫的北面的布局。当时运河以什刹海为终点，所以商业中心，即“市”的位置，便在钟鼓楼一带。当时以手工业为主的劳动人民便都围绕着这个皇宫之北的市心而生活。运河是由城南入城的，现在的北河沿和南河沿就是它的故道，所以沿着现时的六国饭店，军管会，翠明庄，北大的三院，民主广场，中法大学河道一直北上[①]，尽是外来的船舶，由南方将物资运到什刹海。什刹海在元朝便相等于今日的前门车站交通终点的。后来运河失修，河运只达城南，城北部人烟稀少了。而城南却更便于工商业。在1370年前后，明太祖重建城墙的时候，就为了这个原因，将城北面“缩”了五里，建造了今天的安定门和德胜门一线的城墙。商业中心向南移，人口亦向城南集中。但明永乐时迁都北京，城内却缺少修建衙署的地方，所以在一四一九年，将南面城墙拆了展到现在所在的线上。南面所展宽的土地，以修衙署为主，开辟了新的行政区。现在的司法部街原名“新刑部街”，是由西单牌楼的“旧刑部街”迁过来的。换一句话说，就是把东西交民巷那两条“郊民”的小街“巷”让出为衙署地区，而使郊民更向南移。

现在内城南部的位置是经过这样展拓而形成的。正阳门外也在那以后更加繁荣起来。到了明朝中叶，统治者势力渐弱，反抗的军事威力渐渐严重起来，因为城南人多，所以计划以元城北面为基础，四周再筑一城。故外城由南面开始，当中开辟永定门，但开工之后，发现财力不足，所以马马虎虎，东西未达到预定长度，就将城墙北折，止于内城的南方。于1553年完成了今天这个凸字形的特殊形状。它的形成及其在位置上的发展，明显的是辩证的，处处都反映各时期中政治、经济上的变化及其在军事上的要求。

这个城墙由于劳动的创造，它的工程表现出伟大的集体创造与成功的力量。这环绕北京的城墙，主要虽为防御而设，但从艺术的观点看来，它是一件气魄雄伟，精神壮丽的杰作。它的朴质无华的结构，单纯壮硕的体形，反映出为解决某种的需要，经由劳动的血汗，劳动的精神与实力，人民集体所成功的技术上的创造。它不只是一堆平凡叠积的砖堆，它是举世无匹的大胆的建筑纪念物，磊拓嵯峨，意味深厚的艺术创造。无论是它壮硕的品质，或是它轩昂的外像，或是那样年年历尽风雨甘辛，同北京人民共甘苦的象征意味，总都要引起后人复杂的情感的。

苏联斯摩棱斯克的城墙，周围七公里，被称为“俄罗斯的颈环”，大战中受了损害，苏联人民百般爱护地把它修复。北京的城墙无疑的也可当“中国的颈环”乃至“世界的颈环”的尊号而无愧。它是我们的国宝，也是世界人类的文物遗迹。我们既承继了这样可珍贵的一件历史遗产，我们岂可随便把它毁掉！

那么，主张拆除者又问了：在那有利的方面呢？我们计算利用城墙上那些砖，拆下来协助其他建设的看法，难道就不该加以考虑吗？

这里反对者方面更有强有力的辩驳了。

他说：城砖固然可能完整地拆下很多，以整个北京城来计算，那数目也的确不小。但北京的城墙，除去内外各有厚约一公尺的砖皮外，内心全是“灰土”，就是石灰黄土的混凝土。这些三四百年乃至五六百年的灰土坚硬如同岩石；据约略估计，约有一千一百万吨。假使能把它清除，用由二十节十八吨的车皮组成的列车每日运送一次，要八十三年才能运完！请问这一列车在八十三年之中可以运输多少有用的东西。而且这些坚硬的灰土，既不能用以种植，又不能用作建筑材料，用来筑路，却又不够坚实，不适使用；完全是毫无用处的废料。不但如此，因为这混凝土的坚硬性质，拆除时没有工具可以挖动它，还必须使用炸药，因此北京的市民还要听若干年每天不断的爆炸声！还不止如此，即使能把灰土炸开，挖松，运走，这一千一百万吨的废料的体积约等于十一二个景山，又在何处安放呢？主张拆除者在这些问题上面没有费过脑汁，也许是由于根本没有想到，乃至没有知道墙心内有混凝土的问题吧。

就说绕过这样一个问题而不讨论，假设北京同其他县城的城墙一样是比较简单的工程，计算把城砖拆下做成暗沟，用灰土将护城河填平，铺好公路，到底是不是一举两得一种便宜的建设呢？

由主张保存者的立场来回答是：苦心的朋友们，北京城外并不缺少土地呀！四面都是广阔的平原，我们又为什么要费这样大的人力，一两个野战军的人数，来取得这一带之地呢？拆除城墙所需的庞大的劳动力是可以积极生产许多有利于人民的果实的。将来我们有力量建设，砖窑业是必要发展的，用不着这样费事去取得。如此浪费人力，同时还要毁掉环绕着北京的一件国宝文物——一圈对于北京形体的壮丽有莫大关系的古代工程，对于北京卫生有莫大功用的环城护城河——这不但是庸人自扰，简直是罪过的行动了。

这样辩论斗争的结果，双方的意见是不应该不趋向一致的。事实上，凡是参加过这样辩论的，结论便都是认为城墙的确不但不应拆除，且应保护整理，与护城河一起作为一个整体的计划，善于利用，使它成为将来北京市都市计划中的有利的，仍为现代所重用的一座纪念性的古代工程。这样由它的物质的特殊和珍贵，形体的朴实雄壮，反映到我们感觉上来，它会丰富我们对北京的喜爱，增强我们民族精神的饱满。

一九五〇年四月二十四日，清华大学

注释：

① 六国饭店，位于今东交民巷与正义路交叉口的东南角，是北京历史上第一家大饭店，创建于 1902 年，20 世纪 80 年代中期被拆除。翠明庄，今南河沿大街 1 号，位于南河沿大街与东华门大街交叉口的西南角，是 1946 年“中共”军调处所在地。北大的三院，原北京大学译文馆（今外语系前身）所在地，位于北河沿大街西侧，今北河沿大街 145~147 号址。民主广场，北大红楼北侧广场，今北河沿大街甲 83 号院内。中法大学，由蔡元培等人创建于 1920 年，1925 年其文学院移建于今皇城根街甲 20 号处，位于北河沿大街东侧。

原文刊载于《新建设》1950 年第 6 期；
后收录于《梁思成全集》（第五卷），中国建筑工业出版社，2001

拆除城墙问题

郑振铎

古老的城墙在古代是发挥了它的保卫人民生命、财产的作用的。在现代的战争里，城墙是没有什么用处了，于是有人主张拆除，也还有人举出几十条理由来助长拆除之风的。我不是一个保守主义者。该拆除的东西，非拆不可的东西，那一定得拆，而且应该毫不犹豫的主张拆。可是城墙是不是非拆不可的一类东西呢？是不是今天就要拆除干净了呢？我主张：凡是可拆可不拆，或非在今天就拆不可的东西，应该“刀下留人”，多征求意见，多展开讨论，甚至多留几天，或几年再动手。举一个例。北海前面的团城，是北京城里最古老的古迹名胜之一。当决定要改宽金鳌玉蛛桥的时候，有好些人主张拆除团城，连根铲平，否则，这道桥就没法修宽。但经过专家们的仔细研究的结果，团城是保留下来了，金鳌玉蛛桥的工程也按照计划完成了。这不仅不矛盾，而且还相得益彰，为北京市维护了这个十分美好的风景地，同时，也绝对地没有妨碍交通。

许多名胜古迹或风景区，都应该照此例加以十分的周到的考虑，予以同情的保护，万万不可人云亦云，大刀阔斧地加以铲除，像对付最凶狠的敌人似的，非使之从地图上消灭掉不可。要知道古迹名胜是不可移动的，都市计划是由专家们设计施工的，是可以千变万化，因地、因时、因人制宜的。最高明的城市计划的专家们是会好好地把当地的名胜古迹和风景区组织在整个都市范围之内，只显得其风景美妙，历史久长，激发人民爱国爱乡之念。只有好处，没有任何坏处。不善于设计的，不懂得文化、历史、艺术的人，则往往认为有碍建设计划，非加以毁坏不可。小孩们走路跌倒，往往归咎于路石，而加以咒骂踢打。仰面向天，大摇大摆的行者，撞到牌坊的柱子上了，就以为那柱子该死，为何不让路给他。古迹名胜或风景区是不会说话的，但人是会动脑筋的。如何技巧地和艺术地处理一个城市的整个发展的计划是需要很大的辛勤的研究，仔细地考虑，广泛的讨论，而决不应该由几个人的主观主义的决定，就操之过急地判决某某古迹名胜的死刑的。人死不可复生，古迹名胜消灭了岂可照样复建！在下笔判决之前，要怎样地谨慎小心，多方取证啊。城墙也便是居于风景线的一类。“绿杨城郭是扬州”（如今扬州是没有城的了！）城墙虽失去了“防御”的作用，却仍有添加风景的意义。今天拆除城墙的风气流行各地。千万要再加考虑，再加研究一番才是。除了那个都市发展到非拆除城墙不可的程度，绝对不可任意地乱拆乱动。三五百年以上的城砖，拿来铺马路，是绝对经不起重载高压的。徒毁古物，无补实用。何苦求一时的快意，而糟蹋全民的古老的遗产呢？

1957 年 6 月 3 日

原文刊载于《政协会刊》1957 年第 3 期，后收录于《郑振铎文博文集》，文物出版社，1998

闲话文物建筑的重修与维护

梁思成

今年三月，有机会随同文化部的几位领导同志以及茅以升先生重访阔别三十年的赵州桥，还到同样阔别三十年的正定去转了一圈。地方，是旧地重游；两地的文物建筑，却真有点像旧雨重逢了。对这些历史圣地、千年文物来说，三十年仅似白驹过隙；但对我们这一代人来说，这变化却是多么大——天翻地覆的三十年呀！这些文物建筑在这三十年的前半遭受到令人痛心的摧残、破坏。但在这三十年的后半——更准确地说，在这三十年的后十年，也和祖国的大地和人民一道，翻了身，获得了新的“生命”。其中有许多已经更加健康、壮实，而且也显得“年轻”了。它们都将延年益寿，作为中华民族历史文化的最辉煌的典范继续发出光芒，受到我们子子孙孙的敬仰。我们全国的文物工作者在党和政府的领导下，在文物建筑的维护和重修方面取得的成就是巨大的。

三十年前，当我初次到赵县测绘久闻大名的赵州大石桥——安济桥的时候，兴奋和敬佩之余，看见它那危在旦夕的龙钟残疾老态，又不禁为之黯然怅惘。临走真是不放心，生怕一别即成永诀。当时，也曾为它试拟过重修方案。当然，在那时候，什么方案都无非是纸上谈兵、空中楼阁而已。

新中国成立后，不但欣悉名桥也熬过了苦难的日子，而且也经受住了革命战火的考验；更可喜，不久，重修工作开始了；它被列入全国重点文物保护单位的行列。《小放牛》里歌颂的“玉石栏杆”，在河底污泥中埋没了几百年后，重见天日了。古桥已经返老还童。我们这次还重验了重修图纸，检查了现状。谁敢说它不能再继续雄跨洨河一千三百年！

正定隆兴寺也得到了重修。大觉六师殿的瓦砾堆已经清除，转轮藏和慈氏阁都焕然一新了。整洁的伽蓝与三十年前相比，更似天上人间。

在取得这些成就的同时，作为新中国的文物工作者，我们是否已经做得十全十美了呢？当然我们不会那样狂妄自大。我们完全知道，我们还是有不少缺点的。我们的工作还刚刚开始，还缺乏成熟的经验。怎样把我们的工作进一步提高？这值得我们认真钻研。不揣冒昧，在下面提出几个问题和管见，希望抛砖引玉。

一、整旧如旧与焕然一新

古来无数建筑物的重修碑记都以“焕然一新”这样的形容词来描绘重修的效果，这是有其必然的原因的。首先，在思想要求方面，古建筑从来没有被看作金石书画那样的艺术品，人们并不像尊重殷周铜器上的一片绿锈或者唐宋书画上的苍黯的斑渍那样去欣赏大自然在一些殿阁楼台上留下的烙印。其次是技术方面的要求，一座建筑物重修起来主要是要坚实屹立，继续承受岁月风雨的考验，结构上的要求是首要的。至于木结构上的油饰彩画，除了保护木材，需要更新外，还因剥脱部分，若只片片补画，将更显寒碜。若补画部分模仿原有部分的古香古色，不出数载，则新补部分便成漆黑一团。大自然对于油漆颜色的化学、物理作用是难以在巨大的建筑物上模拟仿制的。因此，重修的结果就必然是焕然一新了。“七七”事变以前，我曾跟随杨廷宝先生在北京试做过少量的修缮工作，当时就琢磨过这问题，最后还是采取了“焕然一新”的老办法。这已是将近三十年前的事了，但直至今天，我还是认为把一座古文物建筑修得焕然一新，犹如把一些周鼎汉镜用桐油擦得油光晶亮一样，将严重损害到它的历史、艺术价值。这也是一个形式与内容的问题。我们究竟应该怎样处理？有哪些技术问题需要解决？很值得深入地研究一下。

在砖石建筑的重修上，也存在着这问题。但在技术上，我认为是比较容易处理的。在赵州桥的重修中，这方面没有得到足够的重视，这不能说不是一个遗憾。

我认为在重修具有历史、艺术价值的文物建筑中，一般应以“整旧如旧”为我们的原则。这在重修木结构时可能有很多技术上的困难，但在重修砖石结构时，就比较少些。

就赵州桥而论，重修以前，在结构上，由于二十八道并列的券向两侧倾离，只剩下二十三道了，而其中西面的三（？）道，还是明末重修时换上的。当中的二十道，有些石块已经破裂或者风化；全桥真是危乎殆哉。但在外表形象上，即使是明末补砌的部分，都呈现苍老的面貌，石质则一般还很坚实。两端桥墩的石面也大致如此。这些石块大小都不尽相同，砌缝有些参差，再加上千百年岁月留下的痕迹、赋予这桥一种与它的高龄相适应的“面貌”，表现了它特有的“品格”和“个性”。作为一座古建筑，它的历史性和艺术性之表现，是和这种“品格”、“个性”、“面貌”分不开的。

在这次重修中，要保存这桥外表的饱经风霜的外貌是完全可以办到的。它的有利条件之一是桥券的结构采用了我国发券方法的一个古老传统，在主券之上加了缴背(亦称伏）一层。我们既然把这层缴背改为一道钢筋混凝土拱，承受了上面的荷载，同时也起了搭牵住下面二十八道平行并列的单券的作用，则表面完全可以用原来券面的旧石贴面。即使旧券石有少数要更换，也可以用桥身他处拆下的旧石代替，或者就在旧券石之间，用新石“打”几个“补丁”，使整座桥恢复“健康”、坚固，但不在面貌上“还童”、“年轻”。今天我们所见的赵州桥，在形象上绝不给人以高龄 1300 岁的印象，而像是今天新造的桥——形与神不相称。这不能不说是美中不足。

与此对比，山东济南市去年在柳埠重修的唐代观音寺（九塔寺）塔是比较成功的。这座小塔已经很残破了。但在重修时，山东的同志们采取了“整旧如旧”的原则。旧的部分除了从内部结构上加固，或者把外面走动部分“归安”之外，尽可能不改，也不换料。补修部分，则用旧砖补砌，基本上保持了这座塔的“品格”和“个性”，给人以“老当益壮”，而不是“还童”的印象。我们应该祝贺山东的同志们的成功，并表示敬意。

二、一切经过试验

在九塔寺塔的重修中，还有一个好经验，值得我们效法。

九个小塔都已残破，没有一个塔刹存在。山东同志们在正式施工以前，在地面、在塔上，先用砖干摆，从各个角度观摩，看了改，改了看，直到满意才定案，正式安砌上去。这样的精神值得我们学习。

诚然，九座小塔都是极小的东西，做试验很容易；像赵州桥那样庞大的结构，做试验就很难了。但在赵县却有一个最有利的条件。西门外金代建造的永通桥（也是全国重点保护文物），真是“天造地设”的“试验室”。假使在重修大桥以前，先用这座小桥试做，从中吸取经验教训，那么，现在大桥上的一些缺点，也许就可以避免了。

毛主席指示我们“一切要通过试验”，在文物建筑修缮工作中，我们尤其应该牢牢记住。

三、古为今用与文物保护

我们保护文物，无例外地都是为了古为今用，但用之之道，则各有不同。

有些本来就是纯粹的艺术作品，如书画、造像等，在古代就只作观赏（或膜拜，但膜拜也是“观赏”的一种形式）之用；今用也只供观赏。在建筑中，许多石窟、碑碣、经幢和不可登临的实心塔，如北京的天宁寺塔、妙应寺白塔、赵县柏林寺塔等属于此类。有些本来有些实际用处、但今天不用，而只供观赏的，如殷周鼎爵、汉镜、带钩之类。在建筑中，正定隆兴寺的全部殿、阁，北京天坛祈年殿、皇穹宇等属于此类。当然，这一类建筑，今天若硬要给它“分配”一些实际用途，固然未尝不可，但一般说来，是难以适应今天的任何实际需要的功能的。就是北京故宫，尽管被利用为博物馆，但绝不是符合现代博物馆的要求的博物馆。但从另一角度说，故宫整个组群本身却是更主要的被“展览”的文物。上面所列举的若干类文物和建筑之为今用，应该说主要是为供观赏之用。当然我们还对它进行科学研究。

另外还有一类文物，本身虽古，具有重要的历史、艺术价值，但直至今天，还具有重要实用价值的。全国无数的古代桥梁是这一类中最突出的实例。虽然许多园林中也有许多纯粹为点缀风景的桥，但在横跨河流的交通孔道上的桥，主要的乃至唯一的目的就是交通。赵县西门外永通桥，尽管已残破歪扭，但就在我们在那里视察的不到一小时的时间内，就有五六辆载重汽车和更多的大车从上面经过。重修以前的安济桥也是经常负荷着沉重的交通流量的。

而现在呢，崭新的桥已被“封锁”起来了。虽然旁边另建了一道便桥，但行人车马仍感不便。其实在重修以前，这座大石桥，和今天西门外的小石桥一样，还是经受着沉重的负荷的。现在既然“脱胎换骨”，十分健壮，理应能更好地为交通服务。假使为了慎重起见，可使载重汽车载重兽力车绕行便桥，一般行人、自行车、小型骡马车、牲畜、小汽车等，还是可以通行的。桥不是只供观赏的。重修之后，古桥仍须为今用——同时发挥它作为文物建筑和作为交通桥梁的双重的，既是精神的，又是物质的作用。当然在保护方面，二者之间有矛盾。负责保管这桥的同志只能妥筹办法，而不能因噎废食。

文物建筑不同于其他文物，其中大多在作为文物而受到特殊保护之同时，还要被恰当地利用。应当按每一座或每一组群的具体情况拟订具体的使用和保护办法，还应当教育群众和文物建筑的使用者尊重、爱护。

四、涂脂抹粉与输血打针

几千年的历史给我们留下了大量的文物建筑。国务院在1961年已经公布了第一批全国重点文物保护单位。在我国几千年历史中，文物建筑第一次真正受到政府的重视和保护。每年国家预算都拨出巨款为修缮、保管文物建筑之用。即使在遭受连年自然灾害的情况下，文物建筑之修缮保管工作仍得到不小的款额。这对我们是莫大的鼓舞。这些钱从我们手中花出去，每一分钱都是工人、农民同志的汗水的结晶，每一分钱都应该花的“当当”地响——把钢用在刀刃上。

问题在于，在文物建筑的重修与维护中，特别是在我国目前经济情况下，什么是“刀刃”？“刀刃”在哪里？

我们从历代祖先继承下来的建筑遗产是一份珍贵的文化遗产，但同时也是一个分量不轻的“包袱”。它们绝大部分都是已经没有什么实用价值的东西；它们主要的甚至唯一的价值就是历史或者艺术价值。它们大多数是千几百年的老建筑；有砖石建筑、有木构房屋；有些还比较硬朗、结实、有些则“风烛残年”，危在旦夕。对它们进行维修，需要相当大的财力、物力。而在人力方面，按比例说，一般都比新建要投入大得多的工作和时间。我们的主观愿望是把有价值的文物建筑全部修好。但“百废俱兴”是不可能的。除了少数重点如赵县大石桥、北京故宫、敦煌莫高窟等能得到较多的“照顾”外，其他都要排队，分别轻重缓急，逐一处理。但同时又须意识到，这里面有许多都是危在旦夕的“病号”，必须准备“急诊”、随时抢救。抢救需要“打强心针”、“输血”，使“病号”“苟延残喘”，稳定“病情”，以待进一步恢复“健康”。对一般的砖石建筑说来，除去残破严重的大跨度发券结构（如重修前的赵县大石桥和目前的小石桥）外，一般都是“慢性病”，多少还可以“带病延年”，急需抢救的不多。但木构架建筑，主要构材（如梁、柱）和结构关键（如脊或檩）的开始蛀蚀腐朽，如不及时“治疗”，“病情”就会迅速发展，很快就“病入膏肓”，救药就越来越困难了。无论我们修缮文物建筑的经费有多少，必然会少于需要的款额或材料、人力的。

这种分别轻重缓急、排队逐一处理的情况都将长期间存在。因此，各地文物保管部门的重要工作之一就在及时发现这一类急需抢救的建筑和它们“病症”的关键，及时抢修，防止其继续破坏下去，去把它稳定下来，如同输血、打强心针一样，而不应该“涂脂抹粉”，做表面文章。

正定隆兴寺除了重修了转轮藏和慈氏阁之外，还清除了大觉六师殿遗址的瓦砾堆，将原来的殿基和青石佛坛清理出来，全寺环境整洁，这是很好的。但摩尼殿的木构柱梁（过去虽曾一度重修）有许多已损坏到岌岌可危的程度，戒坛也够资格列入“危险建筑”之列了。此外，正定城内还有若干处急需保护以免继续坏下去的文物建筑。今年度正定分到的维修费是不太多的，理应精打细算，尽可能地做些“输血、打针”的抢救工作。但我们所了解到的却是以经费中很大部分去做修补大觉六师殿殿基和佛坛的石作。这是一个对于文物建筑的概念和保护修缮的基本原则的问题。古埃及、希腊、罗马的建筑遗物绝大多数是残破不全的，修缮工作只限于把倾倒坍塌的原石归安本位，而绝不应添置新的部分。即使有时由于结构的必需而“打”少数“补丁”，亦仅是由于维持某些部分使不致拼不拢或者搭不起来，不得已而为之。大觉六师殿殿基是一个残存的殿基，而且也只是一个残存的殿基。它不同于转轮藏和慈氏阁，丝毫没有修补或再加工的必要。在这里，可以说钢是没有用在刀刃上了。这样的做法，我期期以为不可[①]，实在不敢赞同。

正定城内很值得我们注意的是开元寺钟楼。许多位同志都认为这座钟楼，除了它上层屋顶外，全部主要构架和下檐都是唐代结构。这是一座很不惹人注意的小楼。我们很有条件参照下檐斗拱和檐部结构，并参考一些壁画和实物，给这座小楼恢复一个唐代样式屋顶，在一定程度上恢复它的本来面目。以我们所掌握的对唐代建筑的知识，肯定能够取得“虽不中亦不远矣”的效果，总比现在的样子好得多。估计这项工程所费不大，是一项“事半功倍”的值得做的好事。同时，我们也可以借此进行一次试验，为将来复修或恢复其他唐代建筑的工作取得一点经验。我很同意同志们的这些意见和建议。这座钟楼虽然不是需要“输血打针”的“重病号”，但也可以算是值得“用钢”的“刀刃”吧。

五、红花还要绿叶托

一切建筑都不是脱离了环境而孤立存在的东西。它也许是一座秀丽的楼阁，也许是一座挺拔的宝塔，也许是平铺一片的纺织厂，也许是四根、六根大烟囱并立的现代化热电站，但都不能“独善其身”。对人们的生活，对城乡的面貌，它们莫不对环境发生一定影响；同时，也莫不受到环境的影响。在文物建筑的保管、维护工作中，这是一个必须予以考虑的方面。文化部规定文物建筑应有划定的保管范围，这是完全必要的。对于划定范围的具体考虑，我想补充几点。除了应有足够的范围，便于保管外，还应首先考虑到观赏的距离和角度问题。范围不可太小，必须给观赏者可以从至少一个角度或两三个角度看见建筑物全貌的足够距离，其中包括便于画家和摄影家绘画、摄影的若干最好的角度。

其次是绿化问题。文物建筑一般最好都有些绿化的环境。但绿化和观赏可能发生矛盾，甚至对建筑物的保护也可能发生矛盾。去年到蓟县看见独乐寺观音阁周围种树离阁太近了，而且种了三四排之多。这些树长大后不仅妨碍观赏，而且树枝会和阁身“打架”，几十年后还可能挤坏建筑；树根还可能伤害建筑物的基础。因此，绿化应进行设计：大树要离建筑物远些，要考虑将来成长后树型与建筑物体型的协调；近处如有必要，只宜种些灌木，如丁香、刺梅之类。

残破低矮的建筑遗址，有些是需要一些绿化来衬托衬托的，但也不可一概而论。正定隆兴寺北半部已有若干棵老树，但南半部大觉六师殿址周围就显得秃了些。六师殿址前后若各有一对松柏一类的大树，就会更好些。殿址之北，摩尼殿前的东西配殿遗址，现在用柏树篱一周围起，就使人根本看不到殿址了。这里若用树篱，最好只种三面，正面要敞开，如同三扇屏风，将殿基残址衬托出来。

绿化如同其他艺术一样，也有民族形式问题。我国传统的绿化形式一般都采取自然形式。西方将树木剪成各种几何形体的办法，一般是难与我国环境协调，枯燥无味的。但我们也不应一概拒绝，例如在摩尼殿前配殿基址就可以用剪齐的树屏风。但有些在地面上用树木花草摆成几何图案，我是不敢赞同的。

六、有若无，实若虚，大智若愚

在重修文物建筑时，我们所做的部分，特别是在不得已的情况下，我们加上去的部分，它们在文物建筑本身面前，应该采取什么样的态度，是我们应该正确认识的问题。这和前面所谈“整旧如旧”事实上是同一问题。

游故宫博物院书画馆的游人无不痛恨乾隆皇帝。无论什么唐、宋、元、明的最珍贵的真迹上，他都要题上冗长的歪诗，打上他那“乾隆御览之宝”、“古稀天子之宝”的图章。他应被判为一名破坏文物的罪在不赦的罪犯。他在爱惜文物的外衣上，拼命地表现自己。我们今天重修文物建筑时，可不要犯他的错误。

前一两年曾见到龙门奉先寺的保护方案，可以借来说明我一些看法。

奉先寺卢舍那佛一组大像原来是有木构楼阁保护的；但不知从什么时候起（推测甚至可能从会昌灭法时），就已经被毁。一组大像露天危坐已经好几百年，已经成为人们脑子里对于龙门石窟的最主要的印象了。但今天，我们不能让这组中国雕刻史中最重要的杰作之一继续被大自然损蚀下去，必须设法保护，不使再受日晒雨淋。给它做一些掩盖是必要的。问题在于做什么？和怎样做？

见到的几个方案都采取柱廊的方式。这可能是最恰当的方式。这解决了“做什么”的问题。

至于怎样做，许多方案都采用了粗壮有力的大石柱，上有雕饰的柱头，下有华丽的柱础；柱上有相当雄厚的檐子。给人的印象略似北京人民大会堂的柱廊。唐朝的奉先寺装上了今天常见的大礼堂或大剧院的门面！这不仅“喧宾夺主”，使人们看不见卢舍那佛的组像，而且改变了龙门的整个气氛。我们正在进行伟大的社会主义建设，在建设中我们的确应该把中国人民的伟大气概表达出来。但这应该表现在长江大桥上，在包钢、武钢上，在天安门广场、长安街、人民大会堂、革命历史博物馆上，而不应该表现在龙门奉先寺上。在这里，新中国的伟大气概要表现在尊重这些文物、突出这些文物。我们所做的一切维修部分，在文物跟前应当表现得十分谦虚，只做小小“配角”，要努力做到“无形中”把“主角”更好地衬托出来，绝不应该喧宾夺主影响主角地位。这就是我们伟大气概的伟大的表现。

在古代文物的修缮中，我们所做的最好能做到“有若无，实若虚，大智若愚”，那就是我们最恰当的表现了。

新中国成立以来，负责保管和维修文物建筑的同志们已经做了很多出色的工作，积累了很多经验，而我自己在具体设计和施工方面却一点也没有做。这次到赵县、正定走马观花一下，回来就大发谬论，累牍盈篇，求全责备，吹毛求疵，实在是荒唐狂妄至极。只好借杨大年[②]一首诗来为自己开脱。诗曰：

鲍老当筵笑郭郎，笑他舞袖太郎当；

若教鲍老当筵舞，定比郎当舞袖长！

注释：

① 期期：口吃的样子，坚决不同意的样子。出自西汉 · 司马迁《史记 · 张丞相传》：“昌为人口吃，又盛怒，曰：‘臣口不能言，然臣期期知其不可’”。

② 杨大年（974~1020），名杨亿，字大年，建州浦城（今属福建浦城县）人。北宋文学家，“西昆体”诗歌主要作家，著有《麻将经》一书。

原文刊载于《文物》1963 年第 7 期；
后收录于《梁思成全集》（第五卷），中国建筑工业出版社，2001

从雷峰塔的重建谈历史建筑的复原问题

吕舟

杭州雷峰塔塌毁于1927年。鲁迅先生曾有杂文《论雷峰塔之倒掉》，把雷峰塔的倒塌与反对封建礼教、人性解放结合在了一起。从那时起是否重建这座有着千年历史的古塔就成为人们关心的问题。随着鲁迅的文章被编入中小学教科书，雷峰塔的传说以及雷峰塔本身被一代又一代的中国人所熟悉，雷峰塔的重建问题也被一代又一代的年轻的中国人所关注。随着社会、经济的发展，杭州已成为中国经济最发达地区的中心，雷峰塔的重建问题再次被作为完善杭州人文景观、重现西湖自然与人文景观交相辉映的项目被提了出来。同时雷峰塔的重建也被当作提高西湖风景区整体美和促进西湖申请列入联合国教科文组织“世界遗产名单”工作的重要部分。关于雷峰塔重建问题的讨论引起了杭州市民的广泛关注和参与，同时也又一次把历史建筑复原的问题提了出来。

根据同济大学路秉杰教授的研究，雷峰塔落成的时间大约是公元977年。建塔的发起者是吴越国钱俶宫廷的后妃，建塔的目的是为了安放佛的螺髻舍利和藏经。塔建成时被称为“黄妃塔”。虽然原来准备把这座塔建成十三级，但因种种原因最后建成的是八面七级的楼阁式塔。塔的木结构部分，包括塔刹、塔顶、塔檐、回廊等在宋徽宗时毁于兵火。南宋乾道七年（1171 年）僧人智有将塔重建。重建后的塔变成了八面五级，并开始出现了雷峰塔的称谓。但直到元代，黄妃塔的称谓也依然流行。

明代塔被倭寇焚毁。清人陆次云的《湖壖杂记雷峰塔》中有："嘉靖时，东倭入寇，疑塔中有伏，纵火焚塔，故其檐级皆去，赤然童立，反成异致。"

清代以后雷峰塔的这种残破的景观特征已被人们普遍接受，并与西湖北岸宝石山上的保俶塔相映成趣，构成了西湖重要的景观特征[①]。

近代许多文人墨客在他们吟咏西湖的诗文中多对雷峰塔有所涉及，这些对西湖风光富于文学性的描述使雷峰塔的人文价值得到了进一步的强化，并逐步具有了一种情感价值。雷峰塔倒塌后，许多学者也多次提到了雷峰塔的重建或复原问题。

历史建筑的重建与复原在中国历史上是一种十分常见的现象。事实上这种现象在西方国家的历史上，特别是 19 世纪以前，也都十分常见。例如，作为天主教中心的梵蒂冈圣彼得大教堂就曾经过文艺复兴时代的重建而形成今天的面貌。我国近年来的滕王阁、黄鹤楼也都是非常著名的历史建筑重建工程。

需要指出的是重建与复原是两个完全不同的概念。

重建是一种不考虑，或不过多考虑历史建筑原貌，而基于现代人的审美要求、物质功能要求的建造活动。重建后的建筑沿用原历史建筑的名称，在一定程度上使历史建筑的象征价值、情感价值得以延续。但重建后的建筑在形式上并不与原历史建筑发生关系，也不要求重建后的建筑能够重现历史上曾经存在的同名建筑在某一特定历史时期的面貌，或者反映某种重要的值得表现的历史内涵。重建的建筑事实上是当代文化、社会心理和现代技术的写照。前面我们提到的几座著名的建筑也都属于这一类。这里我们不准备对这种重建活动进行讨论。

复原不同于重建，它是指通过维修或建造的手段，以恢复或重现历史建筑曾经在历史上某个特定时期中存在过的面貌的完整性和审美价值为目的的历史建筑保护活动。所要复原的历史面貌是特定时代社会意识形态、生产力水平的反映。因此复原的意义在于促使人们通过复原的建筑形象去进一步认识那个"曾经造就了这座建筑的时代和创造了它的人们”[②]。从这个意义上，复原是涉及历史建筑或文物建筑的保护的基本原则问题。长期以来复原始终是文物建筑保护中最有争议，同时也是最有挑战性的问题之一[③]。在一些被国际社会普遍接受的文物保护原则中，历史建筑的复原属于需要特别慎重对待的方法。《威尼斯宪章》在关于修复的第九款中指出：

“修复过程是一个高度专业性的工作，其目的旨在保护和展示古迹的美学与历史价值，并以尊重原始材料和确凿的文献为依据。一旦出现臆测，必须立即予以停止。此外，即使如此，任何不可避免的添加都必须与该建筑的构成（原有部分）有所区别，并且要有现代标记。无论在任何情况下，修复之前及之后必须对古迹进行考古及历史研究。”

第十五款则指出：

“必须采取一切方法促进对古迹的了解，使它得以再现，而不曲解其意。”

“对任何重建都应事先予以制止，只允许重修，也就是说，把现存但已解体的部分重新组合。所用粘接材料应永远可以辨别，并应尽量少用，只需确保古迹的保护和其形状的恢复之用便可。”[④]

联合国教科文组织制定的《实施世界遗产公约操作指南（草案）》在论及“修复”时指出：

“修复的目的是再现文物原来的概念或易明性。修复和重新整合细部是常做的，一定要尊重原有的材料、考古证据、原有的设计和真实可靠的文献。把失掉了的或者败坏了的部分复原，必须与整体和谐，但在细看时要能与原有的部分区别开来，这样，修复就不致使考古的和历史的见证失真。”

“以细致的历史研究为基础，一切时期的重要贡献都应该尊重。一切增添物，凡可以认为是‘历史见证’的而不是仅仅一次过去的修复的，都必须保存。当一座文物建筑有不同时代的工程层层叠压时，只有在特殊例外的情况下才允许把下面的一层清理出来。条件是：确实判定，要清理出来的那一层有很大的历史和考古价值，并且，它的保持情况尚好，值得清理出来。”

这一文件在关于“重建”的内容中指出：

“重建只有在特殊的情况下才允许，它很容易造成误解，有失真或做假的危险，并可能造成文化上的欺骗。在火灾、地震或战争的灾害性破坏之后，有可能需要用新材料重建历史性建筑和历史性市中心。重建不可能有时间和长期使用所造成的印记。就像在修复中一样，重建必须以精确的文献资料和证据为基础，决不可以臆造。重建的建筑物不能评定为世界文化遗产，因为它们失去了真实性，而且不合威尼斯宪章的规定，宪章预先排斥了重建。”⑤（显然这里的“重建”是我们所说的复原）

这些文字表现了这样几个方面的原则：

第一，不主张对历史建筑采用复原的方式加以展示或“保护”，因为“它很容易造成误解，有失真或做假的危险，并可能造成文化上的欺骗”；

第二，复原必须建立在充分和细致的科学研究基础上，这种研究应当是多学科的，整个复原工作不能有任何的臆测；

第三，应当充分保护文物建筑的遗存，尽可能展示文物建筑原有的真实的面貌。根据联合国教科文组织通过的《世界遗产公约》，在确定世界遗产名单项目时，世界遗产委员会把对遗产项目“真实性”检验放在了重要的地位，这种真实性包括了：设计的真实性、工艺的真实性、材料的真实性和地点（环境）的真实性等四个方面的内容。事实上复原本身已造成了真实性的损失，因此在文物建筑、文化遗产的保护中，复原是一个需要尽可能避免采取的手段。

在我国的有关文物保护法规中，也涉及这一问题。1982 年全国人民代表大会通过的《中华人民共和国文物保护法》第 14 条规定：

“核定为文物保护单位的革命遗址、纪念建筑物、古墓葬、古建筑、石窟寺、石刻等（包括建筑物的附属物），在进行修缮、保养、迁移的时候，必须遵守不改变文物原状的原则。”

人类对于文物建筑的价值认识经历了一个相当长的过程，对文物建筑的复原曾经是 19 世纪和 20 世纪初期欧洲，特别是法国文物保护学派采取的做法，这种做法强调的是历史建筑的艺术完整性。尽管这种完整性今天依然是文物建筑的价值的重要方面，但随着20世纪以后人们对文物建筑价值认识的进一步深化，对个体意义的文物建筑而言，历史价值已成为核心的价值。所谓历史价值是指文物建筑在被建造及建成以后的岁月中被赋予的各种丰富的历史信息，这些历史痕迹使人们能够真切地认识历史的演进过程，因而这种历史痕迹的真实性是无法替代的，也是不可能再生的。基于这一认识，对艺术价值完整性的保护必须服从于对历史价值的保护。对历史建筑的复原，即使是局部的复原，由于是对建筑现状的改变，有可能造成对文物建筑历史价值的损害，因此必须非常慎重地对待。对于已彻底毁坏的历史建筑，从历史价值的角度，复原，即便这种复原是准确和可信的，也仅仅能够恢复历史建筑曾经存在的外貌特征，却无法再现它的历史价值和它对历史的见证作用。我们却又是因为它曾经具有的这种价值和作用才对其进行保护的。在这种情况下复原也就失去了意义。任何复原都仅仅只能复原建筑的表面形态，而无法反映它所见证的那个建造它的时代的真正深刻的历史内涵。复原的建筑无法再现那些依附于文物建筑而存在的历史信息。复原后的建筑不再具有历史的沧桑感，它如同戏剧的布景，虽然美丽却不真实。复原常常只能使我们越来越远地背离了我们所希望达到的目的。

英国作家约翰·拉斯金（John Ruskin）曾经在他的《建筑七灯》一书中指出：复原（restoration）“意味着一栋建筑物所能遭到的最彻底的破坏；一种一扫而光什么都不留下的破坏；一种给破坏掉的东西描绘下虚假形象的破坏。……根本不可能修复建筑中过去的伟大和美丽，就像不能使死者复活一样。建筑物的生命，它的由工人们的手和眼所赋予的灵魂，是不能再现的”⑥。拉斯金提出的这些问题尖锐地涉及了复原的一些本质性的方面。这些问题同样存在于中国的文物建筑保护当中。

在杭州雷峰塔的重建方案征求市民意见的过程中，有一种非常有代表性的意见，认为这样的项目主要目的是要展示古代的建筑艺术，因此按照古代的做法和形象进行复原是理所当然的事情。这种看法来自有着深厚历史文化传统的杭州市民是十分正常的现象，它表现了杭州市民的历史文化意识。但对于文物建筑保护界而言，在一定程度上也仍然存在着类似的认识，就显然存在着对文物建筑保护原则理解上的误区。

复原是指按照历史建筑曾经存在的状况恢复到历史上某一特定时期形象的修复活动。这是一种具有考古学特征的复原工作。它的基本出发点是要把已不复存在的建筑或者建筑的局部恢复到它历史上曾经存在的那种面貌。因此复原应当是准确地对建筑某一特定历史时期形象的重现。既然是对历史建筑在特定时期面貌的恢复，因此它必须是准确和可信的。换而言之，复原后的形象应当是这座建筑确实曾经存在过的形象。对于建筑的局部，这种复原由于周围其他局部的存在而具有较强的可操作性。意大利古罗马时代的和平祭坛的修复十分典型地反映了这种做法。它不同于 19 世纪维奥勒 - 勒 - 杜克对巴黎圣母院的局部复原。

巴黎圣母院是经过漫长的岁月最终形成 19 世纪时的面貌的。它的建造工程开始于 1163 年，建成于 1345 年前后。以后虽然建筑的平面和总体造型没有变化，但建筑的局部和装饰却也经过多次的改动。应当说巴黎圣母院是一座有着丰富历史内涵的建筑。维奥勒 - 勒 - 杜克在对它进行维修的时候，本来是有可能对这种历史的深度感和历史信息的丰富性进行适当的保护的，但限于当时对历史建筑价值的理解，他希望把整座巴黎圣母院复原到 12 世纪哥特建筑的典型风格，尽管这种风格的完整性对巴黎圣母院而言从来也不曾存在过。显然这种带有明显的“法式”复原特征的做法，从本质上已是一种新的仿古设计，而背离了现代文物建筑保护的基本原则。

对于已不存在的建筑而言，复原就面临着更多的困难，需要对复原对象的历史面貌有更深入、准确的认识，并掌握可信的形象资料才有可能进行复原工作。第二次世界大战以后，欧洲许多国家面临着战后重建的任务，复原在战争中遭到破坏的历史建筑也是当时重建工作的重要内容。在一些城市中由于战前缺乏对历史建筑的档案记录，或战争中档案失散，又没有对要复原的历史建筑进行深入的研究，导致了这种复原陷入了一种表面形式的法式复原的误区当中。这种现象引起了国际文物建筑保护运动的广泛关注，在有关国际组织的推动下，人们对文物建筑的保护问题进行了广泛的讨论，并建立了相关的国际机构，进行文物保护的专项研究，提供技术的支持，如 20 世纪

50 年代成立的罗马国际文物保护及研究中心（ICCROM）。在这样一种基础上 1964 年第二届从事文物建筑保护的建筑师、工程师大会(即后来的国际古迹遗址理事会——ICOMOS）通过了著名的《威尼斯宪章》，奠定了现代文物建筑保护侧重于历史价值保护的理论基础。如前文引述的那样，《威尼斯宪章》对复原要求采取特别慎重的态度。

从历史建筑价值的角度，历史建筑的复原是不可能实现的。这是由于历史是一个不断发展变化的过程，在这样一个不断延续的过程中，历史的痕迹（历史信息）不断沉积在建筑上，构成了文物建筑的历史风貌和更为重要的历史价值。事实上文物建筑的历史价值包括两个要素：一个是初建时创造它的那些工匠融入的创造力和他们的灵魂与精神，另一个则是在历史长河流动过程中的积淀。而复原在这两个方面都不可能有所作为，因为从第一种意义上，复原不可能重现当年工匠初创这座建筑的情景，也不可能再有同样的创造力和激情，尽管可以采用同样的技术和材料，但作为工程主体的人却不可能再现。这令人想起一个古老的哲学命题“人不可能两次跨入同一条河流”。从第二重意义上，要再现历史在建筑上的积淀则更是无法实现的事实。如同雅典卫城上的伊瑞克提翁神庙的女像柱，尽管能够准确复制原件的那种历尽沧桑的面貌，但这种复制的面貌，并不是真实的历史，因此它在感情上也不可能唤起人们面对原物时所感受到的那种震撼。事实上复原的建筑与真实存在的建筑的差别如同蜡像与真实的人之间的差别。这种差别在逻辑上是不可能消除的。

在一个相当长的时期中，复原是我们中国文物建筑保护界追求的一种保护文物建筑价值的措施，于是在一个时期中引发了关于文物建筑的保护是应当整旧如旧，还是整旧如新的争论。争论的结果尽管强调了对文物建筑现状的保护，但并未真正解决如何对待文物建筑复原的问题。在 1986 年文化部颁布的《纪念建筑物、古建筑、石窟寺等修缮工程管理办法》中规定：“纪念建筑物、古建筑、石窟寺壁画、造像、古碑石等修缮工程，应严格遵守‘不改变原状’的原则。‘不改变原状’的原则，系指始建或历代重修、重建的原状。修缮时应按照建筑物的法式特征、材料质地、风格手法及文献或碑刻、题名的记载，鉴别现存建筑物的年代和始建或重修、重建时的历史遗址，拟定按照现存法式特征、构造特点进行修缮或采取保护性措施；或按照现存的历代遗存、复原到一定历史时期的法式特征、风格手法、构造特点和材料质地等，进行修缮的原则。”⑦

这种模棱两可的文字十分清楚地反映了我们在复原问题上的态度。

中国的历史建筑复原，又必须面对另一重的困难，即缺少必要的形象资料。由于中国古代大量的建筑活动主要依靠工匠的口传心授，没有准确的施工图纸保存或流传下来，能够看到的大多是一些画家的界画。这些界画由于并不一定是对建筑准确的描述，在创作过程中往往融入了画家的主观因素，这就使得这种界画的准确程度并不足以成为复原设计的基本依据。

法式制度是我国历史建筑复原设计的基本依据之一。根据宋李明仲编写的《营造法式》和清工部编制的《工程做法则例》以及反映南方民间做法的《营造法源》，我们可以从总体上了解北宋时期和清中期官式建筑及江浙民间建筑的基本做法。但显然这种做法是具有时间性和地域性的。脱离了时间和地域的限定，这种做法的准确性便值得怀疑了。特别是在我国的传统社会中，由于社会经济发展的不平衡以及不同的地方建筑传统和建筑发展相对于社会发展的滞后性，使得各地的建筑做法之间存在着相当大的差别。这使得复原设计往往缺少有说服力的形式依据，在准确性上更难以令人信服。事实上这也是为什么我们进行的复原设计没有十分成功的先例的根本原因。甚至对存在的建筑的局部复原，也往往造成对原有历史价值的损害。由于缺乏准确的形象资料，对已不存在的历史建筑的复原比对现存建筑的局部复原势必更为困难。

对于复原项目而言，雷峰塔具有非常典型的意义。首先，经过多方面的研究，雷峰塔的历史基本上是清楚的；第二，根据这些研究，雷峰塔在历史上由于重修和破坏曾有不同的形态，这些形态表现为：

初建时拟建的“去地千尺”的十三层塔，977 年建成的八面七层楼阁式塔，1171 年南宋时修复的八面五层楼阁式塔，明代的木结构部分被焚毁后仅存砖质塔心的形象，以及 1927 年倒塌后的遗址。

雷峰塔的这些不同的形态都是特定历史条件、社会文化背景的展示，具有独特的历史和文化价值，难以判断哪一种形态所表现的价值更为突出。或许初建时的面貌更能反映建塔时的基本构想和原有的设计思想，而且由于时代较早对它的复原似乎对全面认识中国古代建筑形制的演变具有更重要的意义。但也有一部分学者认为，南宋时期修复后的五层八面的塔存在时间最长，最能代表雷峰塔历史的主体部分。同时，明代残毁的砖塔心由于曾有许多明、清及近代的文人墨客吟咏，这种形态的雷峰塔似乎已成为西湖风光的一个组成部分，特别是由于这种形态的雷峰塔曾有一些照片流传下来，因此被杭州市民普遍认同为是雷峰塔具有代表性的形象。这种认同感在杭州市民对有关雷峰塔重建方案的投票结果中十分清楚地表现了出来。事实上这种对于雷峰塔复原形式的分歧是所有类似的复原项目都可能面对的问题。复原方案难以针对这种复杂的情况作出有充分说服力的论证。显然，从复原的角度并不存在哪种方案更为合理的优势。

复原理由之一，是希望通过复原再现历史建筑的那种历史面貌，而普通市民则希望通过复原来展示“古代的建筑艺术”。但无论是从理论上或是实践上，复原都是无法达到这样一种目的的。复原仅仅是一种造型的复原，它无法再现曾经发生在建筑这种物质载体上的历史事件，复原后的建筑只是原来建筑的复制品，并不具有历史价值。而复原是一项现代工程，并非古代工匠的创造，就更无从谈到展示“古代的建筑艺术”了。

在雷峰塔重建方案的征集、展览和群众、专家投票评选过程中出现了一些非常值得注意的现象。参观方案展览的市民大约有40%的人对方案进行了投票，投票者中有40%投了复原成残毁塔心状的方案的票，而专家投票的结果却是复原成南宋八面五层塔的方案获得了最高的票数。这种对于复原的根深蒂固的传统意识是我们在对文物建筑进行科学的针对不可再生、无法重现的历史价值保护时需要特别重视的问题。

有趣的是无论采用哪种复原方案，都无法解决两个带有根本性的问题，一个是保护雷峰塔现存遗址的问题，另一个是解决雷峰塔满足当代旅游功能的问题。事实上，解决这两个问题是雷峰塔工程的先决条件。如果复原雷峰塔，不论是哪个时代的雷峰塔的形象都应当在雷峰塔的原址上重建，只有这样才可能重现雷峰塔与整个西湖风景区之间的景观关系，如果脱离原址，新塔便失去了雷峰塔名义下存在的理由，如同我们在世界公园中"重建"的埃及金字塔或者宋城中重建的东京汴梁的市井风光一样，仅仅是一个写意的模型而已。但要在原址上建造新塔又必然造成对现存遗址的破坏。与新塔相比，作为历史上曾经存在的雷峰塔的遗存，遗址从文物的角度显然具有更重要的价值。另一方面由于按照传统结构、传统形式、传统材料新建的雷峰塔（这几个方面再加上原有地点是复原设计的基本条件）无法满足现代旅游功能的需要，而解决现代旅游功能又是新雷峰塔工程必须面对的问题，也是建造新雷峰塔的先决条件之一。除了以上两个方面外，最根本的一点是无论采取哪种复原方案，即便是保留下部分照片的残塔也都仍然缺乏充分、准确、可信的形象资料，在复原的过程中难以避免臆测的成分，特别是在建筑的细部造型、装饰方面都难以做出唯一的令人信服的方案。事实上复原在这里走入了死胡同。

从这个角度我们或许要钦佩罗伯特 · 文丘里的智慧。1972 年到 1975 年，他在复原位于费城的富兰克林故居时采取了一个极为聪明的方法：并不直接去重建那些早已毁坏的建筑，而只是依据考古发掘的平面，用金属框架勾勒出了富兰克林故居的大致轮廓，既象征性地表达了故居建筑的位置和空间关系，又避免了缺乏根据的臆测和可能出现的争议。对遗址的展示，则是通过地面镌刻的各种相关的说明文字引发了人们对故居的想象。作为一个现代工程，它又表现出强烈的时代性。显然在这种被称为"后现代主义"式的文丘里幽默中隐藏着严肃和真诚。

这使人联想到关于修复或重建圆明园的讨论。事实上对复原病态的追求从另一个角度表现了对历史、现实和未来的态度，无论怎样复原，历史都不可能重写，试图通过复原而忘却那段令整个民族刻骨铭心的历史的企图是非常危险的倾向。这表明我们仍然需要历史唯物主义的教育。

复原是对历史的一种态度，在文物建筑保护工作中，为了达到保护历史遗存的目的，甚至为了更清晰地表达原有建筑与环境之间的关系和整体的完整性，局部的复原在有准确依据的情况下是可以采取措施的。但那种试图修饰历史或者缺乏根据地盲目复原则是对文物历史价值的损害，应当绝对避免。这一思想在1964年的《威尼斯宪章》中已得到阐释。长期以来，一直有人对《威尼斯宪章》中提出的原则对木结构文物建筑的适用性表示怀疑。或许1999年国际古迹遗址理事会（ICOMOS）通过的《木结构文物建筑保护标准》能够更有针对性地对这一问题作出阐释：

“保护的基本目的是保持文化遗产历史真实性和完整性。所有的措施因此都应当基于充分的研究和评价。相关的问题应当在尊重审美和历史价值及历史建筑与环境的完整性的基础上加以解决。”

“修复的目的是保护历史建筑和它的附属功能，以及按照《威尼斯宪章》第九款到第十三款所指出的那样通过改善建筑的历史完整性，通过有限的历史遗存的存在所反映的建筑的早期状况和设计思想的可识别性。历史建筑上被改动的部分和构件应当编目，并将具有典型性的实物作为档案材料的一部分永久保存。”⑧

从这些文字中不难看出《木结构文物建筑保护标准》与《威尼斯宪章》之间的继承关系，这种关系表达了建立在对文物建筑历史价值的理解基础上的国际文物建筑保护原则的一致性。

文物建筑局部复原是一项具有很强的科学性、专业性和政策性的工作，必须建立在充分研究和掌握准确的形象资料的基础上，同时为了最大限度地保存文物建筑的真实的历史面貌，必须把这种局部的复原控制在一个尽可能小的范围内。而已毁的历史建筑的整体复原，从文物建筑保护的角度，特别是在没有充分、准确的形象资料之前不仅完全没有积极的意义，甚至正如拉斯金在100年前所指出的那样：是一种给历史建筑“留下虚假形象的破坏”。因此对已毁的历史建筑而言，并不存在真正意义上的复原。而根据当代的功能要求的重建则是一种当代的建造活动，已不属于文物保护的范畴。

注释:

① 见同济大学规划设计研究总院 . 杭州市雷峰塔可行性研究方案。

② B. M. Feilden. *Conservation of Historic Building*, London, 1982。

③ Jukka Jokilehto. *A History of Architecdual Conservation*, Oxford, 1999。

④ 国家文物局法制处 . 国际保护文化遗产法律文件选编，北京：紫禁城出版社，1993。

⑤ 陈志华 . 保护文物建筑和历史地段的国际文献，台北：博远出版有限公司，1992。

⑥ 陈志华 . 保护文物建筑和历史地段的国际文献，台北：博远出版有限公司，1992。

⑦ 国家文物事业管理局 . 新中国文物法规选编，北京：文物出版社 . 1987。

⑧ 原载于：《建筑史论文集》（第 13 辑），2000 年 10 月。原文为：The primary aim of preservation and conservation is to maintain the historical authenticity and integrity of the cultural heritage. Each interventionshould therefore be based on proper studies and assessments. Problems should be solved according torelevant conditions and needs with due respect for the aesthetic and historical values, and the physical integrity of the historic structure or site.

The aim of restoration is to conserve the historic structure and its loadbearing function and to reveal its cultural values by improving the legibility of its historical integrity, its early state and design within the limits of existing historic material evidence, as indicated in articles 9-13 of the Venice Charter. Removed members and other components of the historic structure should be catalogued, and characteristic samples kept in permanent storage as part of the documentation.

原载于《建筑史论文集》（第 13 辑），2000 年 10 月

历史建筑修复的“真实性”批判

常青

引子

笔者在《建筑遗产的生存策略》一书的开篇中就认为，“历史建筑”是一个模糊的大概念，如果用来泛指历史上留下来的建筑，也就失去了学术研究和实际运用的意义。因为一提“历史建筑”，就牵扯到“保护”。然而人类怎么可能，又有什么必要非得不分青红皂白地保护所有的“历史建筑”呢？那么现代意义上的保护是何初衷？西方启蒙时期以来的考古学、博物馆学、艺术史理论和遗产保护的思想、制度、法规等都围绕着一个主题，就是对具有历史价值的人类遗存物进行科学的保护。而所谓的“历史价值”主要就体现在：第一，可以保留对逝去事件的记忆（Memory）；第二，可以保存人类造物的标本（Sample）；第三，可以作为象征性纪念物表达某种场所的精神（Symbolism）。因此，本文所谈的“历史建筑”，就是指具有历史记忆价值、标本研究价值和文化象征价值的狭义“历史建筑”，而且不单单指建筑物，其内涵也可延伸到历史街廓甚至历史城市。

历史建筑保护的首要问题，是体现上述价值的基本前提是否存在，也就是保护对象是否具有历史的“真实性”（Authenticity）。然而何为历史的“真实性”，历来存在着不同的解读和诠释，也是本文讨论的一个重点。假设历史“真实性”的前提能够确定，那么对岁月痕迹和天灾人祸造成的现状应该如何处置，便是紧随其后，争议更大的难题，即历史建筑能否修复？怎样修复？是现状维护还是原状复原？并且，价值判定和保护操作的落实，不仅仅囿于专家领域和专业范围，也不是一种可以独立存在的事体，从某种意义上可以说，历史建筑保护是关联到政治、经济和文化走向的社会性工程事件。

从国际发展趋势看，历史建筑保护已经成了21世纪人类可持续发展的重要议程之一，无论从物质资源还是从文化资产上看，均是如此。然而令人遗憾的是，在保存文化遗产已成为人类社会的普世价值观的今天，仍然有不少地方为了房地产开发的需要或其他短视的利益诉求，不惜毁弃保存下来的珍贵历史建筑遗产，且有不少都是在社会不知情中被“秘裁”掉的。对此，欧洲的一些重要修复工程介绍是向公众开放的，修复示意图就广告在工地外，为的就是将其作为公共资源付诸社会监督。但历史建筑同时也是物质资产，所有者和使用者首先考虑的是自己的切身利益，这再正常不过。当保护损害到他们的权益时，就谈不上赞成保护了，常常宁愿自己的房子不要沾到保护的边。而保护政策和补偿措施又使遗产的所有者或使用者处于弱势和利益受损的地位，他们实际上往往以此作为物质价值筹码来维护自己的权益，而非像我们这些非利益攸关者一样，为社会和历史的责任感而奔走呼号，不时会被讥为“站着说话不腰疼”。反观西方，已经走过了历史建筑保护的初级阶段，保护已是生活方式的组成部分，无论对城市，还是对城市人而言，历史与我同在，同时也是城市多样性的体现，这种理念早已深入人心。也就是说，包括普通百姓在内的社会各阶层，已不仅仅把建筑遗产看作物质层面的空间，而且也看成是他们的精神家园。不断改进的保护法规也维护了建筑遗产所有者的权益。由此想到了我们这个社会目下最欠缺的，就是保护观念的普及和保护法律法规的健全。

在此方面，上海总体上还是走在国内前列的，在旧城改造中针对历史风貌区和历史建筑的现状和价值制定了相应的保护法规和分类保存及修复导则，公认最重要的历史建筑大都比较完好地保存了下来。但还有不少价值较高，尚不具备受保护身份的历史建筑处境不妙，或在争议中被拆除，或以为拆除重建就可以追回历史价值。从全国范围看，问题或许更为严峻。

因此，到底保护什么？如何保护，也即历史建筑的价值“真实性”和保存修复过程中如何确保历史“真实性”等问题，有必要在此作广泛的讨论。

一、修复的“真实性”

历史建筑和古董类文物不一样，后者多半可以保持“原真”，而前者是建造物和使用空间，既往的修葺变动是常有的事，不可能全都维持原状，但“真实性”（Authenticity）却是必须面对的，因为这是历史建筑的根本价值所在。问题是怎样看待“真实性”，今天的修复怎样把握时空尺度，恢复到初建，还是历史上某个时期，这很复杂，一言难尽。首先必须明确，“真实”不等于“原真”，并非特指“原初”，而是建筑在不同时期演变中“真实”的盛加，我们若追求“原真”，就把这个意义延伸了、形而上了，结果给自己出了难题，因为就大多数历史建筑而言，严格意义上的“原真”其实是不存在的。中国传统上把宫殿坛庙和典章器物均视作文物，但古人并不看重建筑本身的长存（如杜牧“六朝文物草连空，天澹云闲今古同”的感叹就可说明之）；而是本着循环往复的观念，采取“朽者新之”、“废者兴之”、“残者成之”的修复态度，不但移梁换柱习以为常，就是拆改重建也在所不惜。事实上，中国古代建筑意匠真正重的是“法式”的存续，而非“原样”的永续。比如北京故宫的一些重要建筑，明永乐和清康乾就有不少的变化，从清末到当代也有过数次修缮和局部的改动。假如再次修缮，要修到什么时空状态呢，是现状维修呢？还是恢复到某时期的原状？这是有很大争议的。比较的看，这一争议根源于西方的启蒙时代，以“风格”进行艺术史分期，使“复活”（或“复兴”）某一历史时期的艺术风格有了学理和形态学上的依据，同时也引发了18-19世纪对古迹过度修复的热潮，以致混淆了“古迹存活”（Survival）的“修复”与“古式复活”（Revival）的“重塑”之间的界限，即修复、复原与新建、重建被混同了。如在法国大革命以后的一段时期和英国的维多利亚时期，把中世纪留下来的大量建筑遗产（以教堂为主）作了改头换面、根据不足的形态改变和风格美化，抹去了建筑中许多真实的历史信息，造成了“破坏性修复”的后果，招致了比隆（Lord Byron）和拉斯金（John Ruskin）等价值原真论者的严厉批评和彻底否定，由此也催生了后来欧洲各国的现代古迹保护法。直到20世纪60年代，主张保护中的历史真实性和修复后新旧可识别性的《威尼斯宪章》，作为一部国际纲领性文献，也与之有着直接的思想脉络关系。值得注意的是，这种追求风格复原的观念和作为在20世纪的中国也有重演，如五台山南禅寺大殿、福州华林寺大殿、上海真如寺大殿等等，外观和内部经过历代的变化，已无法确知原初特定的样子，为了“再现”原初风格，当代就按唐式、五代和元式进行了重修重改，结果既不“原”也不“真”，好在内部构架的一些基本形制特征仍存在，故还不能算作完全重塑的“假古董”。

往事无可追，今世犹可鉴。看来历史建筑的“真实性”，其实是启蒙现代性以来，在两种价值理性的冲突中最终产生的。一种是改变现状的历史风格复原，一种是维持现状的历史信息保存，二者孰是孰非在价值判断上似乎早有定论，但在实际操作中却难以以偏概全。这是因为，历史建筑的“真实性”本身就属于历史范畴，存在着变化中的复杂与矛盾，我们要避免重复前人在保护理念和操作上的失当，就必须正视历史建筑演进中的这种复杂与矛盾，辩证看待和处置历史留给我们的“真实性”。

那么到底怎样保存和修复才算比较恰当，对于敏感而又不得不做的修复，即使18-19世纪欧洲古迹修复运动的始作俑者维欧勒·勒·杜克（Eug è ne Emmanuel Viollet-le-Duc）和斯科特（George Gilbert Scott）等风云人物也都认为，对古迹和古代艺术的过度修复无异于对其的摧毁。而只做拉斯金式的绝对保存并摈弃修复，对多数持续使用的历史建筑和一些有特殊复原意义的历史废墟来说也是形而上的清谈。相较而言，19 世纪中叶英国弗里曼（Edward Augustus Freeman）提出的将“保守修复”（Conservative）原则与“折中修复”（Eclectic）策略相结合，似乎是一种比较明智的选择。但到了 20 世纪 30 年代，体现“保守修复”原则的“最小干预”，似乎已成了欧洲对“修复”定义模糊而又十分严苛的“基本教义”。实际上，对历史建筑保存与修复这样复杂与矛盾的问题，只能根据对象区别对待，起码“真实”是各个时期变化的叠加，对这些叠加要根据其价值进行具体分析，以充分的断代修复理由和历史资料作支撑，方能作出合宜的取舍判断和选择。

笔者的亲身感受，来自数年前主持上海外滩 9 号轮船招商总局大楼修复和再生工程的经历，这一修复工程是恢复一座百年建筑的原貌并改善其内部使用空间。这座建筑在修复前已历尽沧桑，坡屋顶被拆掉，外廊被封死，美丽的红砖墙被水泥砂浆覆盖，完全看不出历史原状了，但有历史图像和实测资料为依据，做比较逼近历史真实的保存和修复设计既是必要的，也是可能的。本工程设计最终选择了严格按历史原状恢复外廊、红砖墙、坡屋顶和山花。有人提出，现状也是一种真实，没必要完整修复，但毕竟是在上海的外滩，维持现状的意义远不及恢复原貌来的得大，现状的“真实”和历史的“真实”孰轻孰重是不言而喻的。

二、历史真实与生活现实

对于复原，应区别对待，如西安的唐朝西市工程，不能称“复原西市”，从历史真实性来说，根本没有可能，因为唐朝西市留到今天影儿也没有，也没多少文字和图像资料可资参考。但借助原来的地望做唐风名义下的文化商业开发，并实事求是地说明项目的性质，就无可厚非，也与本文话题无关。绍兴重建了部分已逝的水乡景观区，拿了联合国奖，很有成就。应当说，历史上风土形态的两大类，昔日的水乡空间形态，如水系、老街、空间尺度、肌理等；和水乡生活形态，如原住民及其乡风民俗等，至少是部分延续下来的，那么对老房子进行复旧重建未必不可，在本话题的语境之内。但如果以上历史风土形态皆无存，只是借地望打造复旧观光景区，就是另一回事，没必要当成保护与再生案例在这里讨论。绍兴的例子属于哪一类可以研究，但起码从保护与再生的语境出发，对于历史风土街区，关键不在于房子是不是原物，而在于历史风土形态是否在一定程度上还存在。杭州的胡雪岩故居是整体修缮加部分复原，如果是名人故居就应尽量真实反映历史，主要看故居主体格局和历史信息在修缮后是否保持，如果复原推断所占的比例不大，就不能否认它的成绩。实际上，只要动手修，就是干预了，就会有所改变，我们强调“最小干预原则”，但也坦承历史是不可能百分之百真实复原的，把好这个“度”才是问题的关键。至于修复前后的识别性，即《威尼斯宪章》关于修复痕迹的保留原则，是否适合中国传统木构建筑的实际情况，这一点存在很大争议，在此不展开讨论。再如周庄，是个保存修复和旅游开发的案例，许多景点都是后来重修的，只能说是大部分真实，但整个村落基本格局还在，其保存和开发的目的很明确，就是打造风土观光产品，生活形态也改变不小。对真实性要辩证地看，重要的是把其复杂性和矛盾性解释出来，这类例子涉及现实生活的延续，整体上属于风土聚落空间，不同于单个重点保护的历史建筑，主要强调建筑本身的历史真实性。因此必须首先解决历史真实性和生活现实性的复杂与矛盾问题，不这样，这类对象的保护往往就成了空谈或官样文章。

三、应不应在废墟上重建？

历史上的建筑废墟，要慎重对待整体的复原——重建。古代已毁的重要遗址，基本不可能有确切的资料依据进行复原性重建，只能做些复原研究。近现代毁掉的历史建筑，能不能在原址上复原性重建，需要研究，不能一概而论，如经过必要性和可能性的充分论证，有翔实的史料、图像和实测资料，又与保护法规不冲突，应是可以考虑的。事实上，欧洲两次世界大战中被摧毁的历史纪念物有许多都得到了复原或重建，近来欧洲该专业领域还在探讨一些重要废墟的重建问题（heritage reconstruction）。但只有在对象特殊，确有把握时方可考虑施行，因为重建一座历史建筑既不难，而要恢复建筑上所承载的历史信息和由时间、事件所积累起来的历史价值就难乎其难了。笔者认为对有特殊意义的废墟应坚决反对复原性重建。比如圆明园遗址，就是个有特殊意义的历史废墟，是国耻纪念地，即便有充分图像和史料根据，也不应搞原址复原性重建。而不在原址上的“重建”更和复原无关。浙江横店要“重建圆明园”，这和北京圆明园有什么关系？不过是很常见的炒作事件而已。至于媒体，根本没必要把影视城里搭个历史实景这档事儿拉到保护语境中当由头，因为偷换了概念，而且会引起社会有关方面不必要的激烈反应。北京某报记者就此要作采访，我回避了，但请其转告横店“重建圆明园”方面，第一不能叫“重建”，因为横店没有被授权“异地重建”有法律身份的历史景观；第二，横店如果真的要100%“复原”圆明园，小心赔钱，因为圆明园景观只有一部分具有商业观光价值，何况珠海已经有一个了，人家叫“圆明新园”，是旅游观光项目，也没冠名权争议。

总之，对于废墟的复原性重建一定要具体问题具体分析，反对新建筑仿古或废墟上胡乱复原，就鄙视任何情况下的复原性重建，把两者混为一谈是形而上学的。实际上有时候不复原、不重建行吗，第二次世界大战后，伦敦、柏林等欧洲城市的历史建筑大都被炸毁了，不重建怎么恢复城市精神底蕴的载体嘛。特别是一些历史建筑要恢复内部空间和使用功能时，更不可能维持废墟状态。

四、如何在重建中保留废墟？

复原性重建除了其他外在的价值和意义，其本身内在的价值和前提，是尽可能多地保存尚未丢失的历史信息，刚刚发生的上海新天安堂拆除重建事件，虽是此类工程的一个特例，但在保护观念和认知上的偏差，却有一定普遍性。对上海的大都会历史和外滩源历史景观而言，这座建筑拥有近代精美的清水砖墙和砖作雕饰，虽历百年，满目疮痍，塔楼尖顶缺失，内部严重破坏，特别是2007年的火灾又将上部屋架焚毁，俨然已成废墟。但对外观起决定作用的墙体尚保存完整，一旦拆散夷平，原址原貌的时空价值和历史信息在复原性重建中便会大打折扣，最后采取的拆除重建方式是十分令人遗憾的，这同传统木构架的“落架大修”并不是一回事。虽然设计和施工方事前事后考虑了补救措施，如保存部分砖、木构件并分类编号，对墙面拱券脱模留底等，但对这种砖饰墙面作为重要历史特征之一，且原物还在，又确定为保护对象的历史建筑，拆除重建方式却是一种应避免的、具破坏性的不当处理方式。因为“落架大修”是指对中国传统木构架的落地维修，本来这种结构就是装配式的，拆开来还可组装上。但对那些具有精美形体和肌理变化的历史建筑墙体，特别是带装饰的清水砖墙，由于是以特定时代的砖材、砖饰和砖工工艺筑就，加上历史岁月留下的痕迹，一旦拆除，很难再原汁原味地复原，也无法弥补随时间积累起来的历史信息及其价值的缺失。这就如同先把古董瓷器打碎，再粘合起来或制作个复制品一般道理。

除了大家熟悉的澳门“大三巴”巴洛克教堂墙面的原址保存，这里不妨再举几个欧洲废墟重建的例子。

第一个例子是柏林议会大厦废墟部分的创造性重建。这座建筑中央的重建部分与周边的保存部分在材料和结构上反差强烈，反倒体现了新旧区分的可识别原则。中央的废墟重建为一个体现当代生态技术的屋顶平台和玻璃穹窿；周边则完全突出保存和修复的理念，甚至连“二战”炮火痕迹，特别是攻克柏林留下的记忆，如弹孔、苏联红军的题字等都作为历史信息保留着。

第二个例子是上海姐妹城市汉堡的易北音乐厅，在历史上一座著名的仓储建筑上建造，为了在新建筑出现的同时，留住历史地标的一段记忆，施工时硬是以钢架支撑住原建筑仅40余年历史的红砖墙，使之保存下来。

第三个例子是瑞士卢塞恩的卡佩尔廊桥，建于1333年，是欧洲现存最古的木构廊桥，1993 年遭大火焚烧，灾后照原样重建，但将过火后的残存桥体结构予以保留，连构件焦黑的表面也未作去除，为的是让原物部分与新补加部分清楚区分，并将火灾本身作为事件记忆下来。

此外，我们在西藏日喀则复原重建“文革”时期破坏的桑珠孜宗堡（“小布达拉”）时，也遇到相似情况。这座历史上宏伟气势仅次于拉萨布达拉宫的建筑，上部堡楼被完全捣毁，但下部的堡台墙体大部还以废墟形式存在，本来被要求拆除重建，以免原址原样保存所需的费时费工费钱，但这样做，时空价值和历史信息将随之丢失，所以我们在当时坚决否定了对堡台废墟的拆除重建方案，确定将其原址原物地完整保留在复原重建的宗堡形体之中，并使二者间识别性明确。

一句话，历史上的损毁破坏虽无可追，但今日的拆除重建却不可为，这应是废墟上复原性重建的基本原则。同时这也说明，历史建筑保护工程是高难度、高风险的工程类型，涉及价值观、方法论和技术水准等不同层面，需要业内同仁共同切磋探讨来改进和提升。

五、关于“非复原性”重建

有时候，为了文化和商业上的需要，在个别不具特殊历史价值的废墟上做“非复原性”的重建也并非绝对禁地，合情、合理、合法是前提。雷峰夕照是历史景观意象，历史上那座已毁的塔几乎难以复原，因为图像、文字资料稀少，复原依据不足。但重建一座仿古形式的塔，有景观补偿价值；用新塔做地宫博物馆，有保护地宫原物价值。现在做的这个仿古塔形，见仁见智，据说香火旺盛，老百姓喜欢。常州天宁寺塔是佛教文化开发项目，属于非复原性的仿古新建筑，和历史建筑保护无关。这一类“非复原性”重建项目应该放在保护语境之外去讨论。

注释和参考文献:

[1] Paul Spencer Byard.The Architecture of Additions: Design and Regulation[M]. NewYork: W.W. Norton&ComPany, 1998.

[2] James Marston Fiteh. Hisroric Preservation: Curatorial Management of the Built world [M]. University Press of Virginia, 1990.

[3] Jane Fawcett (Ed.). The Future of the Past: Attitudes to Conservation, 1147-1974[M]. London: Thames and Hudson Ltd. 1976.

[4] Tsehudi Madsen Ste Phan. Resroration and Anti-Restoration: A Study in English Restoration Philosophy [M]. Universitets for laget, 1976.

[5] 常青. 历史环境的再生之道——历史意识与设计探索 [M]. 北京：中国建筑工业出版社，2009.

[6] 常青. 建筑遗产的基本属性与处置方式 [J]. 时代建筑 2008（2）（副刊）.

[7] 常青. 建筑遗产的生存策略——保护与利用设计实验 [M]. 上海：同济大学出版社，2003.

原文刊载于《时代建筑》2009 年第 3 期

遗产原真性 · 旅游者价值观偏好 · 遗产旅游原真性

徐嵩龄

一、引言

很欣喜看到，“原真性”概念正进入我国旅游研究领域。这一概念源自文化遗产科学，是现代遗产保护科学的灵魂、基本观念和准则。它因20世纪五六十年代“文化和遗产旅游”（cultural and heritage tourism）兴起而进入旅游领域。这有力地证明了旅游科学与遗产科学之间的联系。

我国是一个文化和自然遗产大国，其旅游业基本是依托于遗产资源的遗产旅游。文化和自然遗产就其物质性态、内在价值和产权属性而言，属于一种特殊性质的资源。因此，我国旅游研究一定要注意与遗产研究的衔接和协调，其中，最重要的有两类协调：一是旅游经济学与遗产经济学的协调，尤其是制度层面——即旅游经营制度与遗产管理制度——的协调；二是旅游景点的规划和设计与遗产保护科学的协调，尤其是价值观层面的协调。回顾自20世纪90年代中期以来我国围绕遗产旅游的多次论争，无不发生在旅游界与遗产界之间，无不与“制度”和“价值观”这两大主题有关。令人高兴的是，近些年来我们已经看到我国旅游研究向遗产研究的接近和接纳。在遗产旅游制度方面，张朝枝进行着有意义的探索[1]。在遗产旅游的价值观方面，现正出现对“原真性”概念的关注。周亚庆等人对国际和国内这一研究方向的综评[2]，就是一个证明。可以预期，对这一概念的讨论和阐释，将会成为我国文化和遗产旅游研究中极具理论和实践意义的热点。很期望我国在这一问题上能有自己的创见和知识贡献，从而有助于协调旅游活动与遗产保护的关系，建立和发展在文化和遗产旅游规划和设计方面的价值观共识，将这一旅游提升到新的文化层次。

自20世纪50年代旅游开始作为新兴产业发展以来，文化和遗产旅游一直是世界旅游业的主体。它主要依托于遗产文化，同时也利用当代文化。在遗产文化中，它既依托物质类文化遗产，又依托非物质文化遗产，还依托包括生物、生态、地理、地质资源在内的自然遗产。这些自然遗产旅游与生态旅游，或因其中包含原住民社区，或因自然遗产具有文化、宗教符号价值，因而亦有着相当的文化内涵。“原真性”进入旅游科学领域，发端于文化遗产界对当时文化和遗产旅游中“非原真性”（inauthentic）现象的批评。波斯汀（Boorstin，1961）[3]是将“原真性”概念引入旅游界的第一人。他是获得普利策奖的美国历史学家。此后相继进入这一批评阵营的代表性人物中，麦坎奈尔（MacCannell，1976）[4]是美国景观建筑学家，赫温森（Hewinson，1987）[5]是英国文化历史学家，罗文赛（Lowenthal，1993）[6]是英国文化遗产专家。正是遗产界的这种持之以恒的批评，推进着旅游界对原真性概念的思考和研究，促进这一概念在旅游科学中的生根和发展。20世纪60年代开始的这一论争，既发生在遗产界与旅游界之间，此后又发生在旅游界之中，并一直延续到21世纪。国际旅游学术界在2000年作跨世纪回顾时，称之为“巨大的论争”（the great debates）[7]。在遗产领域，“原真性”是一个文化价值观概念[8]。进入旅游领域，它又被人们的哲学观丰富着、变化着。因而可以肯定，这一论争仍会继续，其内容会不断更新，从而提升旅游的文化和精神内涵。

我国旅游界在原真性概念方面的工作，现尚处于对国外旅游界中萌生的各种观念的介绍的阶段，主要围绕着“客观主义原真性”（objectivist authenticity）、“建构主义原真性”（constructivist authenticity）、“后现代主义原真性”（postmodernist authenticity）和“存在主义原真性”（existentialist authenticity）等提法。这些介绍较为肤浅，有欠精准：第一，未能与文化和遗产旅游的缘起科学——遗产科学中的“原真性”概念联系起来；第二，未能从国际旅游界的“巨大论争”角度对这些提法的意义与缺失进行认识；第三，未能从国内外文化和遗产旅游实践角度检验这些提法。

本文着眼于“原真性”概念与遗产科学、旅游价值观、文化和遗产旅游之间的关系，并主要讨论四个问题：“authenticity”的中译；遗产科学对“原真性”概念的认识发展；从旅游价值观层面对当代旅游者在文化和遗产旅游中的原真性偏好进行评论；“原真性”概念在文化和遗产旅游中的具体处置。

二、为什么应将“authenticity”译为“原真性”

我国旅游学者对“authenticity”的中译，依然采用我国文化遗产界过去沿用的“真实性”。这既不确切，也不贴切。它从一个侧面说明我国旅游界对“原真性”概念的起源学科——遗产科学——的忽视。现在我国愈来愈多的文化遗产研究者接受和采用“原真性”这一译名。

“authenticity”是一个拉丁语系术语。国际遗产界一致认为，将这一重要概念准确地转译为其他语系，是相当困难的①。一位长期为国际文化遗产事业服务的日本学者认为，没有一个传统的亚洲术语能与这一拉丁语系的术语完全一致[9]。可见其翻译之难。

“authenticity”是一个多学科使用的术语，如人文科学、法学、哲学、计算机科学等。为了翻译这一术语，首先应理解这一术语的外文原意。国外文献（词典类工具书、国际条法和规则类文件）大体从 3 个角度阐释“authenticity”一词：

其一是一般性角度。《韦伯斯特大学辞典（第 9 版）》（Webster. s Ninth

New Collegiate Dictionary，1983）“authentic”词条中的解释，包含4个关键词：authoritative（权威性的），fact or reality（事实或真实），trustworthy（值得相信的），original（原初的）。

其二是人文科学角度。《维基百科》（Wikipedia）在艺术、考古、文物研究和法学领域，对“authentic”的定义是“the truthfulness of origins，attributions，commitments，sincerity，devotion and intentions; not a copy or forgery”（在起源、特性、承诺、真诚性、信仰和意愿方面的真实，而不是一个伪造或复制）②。

其三是文化遗产角度。这见诸《关于原真性的奈良文献》（1994）中的说明：“original and subsequent characteristics of the cultural heritage”（文化遗产的原初和后续特征）[10]。

此外，一个概念性术语的准确翻译，应遵循两条原则：（1）应尽可能贴近它在原语种、原学科中的原意；（2）应尽可能方便它的回译，确保翻译与回译之间的对应性。

这样，基于上述英文释意和术语翻译原则，可以讨论“authenticity”在遗产领域与文化和遗产旅游领域的中译。

首先应指出，在遗产领域将“authenticity”译为“真实性”，存在以下3个问题：（1）中文“真实”一词包含“真”与“实”两层含义。“authenticity”在遗产科学中的核心含义是“真”，而不是“实”。“实”与“实体”相连，也就是与英文的“physical”之义相连。然而，“authenticity”不仅包含“实体”含义，还包含“非实体”含义。（2）在遗产科学中，“Authenticity”的“真”是与时间相关的，也就是说，是与“original”（原初的）相连的。而“真实”一词不具有明显的时间相关特征。（3）将“authenticity”译为“真实性”，将很难做到回译的对称性，因为对应于中文“真实性”的英文术语不是一个，如truthfulness、reality、genuineness等，而且优先选择并非是“authenticity”。

可见，在遗产科学中将“authenticity”译为“真实性”并不恰当。它的准确中译，应抓住和突出“authenticity”中的“真的”（real）与“原初的”（original）这两个特征。

将它们合成就是“原真性”，即“原初的真”。这既贴近它的英文原意，同时又能保证回译的对应性。应当说，我国遗产界起初将“authenticity”译为“真实性”，反映着对英文原意的认识缺失。尽管它至今在我国政府的一些遗产文件中仍留有余绪，但我国遗产学术界已愈来愈多地采用“原真性”译法。

旅游科学的“authenticity”是与文化和遗产旅游相连的，并且是由遗产工作者引入旅游科学的，因此，它的中译应当遵循遗产科学中的中译，即“原真性”。如果坚持译为“真实性”，不免会弄出诸如“现代生活是不真实的”（inauthentic）”[2]这样别扭的修辞。还应注意，一些采用“真实性”译法的旅游论文中，还使用“存在本真”、“自我本真”[2]等存在主义哲学提法。其中的“本真”来自英文的“authentic”或“authenticity”。显然，这里的“本真”不能用“真实”代替。这说明“本真”与“真实”是不通用的。然而，“原真”是可包容和体现“本真”之意的。综上所述，旅游科学中的“authenticity”应统一规范地译为“原真性”。

三、文化遗产科学对“原真性”概念的认识发展

国际遗产界对“原真性”概念的认识有一个不断丰富和深化的发展过程。它大体可以以 3 个里程碑式的重要文献为标志。

“原真性”最早出现于《威尼斯宪章》[11]。这是 1964 年 5 月在威尼斯召开的“第二届国际历史古迹的建筑师与技师大会”通过的《国际古迹和遗址保护宪章》（International Charter for the Conservation and Restoration of Monuments and Sites）的简称。1965 年“国际古迹和遗址理事会”（ICOMOS）成立，《威尼斯宪章》成为其“宪法”。它首次采用“原真性”，只不过这一术语是以定语方式出现的——“hand them on in the full richness of their authenticity”[使它们（古迹和遗址——本文作者注）能以充分完备的原真性传承下去]。《威尼斯宪章》未对“原真性”进行概念性阐述，

而是将它体现和落实于遗产保护的具体操作层面。

第二个重要文献是《关于原真性的奈良文献》（Nara Document on Authenticity, 1994年[10]，简称《奈良文献》。这是1994年11月由日本文部省与联合国教科文组织、世界遗产中心、罗马中心（ICCROM）、国际古迹与遗址理事会（ICOMOS）共同在日本奈良召开了题为《与世界遗产公约有关的原真性》的国际专家会议（Conference on Authenticity in Relation to World Heritage Convention）通过的。这一会议的背景是：文化遗产的保护应当充分考虑遗产所属的文化的多样性、遗产类型的多样性、原真性信息的多样性，以及原真性认证标准的文化特点和多学科性。这些是《威尼斯宪章》未能涉及的。《奈良文献》吸取了澳大利亚的《巴拉宪章》（The Burra Charter[12], 1988）和东亚文化遗产保护的观念。它对原真性概念的贡献在于提出了较为完整的概念框架。

第三个重要文献是联合国世界遗产委员会的《实施世界遗产公约操作指南》（2005）[13]。《保护世界文化和自然遗产公约》（1972）是不随时间而变的，而《操作指南》（1977~ 2005）则经常做不定期修改。原真性概念最早出现于《操作指南》（1997）[14]，基本是对《威尼斯宪章》中原真性思想的概括。它最新的2005年版本是"第28届世界遗产大会"（中国苏州，2004）后推出的。这一版本接纳了《奈良文献》关于原真性概念的全部思想，并作了更准确和细致的表述和拓展，因而具有里程碑意义。

《威尼斯宪章》、《奈良文献》和《实施世界遗产公约操作指南》关于原真性概念的主要内容可以概述于表1。

应当说，《实施世界遗产公约操作指南》（2005）[13]对原真性概念的阐述，反映了国际遗产界的最新共识。这不仅应为遗产界遵循，而且也应为以遗产为旅游目标物的旅游界遵循。如果在遗产地实施一种有违遗产原真性的旅游活动，必然会造成遗产破坏。国内外概莫如此，这是遗产旅游的大忌。

国际遗产界对“原真性”概念的理解的演进 表 1

<table>
<tr><th colspan="2">文献名</th><th>对原真性的阐述解释</th></tr>
<tr><td colspan="2">《威尼斯宪章》(1964)[11]</td><td>体现和落实于遗产保护实践的操作层面
· 第 5 款强调“不能改变布局和装饰”
· 第 6 款和第 7 款强调“要保护古迹周围环境”
· 第 8 款强调“作为古迹组成部分的雕塑、绘画或装饰品是不可移动的”
· 第 11 款强调，不仅要保护“最早的状态”(the underlying state)，而且要保护“所有时期的正当贡献”（the valid contributions of all periods)
· 提出一系列古迹原真性保护的技术举措，它们后来为联合国世界遗产委员会的《实施世界遗产公约操作指南》(1997~2002) 所采纳</td></tr>
<tr><td colspan="2">《奈良文献》(1994)[10]</td><td>较为完整的概念框架
· 将理解与处理“原真性”的基点定位于文化多样性
· 强调“原真性”认证和评价的标准不应固定不变，而是根据不同文化的特征，原始信息的可信度，以及遗产所处的文化环境，进行多学科评价
· 扩展了原真性的信息内容，包括“形态与设计，材料与材质，使用与功能，传统与技术，位置与环境，精神与情感，其他内部因素与外部因素”</td></tr>
<tr><td rowspan="2">《实施世界遗产公约操作指南》(1977~2005)</td><td>1997~2002 年版 [14]</td><td>主要采纳《威尼斯宪章》中的“原真性”思想，并归纳为：“设计、材料、工艺、环境”</td></tr>
<tr><td>2005 年版 [13]</td><td>接纳了《奈良文献》关于原真性概念的全部思想，并做了更准确和细致的表述和拓展：
· 文化遗产的价值判断首要依据它所隶属的文化
· 对遗产价值的认识取决于“信息源”(information sources) 的可信性与真实性程度，并明确界定了“原真性”的信息源包括“所有的物质型、书面型、口头型和图像型的信息来源”
· 对《奈良文献》中有关“原真性的信息内容”部分做了新的扩充，概括为“形态与设计，材料与材质，使用与功能，传统、技术和管理制度，位置与环境，语言和其他非物质遗产，精神与情感，其他内部因素与外部因素”
· 将另一个重要概念——“完整性”(integrity)——引入遗产保护。它被视为“对自然和文化遗产的整体性与未受破坏状况的测度”，并具体定义为：
①包含表达遗产通常的“普世价值”(universal value) 的所有要素；
②有着为完整说明遗产意义的特征和过程的恰当面积；
③能够承受开发和忽视的负面影响
· 将“原真性”与“完整性”一视同仁地应用于文化遗产保护和自然遗产保护</td></tr>
</table>

四、对国际旅游界的“旅游原真性偏好”研究的评论

国际遗产界对文化和遗产旅游提出“非原真性”（inauthentic）批评，正是基于上述对遗产原真性的理解。国际旅游界也正是在对这一批评的思考和回应中，发展自己对旅游原真性概念的认识的。在这一论争中，如果说 20 世纪六七十年代主要是遗产界的攻击期，那么八九十年代则是旅游界的回应期和自身发展期，尤其是 90 年代以来。

国际旅游界回应的学术意义在于开辟了对原真性研究的新视角。这就是“旅游者”视角，更准确地说是“旅游者偏好”视角。国际旅游界对旅游者的原真性偏好，陆续推出多种提法：“客观主义原真性”、“建构主义原真性”、“后现代主义原真性”、“存在主义原真性”。这些新提法的理论和实践意义在于：它突出了旅游者的文化和精神追求，并将这一追求上升到哲学、价值观层面；这不仅拓展了旅游者与旅游目标物之间的相互作用方式和内容，而且提升了旅游者获得体验的文化和精神层次。可见，原真性概念为旅游科学打开新的文化导向之门，为文化和遗产旅游的规划和设计提供了一个新的价值观基点、视角和平台。并且，同样重要的是，这一研究对未来的旅游文化研究有着先导作用和启发意义。当然，上述研究仍在争议之中，仍需完善和发展。

我国旅游研究者在理解和介绍这些理论进展时，应当注意以下三点：

（一）客观主义原真性、建构主义原真性、存在主义原真性、后现代主义原真性之间的关系

上述提法并不能相提并论。它们大体可以分为两个层面：

第一层面是“客观主义原真性”与“存在主义原真性”、“后现代主义原真性”。它们分别代表着旅游者原真性偏好的基本要素，或称为原真性偏好的两极。其中，“客观主义原真性”代表着旅游者价值观的知识性偏好，“存在主义原真性”和“后现代主义原真性”代表着旅游者价值观的主体精神偏好。这两类偏好无疑是有区别的。前者着眼于对遗产原真性的追求和欣赏；后者则重视自我参与和体验。同时还应看到，“客观主义原真性”与“存在主义原真性”、“后现代主义原真性”之间并非绝对对立和排斥。它们有一定的交集，就是说，不同偏好的旅游者都接受和推崇“遗产地旅游”。在旅游目标物选择上，“客观主义原真性”与“存在主义原真性”、“后现代主义原真性”之间的差异，与其说表现在对“遗产”原真性的接受与否，不如更准确地说表现在对“赝遗产”或“真赝混合遗产”的接受与否。“存在主义原真性”和“后现代主义原真性”比起“客观主义原真性”能容纳“赝遗产”与“真赝混合遗产”。

第二层面是“建构主义原真性”。它不能独立视为旅游者原真性偏好的基本要素，

而是“客观主义原真性”与“存在主义原真性”、“后现代主义原真性”这两极偏好的派生物。首先，具有“建构主义原真性”的旅游目标物，不是遗产，不具有严格的遗产原真性；其次，由于它通过复制、仿制或其他技术途径，引入了某些遗产要素和文化成分，因而可以获得一定程度的非物质原真性。“建构主义原真性”的旅游目标物可以为存在主义原真性偏好者和后现代主义原真性偏好者服务，如果他们追求的体验真的对遗产原真性不讲究的话。这些目标物在一定情况下又能为客观主义原真性偏好者服务。这就是说，当这些旅游者没有条件前往真正遗产地，但又迫切希望获得对这些遗产地的某种知识体验时，“建构主义”景点往往成为他们不得已而求其次的选择，如北京人游世界公园。可见，“建构主义原真性”无论如何不是独立于“客观主义原真性”和“存在主义原真性”、“后现代主义原真性”之外的旅游偏好需求，而是从属于它们，是第二等的。如果简单化地认为“建构主义者真实性既关注客体的真实性，也强调旅游主体的自身差异会带来不同的体验”，（客观主义原真性与存在主义原真性的）“绝对的客观真实或自我本真都不是最好的选择”[2]，这一评论实质忽视了客体原真性的层次与主体体验的品位，因而是不正确的。

（二）应从哲学上与文化和遗产旅游多样性上把握对“存在主义原真性”和“后现代主义原真性”的理解

应当看到，“存在主义原真性”和“后现代主义原真性”作为科学概念尚不完善和成熟。迄今的研究多是建立在存在主义者、后现代主义者的一些个人偏好与旅游目标物原真性之间的联系上；并且这些联系多是片段的，甚至一时一地的，尚未覆盖文化和遗产旅游的所有形态和内容。这一情况颇似存在主义与后现代主义在当代环境领域的境遇。作为他们个人在环境领域的表现，既有崇尚自然、主张天人合一的“道”派（taoists）或生态中心主义者（ecocentrists），也有个人至上的人类中心主义者（anthropocentrists）。他们都不能代表这两种哲学的环境观。它们的环境观，如“环境存在主义”（environmental existentialism）、“后现代环境伦理学”（postmodern environmental ethics）等，是需要通过深入研究才能规范地建立起来。文化和遗产旅游中的“存在主义原真性”和“后现代主义原真性”概念，亦应建立在对存在主义旅游观与后现代主义旅游观的更为系统和深入的研究基础上。

为此，需要在哲学层面将存在主义（existentialism）与后现代主义（postmodernism）向旅游价值观移植，以建立它们各自对旅游价值观的基本共识，尤其是建立对“存在主义原真性”和“后现代主义原真性”概念的共识。然而，这一工作极为不易。

存在主义和后现代主义，与其说它们是哲学学派，不如说是哲学运动。运动总是包含各种派别的。就存在主义而言，在探寻问题和主旨上，各派别是相同或相似的，但答案则往往不同，以至对存在主义也难有统一定义③。这一特征更体现在后现代主义中④；并在相当程度上也表现于存在主义和后现代主义之间[15]。

存在主义和后现代主义的“共识与歧义并存”的特征，在原真性概念上也很突出。这一概念受到的关注度，对它的肯定与否定的争议，以及肯定与否定中的见解多样性[16]，是令人惊叹的。甚至作为存在主义支柱的海德格尔的存在主义者身份也因此受到质疑[17]。

可见，建立“存在主义原真性”共识和“后现代主义原真性”共识，不是轻而易举的。这里需要的不是笼统讨论这些概念，而应具体关注以下5个问题：①不同的存在主义和后现代主义派别对原真性概念的认识差异；②原真性概念在哲学中用于“主体”（subject）、“自身”（self）时与用于“客体”（object）、“他者”（other）时的含义差异；③哲学中的原真性与旅游科学中的原真性的概念差异；④原真性概念在文化和遗产旅游中用于“旅游者”与用于“旅游目标物”之间的含义差异；⑤原真性概念用于“旅游目标物”时，对“遗产及其文化”与“非遗产及其文化”的含义差异，对“静态遗产”（static heritage）与“活态遗产”（living heritage）的含义差异。

如果对上述5个问题不作思考，对国际旅游界对这些问题的讨论和争论没有了解，而根据数篇国外文章，侈言存在主义和后现代主义“毫不关心旅游客体的真实性”，“完全不把‘不真实’当作一回事”，“它完全抹杀了‘真’与‘伪’的界限，它认为仿真与虚像变得如此真实，比真实还要真实，已达到一种‘超真实’”[2]，这样的表述是轻率的、片面的。我国旅游研究者应当重视来自国外旅游实践的见解，如以色列人对犹太教朝圣旅游（TAGLIT）的讨论[18]，英国人对历史遗产地旅游的讨论[19]。他们对文化和遗产旅游中的原真性概念的评论，对旅游者原真性偏好与旅游目标物原真性之间的关系的辨析，对“存在主义原真性”和“后现代主义原真性”的处理，更有启发意义。

（三）旅游者原真性偏好与其旅游活动的关系

这一关系体现于两方面内容。其一是旅游者如何选择旅游目标物；其二是旅游者如何根据旅游目标物策划他的旅游活动。

首先是旅游目标地的选择。所谓“旅”意味着“外出”，意味着户外、外地、外国。这样做无非是追求自身家庭、本地、本国所没有的事物，或者说追求那些事物的原真性。这些原真的事物，是口传、书面、绘画和音像、复制等不可比拟也不能替代的。即使是复制，原址复制也比异地复制更受欢迎，因为原址比异地更具原真。可见，追求事物的原真性是旅游活动的天性，是旅游者的基本和共同的偏好。这一点，无论是东方还是存在主义流行的西方，无论是发展中国家还是正进入后现代社会的发达国家，无论是“客观主义”偏好者还是“建构主义”、“存在主义”和“后现代主义”偏好者，概莫能外。事实上，存在主义者与后现代主义者在选择旅游目标物时，往往与客观主义者一样，总是有一定的或起码的原真性要求⑤，甚至会优先选择原真性丰富的事、物和地方。其后，才是对更深层的知识、文化和精神体验的进一步追求。他们选择旅游，意味着他们在乎旅游客体的原真性。否则，他们就待在家里好了，完全不必外出。如何综合平衡和协调“旅游客体原真性”与旅游者自身“知识、文化和精神追求”，会因旅游者的价值观偏好而异，因他们个人的文化水平、阅历、身体和经济状况、旅游地社会和环境等因素而异。这应是旅游者对目标地选择的一般状况。比如，具有宗教偏好的旅游者，会优先选择具有原真性的宗教圣地，如耶路撒冷和以色列之于犹太教，麦加之于伊斯兰教，拉萨之于藏传佛教。到那些地方朝圣，最有利于他们回归自我本真和实现自我体验。轻言“对宗教旅游者，自我本真才最具吸引力”，而否认他们对旅游目标物的原真性追求[2]，是完全背离事实的。

其次是旅游者对目标物旅游活动的策划。这里重要的是应使旅游活动与旅游目标物相协调。所谓“协调”，是指能既满足旅游者偏好，又不妨碍与损害旅游目标物的原真性。这一问题在遗产地旅游中尤应警惕。发达国家的旅游者，尽管很有存在主义和后现代主义意识，但会警惕旅游活动对遗产地的破坏。他们的旅游偏好行为，会适应遗产地及其原真性，而不是不分场合地要求满足个人所有的偏好要求。即使如此，像威尼斯这样的历史名城，依然感到后现代主义旅游的威胁[20]。

五、“原真性”概念在文化和遗产旅游中的处置

在认识了遗产科学中的“原真性”与旅游科学中的“原真性偏好”基础上，可以进而较为具体地讨论原真性概念在文化和遗产旅游中的处置。主要讨论三个问题：(1) 如何识别和营建旅游目标物；(2) 如何根据不同类型的旅游目标物满足和规范旅游者的不同的原真性偏好；(3) 如何扩展旅游者的原真性偏好的文化范畴。

(一) 如何识别和营建文化和遗产旅游的目标物

文化和遗产旅游是一个从形态到内容都相当宽泛的概念。其中的重点是文化，“遗产”属于文化之中。有历史文化与现、当代文化；有物质文化与非物质文化；有静态文化（如古迹、遗址）与活态文化；有人类社会文化与自然文化。它们均可构成文化和遗产旅游的目标物。作为旅游目标物，它们是需要识别和营建的。这种识别和营建的基础，是旅游者的原真性偏好。根据“客观主义原真性”、“建构主义原真性”、“存在主义原真性”和“后现代主义原真性”，旅游目标物可以分为三类。

第一类旅游目标物是文化和自然遗产地。它们具有真正的遗产原真性，应仔细加以识别。为了旅游，它也需要营建，但这一营建必须严格遵循遗产保护规则。它的新建和改建部分不能丝毫有损遗产地的原真性；它对被损毁遗产的重建(reconstruction)，

“只有在完整详细的文献基础上，不能有一丝臆造，方可接受”[《世界遗产公约操作指南》(2005)，第86节]。因此，它给予旅游者的应首先是纯粹的遗产原真性体验。

第二类旅游目标物是通过对文化和自然遗产的整体或局部模仿与组合而营造的产物，如北京的世界公园、中华民族园等。这些不是遗产，但与遗产的知识和文化有着千丝万缕或程度不等的联系。同时它们又有着为满足新的旅游功能需求而建造的设施。这样，它既能提供类似遗产的某种“舞台体验”，又提供遗产地不能进行的其他旅游活动。

第三类旅游目标物是当代文化娱乐场所，最典型者是美国的迪士尼乐园(Disneyland)。它们是纯粹的当代文化创意产物。它们可以包含遗产文化要素，也可以完全不包含。即使包含遗产文化要素，也不必拘泥于遗产原真性，而可将这一要素作为符号，进行新的文化再创造。这里的灵魂是“创意”。或者说，只有“创意”才是“原真的”，即“创意原真性”。在此意义上，美国的迪士尼是“原真的”(authentic)，而法国、中国香港、日本等地的迪士尼则是“非原真的”(inauthentic)。由此可解释它们在旅游吸引力上的差异。第三类旅游目标物给予旅游者的应是极具个性的独特的当代文化体验。

（二）如何根据不同类型的旅游目标物，满足和规范旅游者的不同的原真性偏好

上述三类旅游目标物与旅游者的原真性偏好的关系，不是一一对应，而是交互对应。表2概括了不同的旅游偏好者对不同类型的旅游目标物的可接受性及体验满足度。

表2表明，旅游者应根据自己的具体偏好，选择恰当的旅游目标物，而不应将自己的偏好强加于旅游目标物。

这里尤应谨慎处理第一类旅游目标物（遗产地）与旅游者的关系。如果那里能接纳或允许开展旅游者所需求的活动，那么它基本会成为旅游者的第一选择。如果它不能或不允许开展那些旅游活动，勉强开展必然会在物质层面和非物质层面造成对遗产地原真性的破坏。由于遗产破坏大多是不可逆的，遗产地旅游千万要警惕和防止。这也是第一类旅游目标物相较于第二、第三类目标物的特别之处。它的管理应遵循《国

不同类型的旅游目标物与不同偏好的旅游者之间的关系 表 2

		第一类旅游目标物：文化和自然遗产地	第二类旅游目标物：遗产模仿物	第三类旅游目标物：当代文化创意物
“客观主义原真性”偏好	可接受性	可接受	不得已时可接受	可接受
	体验满足度	满意	勉强满意	满意
“建构主义原真性”偏好	可接受性	可接受	可接受	可接受
	体验满足度	满意	当着眼于超越遗产原真性的需求，而遗产地又不能实现时，会通过此类模仿物得到满足	满意
“存在主义原真性”、“后现代主义原真性”偏好	可接受性	可接受	可接受	可接受
	体验满足度	存在主义者和后现代主义者对三类旅游目标物的满意度取决于他们偏好的具体内容。如果他们着眼于深层的文化、精神乃至宗教体验，他们会对第一类旅游目标物特别满意；如果他们着眼于娱乐性参与和体验，并且不能从第一类旅游目标物获得时，会选择第二、第三类目标物		

际文化旅游宪章》（International Cultural Tourism Charter）[21]。

（三）如何扩展旅游者的原真性偏好的文化范畴

提升旅游的文化和精神层次，是现代旅游业，尤其是现代文化和遗产旅游的发展方向。而这一提升，首先应是价值观提升。它既包括价值观的多样化，又包括价值观的深层化。我们正是从这一角度认识“客观主义原真性”、“建构主义原真性”、“后现代主义原真性”、“存在主义原真性”等提法的意义的。也正是从这一角度，看到仍有进一步发展的必要。发展旅游价值观，意味着扩展旅游者的原真性偏好的文化范畴。

其一是由西方文化价值观向东方文化价值观的扩展，由发达国家文化价值观向发展中国家文化价值观的扩展。前一种扩展是在旅游文化中克服由单一文化主导的弊病，引入更多的历史和民族多样性要素；后一种扩展是在旅游文化中根除帝国主义、殖民主义、霸权主义余孽，注入国际公正、民族平等要素。

其二是由着眼于个人幸福的价值观向着眼于社会幸福的价值观过渡，将旅游文化由个人的跳舞、爬山等休闲娱乐层面，转移到关注社会、关注民生的层面。在当代旅游文化中倡导社会正义观念，重视贫困、环境、性别、边缘社群和弱小社群等重大社会问题，并将对这些问题的参与转化为某种旅游活动方式。如：呼吁将慈善内容的旅游提升帮助落后、贫困地区的为“发展型旅游”（developmental tourism[22]）；将人们对古城墙和城堡的保护愿望发展为一种参与保护的旅游行动——“筑城旅游”（fortification tourism）[23]；将人们致力于环境和生态保护的行动，转化为一种侍奉环境的旅游方式[24]。

扩展旅游者的原真性偏好的文化范畴，特别应引起我国旅游界的重视。我国历史的和现、当代的文化资源，足以担当第一种扩展；我国现正处于制度转型期所面临的诸多社会和环境问题，为第二种扩展提供了十分广阔的应用空间。我国旅游原真性偏好的研究方向，不能沿袭西方的“客观主义原真性 - 建构主义原真性 - 后现代主义原真性 - 存在主义原真性”逻辑，而是必须也应当开辟新径。否则，我国的旅游原真性研究是没有前途的。

注释:

① 见世界遗产委员会第 18 次会议（World Heritage Committee Eighteenth Session, Phuket, Thailand, 12- 17 December 1994）关于《关于原真性的奈良文献》的“决议”[8]。它认为，“It was noted that in some languages of the world, there is no word to express precisely the concept of authenticity”。

② 见 Wikipedia 的“authenticity”和“authentic”词条。

③ 见牛津大学 *Political Dictionary*(Oxford University Press) 与 *US History Encyclopedia* 中的“existentialism”词条。

④ 见 Wikipedia 的“post structuralism”词条。

⑤ 国外论者以旅游者参与伦巴舞表演，但已不是原汁原味的伦巴舞为例，说明旅游客体的原真性是无关紧要的（见参考文献 [2]）。这一结论不对。第一，伦巴舞作为活态非物质遗产，它的原真性与静态遗产不同，是容许创新、也需要创新的。第二，旅游者为“寻找自我本真”，选择伦巴舞会，并适应舞步节奏，跳自创的伦巴舞，而不是跳华尔兹，这在一定程度上已表明旅游者对客体原真性的偏好。

参考文献：

[1] 张朝枝．旅游与遗产保护——政府治理视角的理论与实证 [M]. 北京：中国旅游出版社．2006.

[2] 周亚庆，吴茂英，周永广，竺燕红．旅游研究中的“真实性”理论及其比较 [J]. 旅游学刊，2007，(6):42-47.

[3] Boorstin D. The Imagine:A guide to Pseudo-events in America [M].New York:Atheneum，1961.

[4] MacCannell D. Staged authenticity:arrangements of social space int ourist settings [J]. American Journal of Sociology，1976，79 (3):589-603.

[5] Hewinson R. The Heritage Industry:Britain in a Climate of Decline[M]. London:Methuen，1987.

[6] Lowenthal D. The Past is a Foreign Country [M]. Cambridge: Cambridge University Press，1985.

[7] Moscardo G. Cultural and Heritage Tourism:The Great Debate [A].Bill Faulkner，G. Moscardo and E Laws. Tourism in the 21st Century:Lessons from Experience [C].London:Continuam，2000.3-18.

[8] WHC. Information Note:Nara Document on Authenticity [Z].Experts meeting 1-6November 1994 World Heritage Committee 18th Session. Phuket，Thailand，December 1994，12-17

[9] Masuda K. The Notion of Authenticity in Relation t o the World Heritage Convention [A]. Bernd von Droste Mechtild，Sarah Titchen. Nature and Culture [C]. Hague:Landbouw，1998.39-42.

[10] The Nara Document on Authenticity [Z]. drafted and adopted at the Nara Conference on Authenticity in Relation to the World Heritage Convention，co-organized by Government of Japan，UNESCO，ICCROM，ICOMOS. Nara，Japan. 1994，11:1-6.

[11] ICOMOS. International Charter f or the Conservation and Restoration of Monuments and Sites (The Venice Charter)[Z]. 2nd International Congress of Architect s and Technicians of Historic Monuments Venice.1964.（中文版见：国家文物局法制处．国际保护文化遗产法律文件选编 [M]. 北京：紫禁城出版社，1993. 162-165.）

[12] Australia ICOMOS. The Burra Charter[Z]. 1988.

[13] WHC. Operational Guideline for the Implementation of the World Heritage Convention[Z]. 2005.

[14] WHC. Operational Guideline for the Implementation of the World Heritage Convention[Z]. 1977-2002.

[15] Hoffman L. Existentialism and postmodernism[EBPOL]，http://www.postmodernpsychology. com/Topics/Existentialism-and-Postmodernism.htm，2006，2.

[16] Torrey M. Authenticity: existential virtue or platonic ideal？[J].Florida Philosophical Review，2007，7(1):16-27.

[17] Aho K. Why Heidegger is not an existentialist:interpreting authenticity and historicity in Being and Time[J]. Florida Philosophical Review，2003，3(2):5-22.

[18] Kelner S. Narrative Construction of Authenticity in Pilgrimage Touring [Z]. Paper presented at the 96th Annual Meeting of the American Sociological Association，Anaheim，California，2001，(8).

[19] Lyth P. Selling history in an age of industrial decline:heritage tourism in Robin Hood County[Z]. Paper presented on Session 48:Attractions and Experiences:the Uses of History in Tourist Development，XIV international Economic History Congress，Helsinki，Finland，2006，(8).

[20] Staiff R. Tourism Geography. Contemporary tourism issues. Venice: a case study [EBPOL]. http://hsc.csu.edu.au/geography/activity/local/tourism/venice/.pdf(17s.)

[21] ICOMOS. International Cultural Tourism Charter [Z]. Adopted at the12th ICOMOS General Assembly in Mexico，1999.

[22] Salazar N. B. Developmental Tourists vs. Development Tourism:a case Study [A]. Aparna Raj. Tourist Behaviour:A Psychological Perspective [C]. New Delhi:Kanishka Publishers, 2004. 85-10.

[23] David M. Bruce. Opportunities for the development of fortification tourism:experience of European walled towns[Z]. A presentation for the Kaliningrad Tourism Conference. 2005, 4.

[24] 徐嵩龄 . 侍奉环境 :21 世纪旅游发展的新方向 [J]. 旅游学刊, 2001, (1).

原文刊载于《旅游学刊》2008 年第 4 期

“新天地”：青砖和玻璃的双重神话

朱大可

与“旧天地”截然不同，用青砖构筑起来的上海“新天地”，是东方想象的一个杰作，响应着游客的异国地理趣味。尽管建筑外部构型和内部功能产生了惊人的冲突，但这似乎并不妨碍西方游客的流连与穿越。他们既从视觉上消费了一个东方文化图景，也获得了西方式的舒适服务，这是发生在一个被圈定的怀旧孤岛上的双重享乐。东方符码和西方符码在这里被加以鸡尾酒式的混合，然后散发出虚假而自相矛盾的气味。

我们注意到这样一个古怪的事实：青砖高墙构成了“新天地”大面积的视觉主体。紧闭的百叶窗强化了这种自闭主义倾向。那些青灰色的砖块言说了拒绝。它的语义就是阻挡、推却和隐藏，要把游客制止在它的面前，迫使他们屏住视觉的呼吸。高墙终结了前进和深入的欲望。而镶嵌其中的玻璃门（它们被用来替换传统的木质黑漆大门）却是吸纳、接受和公开的，它吁请着路人的进入。这无疑是精神分裂的语义。它的双重性构成了针对游客的诡计，一方面利用夸张的墙体制造神秘和矜持，点燃他们的消费欲望，一方面又透过玻璃门向游客开放，向他们审慎地提供观察和进入的通道。这种状态就是对“新天地”双重人格的含蓄揭露。

不妨让我们先仔细阅读一下石库门青砖的本文。这是一种江南民居的基本构材，它是乡村化的物理表征，和缓慢生长的青苔融合在一起，标定着久远的年代、岁月和模糊的记忆。迄今为止在民间流传的最古老青砖来自秦代，距今2000多年。它同时也是明成祖修葺长城的基本材料，其上叠加着各种暧昧的历史语义，坚硬、凝重、冷漠、收敛、含蓄、闭抑和静止。它的工艺加深了其感知上的特征。在烧制过程中，那些在火焰中一烧到底的成了红砖，而那些被淋过水的则转换成了青砖。这种青灰色成了东方主义的标志色。青砖是火与水密切合作的产物。它是一种水性的耳语和泥土的轻微呼吸，悠然坐落在东方的水畔居所里，继而又构筑着早期现代都市的民居风景。它吸收着雨水、露水和人体的血气，变得更加温润寒湿起来。青苔是它的生命化的表情。在青砖的表意体系里，蕴含着土、火、水和金（决定砖色的铁质）四大元素的隐秘联盟。

“石库门”的语法就是东方的自我复述，即从一块青砖转向另一块青砖的简单书写。这种复述看起来是一个小小的矩形物体在一个立面上的增殖和扩展。它的数字化复述构成了墙体，再由不同的墙体构成了石窟门建筑的主体。这种三层结构的语法有时是相当精密的，仿佛是一个数量增长的序列游戏，构筑着一种单调而冷漠的立面。它甚至没有爬山虎或常春藤之类的藤蔓植物加以修饰，以便它的风格能够更加柔和。

新天地也是“二度书写”的产物，或说是一次语义的历史还原，也就是用跨国资本把石库门建筑从贫民窟的语境中拯救出来，把它推向其原初的状态，复原它在20世纪二三十年代作为富有者家园的语义。现在，它在香港富豪的资助下卷土重来，变得更加庄严凝重，卓然大方，并且要从中穷尽资本意识形态的神话书写。

针对旧语义的上述复兴，一个居住在“新天地”附近的居民如是说：每天他从窗口眺望着被霓虹灯照亮的“新天地”，心中就充满着难以言喻的仇恨。他面对着彼此交织的本文和影像，被那些陌生的身体、面孔和语言所周期性地激怒。这是遭受金钱剥夺了消费权力的痛切感受。但仇富者的叫喊，被吞没在流行歌舞的尖锐乐音之中。

青砖主义的建筑语法制造了旅行者的一种消费错觉，即他正置身于一个东方化本文的核心。然而，“新天地”不过保留了石库门的外观而已。在其内部，那种四合院式的标定尊卑、主次、上下、长幼的伦理结构遭到了彻底颠覆。取代它的是舞台、楼梯、平台、包厢和观众席，它们聚集起一个庞大的歌舞演出和红酒消费的情欲空间。石库门只是一个抽空了词语外壳，而被重新填写以现代享乐的浓烈语义。它有一个新的权力支点，那就是金钱。它在金钱的鼓舞下变得生气勃勃。所有的游客都从这里获得了一种消费的虚假尊严。它由权力转化而来，却比权力更加蛊惑人心。

越过那些向灰色倾斜的青砖外墙，都市的光线戏剧性地照亮了石库门访客的面容。他们不仅是西方或港台的旅游者，而且还包括本土中产阶级和寻常市民。但奇怪的是，后者对这片风景的感受是截然相反的。他们没有接受青砖的历史语义，却把“新天地”当作了西方想象的产物。他们的消费意图来自于对石库门的另类文化记忆。在新中国成立前，它曾经是摩登主义的广泛符码，与徐志摩、张爱玲、施蛰存等的小布尔乔亚叙事密切相关，隐喻着西方现代性的登陆与扩张。

这种“西方想象”的样板在新天地四处可见。陈逸飞的店铺（“逸飞之家”）就是强行插入青砖体系的另一种西方碎片。有限的光线、明亮的玻璃、精致的器皿和空间的秩序，组成了一个后现代布景，它的玻璃化的简洁气质和它内在的人文空洞性融合起来。它是一个伪文化的精美样本，代言着“新天地”乌托邦的资本神话。但它却是自闭和审慎的。跟陈逸飞商业绘画中的江南轻灵女子截然不同，表情僵硬的玻璃化女职员，小心分辨着西方消费游客和中国观光者的差别(后者意味着消费的不可能性)，并据此对进入者采用相应的对策。和玻璃的气质彼此呼应，冰冷、漠视、阻止，或是出示一种职业化的微笑。它的矜持性和势利性暴露了上海经营方式的资本主义特点。

“新天地”的青砖意象和玻璃意象的这种交织性书写，竟然同时产生了两种事物：中产阶级的西方神话和海外游客的东方神话。它们在那个地点被双重地书写。这就是它受到消费者广泛欢迎的原因。

原文刊载于《乌托邦》，东方出版社，2013

21 世纪城市更新的示范和超越：从经营历史空间到创造人文社会空间

于海

城市更新，以其新一轮的旧区改造迎来 21 世纪，目标指向中心城区 2000 万平方米的二级旧里。势头更猛，局面更为纷呈，更新的模式已从 20 世纪 90 年代的大拆大建变为拆、改、留；最大的（虽非最广泛）改变，是城市保护和保护性开发的理念得到实践，获得成功并得以成为新的更新模式之一。如果说 20 世纪 90 年代空间在城市更新中成为概念和资源，但那多半还是一个没有历史承载没有集体记忆没有社区结构的类资本的概念，新天地、田子坊、苏州河沿岸旧仓库旧厂房等保护性改造的项目，则在空间生产上弥补了之前缺失的成分，提供了旧城更新的新的可能途径和新的空间故事。

新天地和田子坊所在的街坊都是二级旧里，按旧区改造的政策都不属于需要严格保护留存的街坊，此类街坊在 20 世纪 90 年代大规模的成片改造中已被拆除无数。20 世纪 90 年代的眼光看到的多半还只是旧区地块的土地价值，看不到地块上的历史承载的价值。新天地以老上海怀旧为号召，将 20 世纪 90 年代开始的经营土地为核心的空间生产引向经营城市历史、文化和集体记忆的空间生产和空间叙事的生产。然而更为重要的是，一个名为保护实为商业开发的项目却实在地引发了保护意识的社会觉醒和高涨，并实际地影响了城市改造的方向，才是新天地项目的真正价值所在。

确切地说，新天地是为一个更大的商业空间而为这个城市生产的一个具有上海城市文脉的历史场地。瑞安集团的罗康瑞先生也许真的喜欢上海的石库门，即使并非如此也无碍他的贡献。他花重金做了新天地，只是太平桥综合改造计划的一个开头。通过新天地，他提升了整个太平桥地区的物业价值和社区价值，从而不仅平衡了他在新天地的投资，更产生了巨大的地产溢价，这是一个极为聪明的商业与历史结合的市场模式。保护不仅可以不赔钱，还能赚钱，这一点被所有来参观的市长们都一眼看明白了。当他们乐意通过保护性开发来更新城市时，新天地模式可能比 100 个阮仪三更有力地推动了城市历史建筑和风貌保护的主张登堂入室。批评新天地以保护之名行商业主义之实，算不上是到位的批评。名利双收的新天地，当初就不曾打出保护的旗帜，保护之名的批评就是不得要领。今天被大家表扬为保护的范例，新天地乐得照单全收，而且受之无愧。新天地的公关部向各路的朝圣者讲着如何用原真的一砖一瓦精心维持着修旧如旧的景观效果，如何用价格不菲的德国的防潮剂注入老旧的石库门墙体。新天地没有说谎，做这些事认认真真、老老实实，没有半点马虎，虽然这不是为了保护上海几千万平方米的石库门做着开路的实验以作未来实践的推广，而是为了建构一个原生态石库门修复的故事。是的，这样花钱是为了让游客的眼睛“看到”原真的石库门，让阅读新天地故事的人“相信”原真的石库门。新天地用这样的故事对几十位外国政府领导人，几百位省市领导人讲过，宣讲人必须也一定要讲防潮剂，一定讲石库门的原砖原瓦，还有新天地一号会所客厅里原本铺设的一段马赛克拼花地板。没有这些原真的材料和保护原真的诚意，如何叫石库门传奇？新天地的历史街区保护并不符合严格意义的“原真性”，但消费者不这样认为，消费者用自己的眼睛看到的或他们愿意相信的是原真的石库门街坊，他们相信了新天地的说法，他们才能来这里或者猎奇，或者安顿怀旧心情。总之不管怎样，新天地以石库门为号召的商业获得的成功，反证了它关于老上海的想象或石库门的故事是成功的。新天地的例子，证明以下的评论是有洞见的，“一个场所的好坏并非仅仅因为它是‘真的’还是‘假的’，是‘原真的’还是‘山寨的’，无论真假，人们都能从中找到乐子，或者说，亦真亦假也不一定损害人们对场所的经验。”[①]

重要的是，新天地贡献于老上海风貌的，名为保护，实为创造，新天地创造了上海有史以来最好看的石库门，好看不仅因为新天地清除了日常生活的拥挤、逼仄和破败，而且还因为它为老旧的建筑形式注入了时尚的内容。石库门从来未曾代表过上海的繁荣，至少不是“东方巴黎”的代表符号，那是由花园洋房、高级公寓、外滩的万国建筑所代表的。通过新天地石库门重建上海租界文化和繁荣的想象，这是石库门传奇的新叙事，它自然是一个有点可疑的叙事。任雪飞说石库门贯穿 20 世纪作为中低阶层租户住宅的历史却被小心翼翼地抹去了[②]。但这一个“想象”的石库门叙事确实唤起了这个城市的居民对石库门的怀念和重新评价：原来我们急于逃离的石库门居然这样地好看！而且动人！动人是因为勾起了石库门中我们曾经的成长记忆，我们同石库门原本有着那最琐碎也最撩人的生命的关系。石库门的集体记忆是从新天地开始的。最后，新天地以保护之名获得的商业成功，同样引发了关注旧街区保护性更新的社会风潮。一系列城市保护的条例也在此时密集推出，并且从原来的单体建筑，到成片的历史风貌区，还有全国到处风行的“天地”项目。商业主义不是新天地的唯一出口，或者说商业主义的“保护”一样能带来非商业主义的文化的生活的保护。当人们一再地批评新天地不是真保护时，真保护的社会诉求也日益强烈和流行。这是新天地对城市改造新风尚的真正贡献，即使不是它有意为之的。

新天地的示范作用，形成了风气的转变，也影响了城市更新的决策者和执行者，同情保护的开发逐渐多起来，在田子坊的项目中最终占了上风，甚至推翻了已经编制完成的拆迁开发的控制性详细规划。同样一批官员，先前主张大拆大建的是他们，现在支持保护开发的还是他们，这矛盾吗？放在 30 年的更新历程中来看便不觉矛盾。上海人的世界，或如人民广场之广大，或如弄堂之逼仄。渴望独立成套的住房，渴望宽敞和大尺度的空间，渴望满眼的绿色，是二十世纪八九十年代上海人的群体心理。上海人对 90 年代以来的城市空间的巨大尺度化改造，是向往的肯定的。面对民众对成套公寓的向往，面对因拥挤和过度使用而日益破败的石库门及80万只煤球炉和上百万只马桶，主持城市改造的官员能想象石库门的魅力吗？在被恶劣的居住条件困扰了多年的居民和被旧貌换新颜的前景鼓舞的官员的眼里，石库门的价值能被发现吗？上海大改造方兴未艾时，没有上海怀旧的氛围，也不会有怀旧的心情和意识。2004年韩正市长说，"开发新建是发展，改造保护也是发展"，这是到说保护的时候了。这个说法同环城大道的例子相同，西特批评环城大道急切地迎合现代生活而忽略传统，并且罔顾人的日常需要。但"西特的这种具有公共意识的、重新人性化的城市空间设想，需要人们对过度膨胀的大城市普遍产生反感才行，而战前的奥地利社会还尚未出现这种情境"[③]。转变感受、看法、抱负和政策的情境出现了，几千万平方米旧里的消失是一个情境，新天地和田子坊等项目的景观震撼和商业成功又是一个情境，上海人并没有因此都怀旧起来，但一种适宜城市文脉保护的氛围确在形成中，阮仪三也因此比先前任何时候都更加忙碌更受欢迎。

城市空间的故事还在延续着，这个城市对空间的认知和感受也在变化着，空间生产的概念已经为官员所熟悉并熟练地运用到新的开发项目，思南公馆就是最新的例子。它不是修复古董后找来好买家完事，而是修复和延续历史空间和历史风貌。市长希望做成一个公共空间，而不是最终为少数私人享用的房产，但要做成一个完全的公共空间，不仅意味着没有有形的空间障碍，还意味着大多数的居民都能不很困难地利用或消费新空间的设施和服务。但从新天地和思南公馆的情形，我们看到，消费主义地改造历史（风貌）空间，在延续历史脉络时，多少分割了现实的世界，"消费主义进而不仅重新组织了城市的社会空间，而且将这些空间中的人的活动区隔开来"[④]。按包亚明的说法，那些没有足够购买能力的人面对这些空间，从地理上和心理上都被边缘化了。

还要回到新天地所代表的空间生产模式，从只知开发土地价值而推倒旧里，到发现旧里价值而保护和激活旧里，已是城市更新的更新之路，但如果不突破城市开发的商业主义取向，得以保留历史和文化价值的街区仍然可能是无居民的或无视居民日常需要的街区，从而缺少社会生活的价值，进而也会失去历史和文化的生气。

最后引申出的问题是，保护难道只是砖块或历史记忆或记录的保护？房子该拆的该改的还是要拆要改，我们真正心疼的或珍惜的是什么？什么的破坏是我们最不忍的损失？是与石库门在一起的悲欢离合、心理感受、生命见证；是由石库门的格局、尺度而铺展开的人与人的恩怨接触和人情往来，今天让我们失落的是这样烦人的恩怨接触也不可得了；是石库门这种熟人世界教化人性和发展人格的社会化力量和机制。今天的住宅获得了物理的舒适性和方便，却实实在在地损失了人文性和社会性，这是我们从石库门的破坏中真正痛惜的。今天重建我们的社区，不能只是砖块的世界，也要将石库门曾经有的那种邻里构造、社会联系、人性温软通过新的空间构造重建出来。如此我们推倒了必须推倒的石库门，不妨碍我们仍然多少承继着石库门的一丝文脉和气息。这是城市更新最要创造和维护的人文社会空间。

注释:

① Zhen Yang and Miao Xu: Evolution, Public Use and Design of Central Pedestrian Districts in Large Chinese Cities: A Case Study of Nanjing Road, Shanghai, Urban Design International, Vol.14.2.

② Xuefei Ren: Forward to the Past: Historical Preservation in Globalizing Shanghai, City & Community, March, 2008

③ 卡尔 · 休克斯《环城大道与其批评者，以及城市现代主义的诞生》，见薛毅主编《西方都市化研究读本》第二卷，第 244 页。

④ Yaming Bao: Shanghai Weekly: Globalization, consumerism, and Shanghai popular culture.

本文节选自“上海城市更新的空间生产：从土地价值到城市文化的叙事转变”；
原文刊载于《城市的复活——全球范围内旧城区的更新与再生》，文汇出版社，2011

后记

在《当代中国城市与建筑系列读本》丛书中，将“历史保护”作为其中的一册，应当是很有必要的，国内至今好像还没有出版过类似的读本。然而，真正开始选择和编辑相关理论文章时，编辑的时间周期还是超过了预期的计划。在这个过程中，通过查找、阅读和学习相关著作文献，也得到了不少意外的收获，包括中国早期保护思想的渊源，因与当代保护理论有一定的时间距离，需要今后继续研究和探索发现。

坦率地说，学界前辈的大作，既有深邃的学术思想观念，又有精妙的文笔和构思，这些都是值得后人学习的。在历史保护领域，有的人也许是在忙于保护实践，对所谓学术理论不屑一顾吧；另有少数人只知道西方学者的各种观念和学术流派，对国人的理论探索知之甚少。希望这本不算太厚的读本能够弥补这样的缺憾。

限于编者水准和书本容量的限制，读本中收录的文章也不够全面，或许还遗漏了某些重要的文献，如果真是这样的话，容今后读本修订再版时再做补充完善。另外，少数文章的个别文字和插图因技术原因做了删减或删除，也是需要说明的。

感谢《当代中国城市建筑读本》编委会的多次讨论和协调，特别是李翔宁教授、童明教授和徐纺女士的意见、建议，让编者在比较艰难的取舍过程中能够做出决断。感谢研究生刘洋、付毓、黄瓒，在文字扫描、识别和整理方面所做的工作。感谢责任编辑徐明怡女士的不断催促，才使得这本不够完善的读本能够呈现在读者面前。

张松

2014年7月暑日

图书在版编目（CIP）数据

当代中国历史保护读本 / 张松主编. — 北京 ：中国建筑工业出版社，2015.1
（当代中国城市与建筑系列读本 / 李翔宁主编）
ISBN 978-7-112-17477-5

Ⅰ. ①当… Ⅱ. ①张… Ⅲ. ①文物保护－中国－文集
Ⅳ. ①K87-53

中国版本图书馆CIP数据核字(2014)第266059号

责任编辑：徐明怡　徐　纺
整体设计：李　敏
美术编辑：孙苾云　朱怡勰
责任校对：王宇枢　关　健

当代中国城市与建筑系列读本
李翔宁主编

当代中国历史保护读本

张松　主编
*
中国建筑工业出版社出版、发行（北京西郊百万庄）
各地新华书店、建筑书店经销
北京中科印刷有限公司印刷
*
开本：787×960毫米　1/16　印张：20¾　字数：386千字
2016年11月第一版　2016年11月第一次印刷
定价：70.00元
ISBN 978-7-112-17477-5
（26685）